安岳

石窟史诗

王南　袁进钊　著

朱朝晖　摄

冯棣　冷婕　等测绘

四川美術出版社

DUKU
读库

监　　制　张立宪
策　　划　王　南
主　　编　朱朝晖
学术顾问　王敏庆　王卓男　杨　澍　朱　岩
艺术顾问　谷　泉　蔡奇真
测绘团队　冯　棣　冷　婕　滕文皓　王　璠　乔雨蕾　康纤星晨
莫丽丹　高　靖　吴炎金　孙思可　郭子璇　乔　慧
资料拍摄　王　南　袁进钊　朱朝晖　徐浩洋　袁　牧
特约编辑　徐浩洋
特邀审校　王敏庆　朱秋丽
装帧设计　朱倩倩

致　　谢　安岳石窟研究院

资助出版　腾讯基金会
TENCENT FOUNDATION

VI

I. 茗山寺第 3 号龛局部。
II. 卧佛院第 3 号龛涅槃经变图局部。
III. 华严洞左壁圆觉菩萨造像。
IV. 毗卢洞第 5 号窟“千佛洞”正壁菩萨像及左壁弟子、罗汉像。
V. 千佛寨白字第 47 号龛大悲观音像。
VI. 卧佛院第 58 号窟右壁。
VII. 茗山寺第 8 号龛大势至菩萨像局部。
VIII. 木鱼山第 K18 号窟。

顽石会不会点头，我们不敢有所争辩，那问题怕要牵涉到物理学家，但经过大匠之手泽，年代之磋磨，有一些石头的确是会蕴含生气的。天然的材料经人的聪明建造，再受时间的洗礼，成美术与历史地理之和，使它不能不引起赏鉴者一种特殊的性灵的融会，神志的感触，这话或者可以算是说得通。

——梁思成、林徽音[1]《平郊建筑杂录》

目录

引言

养在深闺人未识

在四川乃至全中国的大型石窟群中，安岳石窟可能是最晚被发现的。二十世纪上半叶，先后在巴蜀大地上进行考古学、艺术史、古建筑田野调查的西方、日本以及中国的学者，皆未寻觅到安岳石窟的蛛丝马迹；甚至一直到1980年代，仍有学者著文感慨安岳石窟在海内外依然默默无闻——真可谓“养在深闺人未识”。

1914年，由法国人维克多·谢阁兰（V. Segalen，旧译色伽兰）、奥古斯都·吉尔贝·德·瓦赞（A. G. de Voisins）与让·拉尔蒂格（J. Lartigue）组成的考察团对中国川、陕、豫三地的墓葬、石窟、石雕等进行调查，所涉及的四川石窟包括广元千佛崖及皇泽寺、巴中南龛、绵阳西山观、嘉定马王洞、嘉定大佛（即乐山大佛）、夹江千佛崖等。这是历史上第一次对四川石窟进行的现代意义上的科学考察，而谢阁兰等人也是首次将四川石窟较详细地介绍到西方学术界。[1] 德国学者恩斯特·鲍希曼（Ernst Boerschmann，亦译作柏石曼）也曾对四川古建筑进行过调查，亦少量涉及石窟，在其代表作《中国建筑与景观》（Baukunst und Landschaft in China，1923）一书中载有广元千佛崖及皇泽寺照片各二帧。日本学者常盘大定、关野贞在其《中国文化史迹》（第十辑）中亦刊载广元千佛崖、剑州重阳亭造像（即今剑阁鹤鸣山道教造像）照片共计六帧。[2]

中国学者对四川及重庆地区石窟的科学考察始自中国营造学社。学社成员梁思成、刘敦桢、莫宗江、陈明达于1939–1940年间，对巴蜀地区古建筑进行了为期半年的大规模调查，其中对石窟、摩崖造像的调查包括：重庆老君洞，巴县崇胜寺摩崖造像，乐山夹江千佛崖、凌云寺大佛及摩崖造像、龙泓寺摩崖造像，彭山仙女山与象耳山摩崖造像，绵阳西山观摩崖造像，梓潼卧龙山千佛岩、七曲山摩崖造像与西崖寺，广元千佛崖与皇泽寺摩崖造像，昭化观音崖，阆中涧溪口摩崖造像与双龙场青崖山摩崖造像，南部大佛寺，岳池千佛崖，潼南大佛寺、千佛崖与仙女洞，大足宝顶山、北山、周家白鹤林摩崖造像，合川濮岩寺摩崖造像，共计二十六处，几乎遍及巴蜀大地，拍摄照片五百余帧。[3] 营造学社对巴蜀石窟调查的深度与广度均超越此前外国学者，尤其重要的是于 1940 年 1 月调查大足石窟，拍摄照片一百七十二帧（图 0-1）。大约完成于 1940 年代的《西南建筑图说》一文 [4] 对该次调查的成果进行了概要总结；此外，梁思成在其《中国艺术史·建筑篇》（1943 年完稿）[5] 一书中，亦论及包括大足石窟在内的巴蜀石窟。梁思成后来于 1946–1947 年赴美国讲学，曾先后在耶鲁大学、普林斯顿大学作学术报告，并首次将大足石窟介绍给国际学术界，今耶鲁大学仍存有当年梁思成演讲的幻灯片四百八十帧，其中涉及巴蜀石窟的共计十八帧。

图 0-1
梁思成考察大足北崖佛湾摩崖造像（1940年）。
清华大学中国营造学社纪念馆藏

1945 年，由杨家骆等十五位学者组成的“大足石刻考察团”重点对大足北山和宝顶山石窟进行了为期七天的考察，首次“编制其窟号，测量其部位，摩绘其像饰，椎拓其图文，鉴定其年代”，且认为“大足石刻湮没千载……”“考论其价值，以为可继云冈、龙门鼎足而三”。该考察成果主要在《民国重修大足县志》《文物周刊》等处发表。[6] 需要特别指出的是，目前学术界不少人误认为大足石刻考察团 1945 年的考察，是对大足石窟最早的科学调查，其实乃极大之误解——正如前文所言，中国营造学社 1940 年的调查无疑更早。

然而，不论是中国营造学社，还是大足石刻考察团，虽已涉足此前外国学者未曾发现的大足石窟，却依然与紧邻大足的安岳石窟这座巨大的宝藏擦肩而过。安岳石窟直到 1950 年代起，才逐渐揭开其神秘的面纱。

目前所见关于安岳石窟的文章，最早的两篇是张圣奘的《大足安岳的石窟艺术》（1953）和吴觉非的《四川安岳县的石刻》（1956），后者简要介绍了十五处安岳石窟，并指出安岳石刻“数量之丰富，与大足县不相上下”。然而之后的 1960 及 1970 年代，安岳石窟依然鲜有人问津，可以说在 1980 年代以前，安岳石窟几乎不为世人所知。整个安岳最大规模的摩崖造像，即卧佛院的涅槃巨像，居然直到 1982 年 3 月才被四川省文物部门发现。[7] 从 1980 年代起，对安岳石窟的研究才真正起步，既包括对一些重点石窟的研究，[8] 或者石窟中某一类专题的研究，[9] 也包括安岳与大足石窟的比较研究。[10]1990 年代左右则陆续涌现出一系列相对较全面研究安岳石窟的论著（其中以胡文和、刘长久、王家祐、傅成金、唐承义等学者之论著较为突出）。[11] 截至目前，安岳几处石窟已发表正式考古报告，如圆觉洞、玄妙观等；一些石窟发表了考古简报（或略详细报告）及专题论文，如卧佛院、毗卢洞、茗山寺等，可以说安岳石窟的面貌已渐次清晰，不再如过去那般神秘——然而距离真正廓清这一蕴含丰富的石窟大群落的真实面目，还任重道远。

四川石窟分布之广、数量之巨，在全国各省中居于首位；而安岳，则是四川省石窟、造像分布最多、最密集的县——刘长久《安岳石窟艺术》（1997）一书称，据文物普查统计，安岳全县共有石窟及石刻造像二百一十七处，窟龛一千二百九十八个，大小造像二万二千二百七十二躯。[12]

安岳石窟不仅数量庞大，而且艺术造诣卓绝。目前，安岳石窟中共计有全国重点文物保护单位八处，且各具突出特色，蔚为大观：卧佛院拥有全国最大的唐代石刻涅槃佛[13]和南方最大数量的刻经洞窟；华严洞为安岳最大洞窟，既有雕刻艺术登峰造极的宋代圆觉菩萨造像群，又有以华丽天宫楼阁为背景的大型浮雕连环画“善财童子五十三参”，与之相邻的大般若洞更有儒释道三教融合的独特像设布局；圆觉洞北岩有三座宋代崇窟耸立，分别刻一释迦、二观音三尊大像，高逾六米，在东西近四十米的范围内构成气势如虹的整体，更兼南岩大批五代窟龛造像，为他处所罕见；毗卢洞既有极富地方特色、反映四川密宗教主柳本尊修炼成道的“柳本尊十炼图”大型群雕，又有优雅飘逸的水月观音造像——紫竹观音；千佛寨为安岳石窟中窟龛数量最多者，题材亦蔚为大观，其中唐代佛、菩萨、金刚力士皆有保存较完好者，堪为安岳盛唐造像之“标准器”，又以大型“药师经变”最具特色；孔雀洞之孔雀明王造像在安岳属于独一无二的题材，与大足、敦煌同类作品相比较则极富趣味；玄妙观为安岳乃至全国最重要的道教窟龛群之一，且有大量“佛道合龛”，龛中佛道二教之造像平分秋色、和平共处，耐人寻味，加之窟龛与周遭田园景致完美融合，为安岳石窟中最富幽致者；茗山寺拥有多尊体量庞大、造型精美绝伦的宋代菩萨造像，然而更令人绝倒的乃是其所呈现的自然造化之功——由于红砂岩遭到千年风雨侵蚀，在其本已美不胜收的造像表面形成莫可名状之曼妙纹理，令人过目难忘，可谓安岳石窟之华彩！

以上八处国宝，规模宏巨，题材纷纭，令人目不暇给，完全具备与世界文化遗产大足石窟相媲美之艺术水准；尤其是考虑到安岳石窟中诸多造像题材及其艺术风格，皆为大足石窟（尤其是宝顶山石窟群）之滥觞，其价值更加显著——目前安岳石窟在巴蜀石窟乃至中国石窟史上的重要地位，依然未能被广大公众充分认识，令人颇有“千呼万唤始出来，犹抱琵琶半遮面”之憾。

长期遭到埋没的安岳石窟，其予人之惊喜，又何止是以上八处声名煊赫的国家级文物所能道尽？塔坡的华严三圣之巍峨华贵，木鱼山、灵游院和庵堂寺等数处“观无量寿经变”中西方净土世界之浩大场面，净慧岩“数珠手观音”之别具风韵……安岳石窟的绝妙秘境，真是说不尽、道不完，如果借用毗卢洞宋代题记中对梵文“毗卢遮那”一词的解释——“或云‘种种光明’，或云‘处处清净’，或云‘不可思议法’，或云‘不可思议境界’”——安岳石窟这座长年深藏不露的宝藏，真是呈现为种种不可思议境界。

本书将以上述八大国宝石窟为主角（正文由此分作八章），辅以其他一些特色突出的石窟作为配角，有时兼与巴蜀乃至中国其他地区的石窟进行比较，试述安岳石窟之大要。然而正如上文所言，安岳石窟发现较晚，加之蕴藏丰厚，内涵深邃，远非本书寥寥十余万言所能尽道。而在正式巡礼安岳石窟的洋洋大观之前，有必要对其中一些共同特征，如基本窟龛形制、唐宋造像特点、各类宗教题材之融合、唐宋时期巴蜀艺术兴盛发达之背景、主持安岳石窟开窟造像的人物、石窟造像雕凿之根本匠心等问题，逐一予以概述。

窟龛形制

川渝石窟营建之兴盛，与其丰富的红砂岩蕴藏密切相关。[14] 安岳更是自古以“石秀”闻名蜀中。南宋王象之的《舆地纪胜》“普州”卷有云：“眉之秀以水，阆之秀以山，普之秀以石，故俗称‘石秀’”。

安岳县曾为古代普州治所，与眉山以水、阆中以山闻名相较，普州则以石著称，这就奠定了安岳石窟的物质基础。[15] 安岳传统民居建筑中即普遍用方形石柱承托穿斗式木屋架，有时甚至墙体亦由石板砌成，别开生面，颇具地方特色。放眼巴蜀大地，则早在汉代（尤其是东汉）便有大量“崖墓”之营建，此种因山凿岩、营建墓室的石构建筑技术有着悠久的传统，因此当地匠师对于开凿石窟的技术完全不陌生。安岳另一处全国重点文物保护单位铁佛寺崖墓群即是当地东汉崖墓的典型代表。

安岳石窟在空间形态上的一大重要特征，是“龛”远多于“窟”。绝大多数安岳石窟，都是以摩崖龛群为主要表现形式。目前，学术界对于窟、龛、摩崖造像、摩崖石刻的定义不够严谨，常常混为一谈。故而有必要先对以上概念，尤其是“窟”与“龛”进行区分，这是研究与观赏安岳石窟的一个首要问题。

从石窟这一建筑类型的印度“原型”来看，“窟”是具有一定空间深度的洞穴，可以在其中从事宗教活动。印度石窟最重要的类型有两种：一是支提窟（常译作中心塔窟或塔庙窟），供僧侣在其中绕塔观想；二是毗诃罗窟（常译作僧房窟或禅窟），供僧侣居住与禅修。因此所谓“窟”，具有实用的内部空间，更加强调空间的纵深。与之相反，所谓“龛”，是石壁上开凿的宽度远大于深度的空间。龛内造像，供信徒在龛外（或者龛前的木构建筑内）礼拜，一般不进入龛内进行宗教活动。北方许多大型石窟（如云冈、龙门等）往往在大窟的内壁或者外壁另开小龛，二者区别十分鲜明。由于目前学界缺乏对二者清晰的界定，本书将所有进深不及面宽二分之一，且进深尺寸小于二米的空间称为“龛”；反之，进深超过面宽的二分之一，且进深大于等于二米的空间称为“窟”。[16]

这里所取的二米，仅仅是个粗略而权宜的界限，意在表明深度超过二米（通常高度亦可容身），内部空间即可容人进行某些小规模的宗教活动。

安岳石窟，或者整个巴蜀地区的石窟，大多是沿着天然崖壁开凿的一系列浅龛，在龛内造像供信众膜拜，龛的位置既可以沿水平方向排列，也可以沿垂直方向上下形成数层，其中仅有少数是可以进入其中从事宗教活动的真正意义上的窟——这种石窟类型，其实称之为“摩崖龛像”更为精确，只是这样的称谓略嫌冗长，故本书仍以石窟称之，可视为石窟建筑的一种类型。至于有论者称之为石刻（如大足石刻即为惯用称谓），显得过于宽泛，容易与单独的石雕作品混为一谈；也有论者称其为摩崖石刻，又易与摩崖题刻之书法、文字相混淆；还有称之为摩崖造像者，但仅仅包括了造像本身，将造像所置身的窟、龛等建筑空间排除在外，亦不妥当。

综上可知，安岳石窟乃至巴蜀石窟的一大特征即龛多窟少，绝大部分为摩崖龛像，此乃其与北方石窟的最显著差别。其实这也是中国早期石窟［以十六国、北朝至唐代西域（“碛西”）、河西及中原等地区的北方石窟为代表］向中晚期石窟（以唐、五代、两宋及其后巴蜀、东南等地区的石窟为代表）转变的一大重要特征。究其原因，学者多认为是石窟“中国化”的结果，即原有的居住、禅修、绕塔观想等功能，逐渐为地面上的寺院（多为中国传统木结构建筑）所承担，于是不再致力于开凿深邃之洞窟，转而倾向于在崖壁开龛刻像，供信众在龛外礼拜。有别于北方诸皇家石窟举全国之力大加雕凿，不计成本，巴蜀石窟多为民间营造（少量为当地官员主持），大大小小的摩崖龛像亦更加经济可行。其实云冈石窟第三期已明确呈现出此种倾向，正是因为孝文帝迁都洛阳之后，平城参与石窟营建者由皇家转变为贵族、官吏乃至民众，这与巴蜀石窟的情况异曲同工。

主要窟型

中心塔窟在巴蜀仅广元、大足等地有少量实例（图 0-2），僧房窟则更是罕见，此二类窟型安岳均无。安岳石窟中，真正意义上的“窟”为数不多，最具代表性的实例包括华严洞、大般若洞、圆觉洞、毗卢洞之幽居洞等，皆属于长方形平面的平顶窟，正壁与左、右侧壁三面设佛坛，坛上设像，为典型的佛殿窟（见图 2-1、图 4-22）。佛殿窟是石窟“中国化”所产生的重要类型，如敦煌莫高窟即有大量带覆斗顶的佛殿窟，安岳则多为平顶，空间更加简单。中心塔窟逐渐消失，佛殿窟取而代之，正与中国早期佛寺以塔为中心的布局，逐渐被“中国化”之后以大雄宝殿为中心的布局取代若合符节。[17]

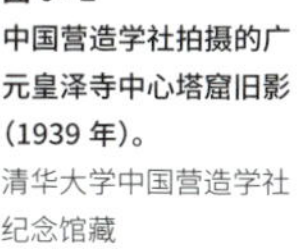

图 0-2
中国营造学社拍摄的广元皇泽寺中心塔窟旧影（1939 年）。
清华大学中国营造学社纪念馆藏

除几处佛殿窟以外，安岳的另一类窟型是刻经窟，主要分布于卧佛院，达六十五处之多，其基本形制多为长方形平面的平顶窟（唯独第 46 号窟顶为特殊的“人”字形坡顶），岩壁三面刻经，一面开敞。[18]

主要龛型

在崖壁上开龛造像是安岳石窟的主要模式。龛的平面一般为长方形，且进深远小于面宽；也有平面略呈马蹄形者。通常也是正壁、左右侧壁三面造像，一面向外开敞。也有进深极小者，仅正壁一面造像。

从龛口正立面形状来区分，有方形或长方形龛（有时上部两角抹圆）、圆拱形龛、尖拱形（或称桃尖形）龛等不同类型。简单的龛仅有一道龛口，但安岳石窟中最常见的则是分为内外两层龛口的双层龛。外龛一般为方形或长方形，类似于一道外框；内龛则形式比较多样，上述各种类型都有（图 0-3）。双层龛这一特殊形式的流行，主要是由于巴蜀地区多雨，双层龛口的设计可以保护雕有造像及华美装饰的内龛，免于风雨侵蚀之虞，从中亦可看出其与巴蜀崖墓洞口设计之间的继承性，是将北方石窟营建传统与巴蜀地区具体情况相结合的产物。值得一提的是，安岳的唐龛，内龛多用圆拱形或桃尖形龛楣，龛楣与两侧龛面上常常对称刻五朵团花（多为六瓣，亦有四瓣、五瓣等其他样式），这类花饰往往同时运用于造像的头光一周，此为安岳唐龛之重要特征，在卧佛院、玄妙观、圆觉洞与千佛寨等处均频繁出现，十分有利于龛像之断代（见图 5-3）。当然也有更为繁丽的龛口装饰，如以卷草纹饰（有时还加入小坐佛）代替简洁的团花者。

从龛顶形式来区分，则有平顶龛（此为最普遍者）、穹顶龛等。此外还有一些特殊形式的龛：如建筑形龛，外形雕刻成殿堂

图 0-3
安岳玄妙观第 6 号龛为典型的双层龛，外龛为长方形，内龛为拱形。袁进钊 摄

或楼阁，此类龛往往成为安岳唐宋木构建筑的重要形象资料（见图7-17、图 7-18）；又如帐形龛，龛楣上雕饰垂帐、华绳等。

安岳的龛一般高、宽均在二米左右或者更小，规模小巧。但也有一批规制宏伟的大像龛，典型者如卧佛院盛唐时期的涅槃巨像龛、圆觉洞宋代三大龛（一佛二观音）、茗山寺宋代五大龛、毗卢洞“柳本尊十炼图”大龛及紫竹观音大龛、孔雀洞孔雀明王龛等等。

历史上，绝大多数重要窟龛之前皆建有窟（龛）檐以资保护。不少窟龛的第一道保护屏障，是开凿时预先留出的自然形成的石质龛檐，如卧佛院涅槃巨像龛、毗卢洞“柳本尊十炼图”龛、紫竹观音龛等上部所存者；第二道保护则是在窟龛外用木构建筑营建的保护性建筑，外观或为殿、或为阁、或为廊，当代学者一般称为窟（龛）檐。如今许多窟龛外岩壁上，还能看到大大小小的长方形孔洞，多为历代木结构窟（龛）檐留下的卯口痕迹。据卧佛院第 70号龛北宋开宝七年（974 年）题记所云“修妆释迦牟佛部众一龛，修造遮佛龛厦舍一面”，可以确凿地知道北宋时此类龛前木构建筑可称“遮佛龛厦舍”。安岳的古代窟（龛）檐建筑大多无存，一些重要窟龛前建有近代或当代重建的窟（龛）檐。

窟龛方位描述

需要特别强调指出，依照石窟研究的学术惯例，本书在描述一座窟、龛及其造像时，所言空间方位“左”和“右”，皆指所描述的窟、龛或者造像本身的左和右，而非观察者的左和右：例如，言某某窟、某某龛左侧或者右侧，指的是该窟（龛）主尊造像的左侧或者右侧；又如，一座窟、龛，通常将进入该窟或者面对该龛时所正对的壁面称为“正壁”，以“正壁”上所雕凿造像（通常为主尊及其胁侍）的左侧壁面为“左侧壁”，右侧壁面为“右侧壁”——正好与面对正壁的观察者自身的左和右相反；同样，如果称正壁主尊左侧某某造像，也是就主尊而言，其左侧造像正好是面对主尊的观察者右侧的造像；描述侧壁诸造像之关系时亦然，比如称某侧壁某造像左侧或右侧，亦是就该造像自身而言。凡此种种，后文不再一一赘述。学术界之所以采取这种与观察者自身方位相反的描述规则，是因为石窟建筑因地形关系，朝向千差万别，用客观的东南西北方位很难加以描述（南方石窟尤其如此），因此只能用左、右来进行空间描述，而上述规则相对客观，跟观察者所处位置、朝向等主观因素皆无关系，因而较为科学合理。其实中国古人亦如是，比如《周礼·考工记》中谈到都城建筑布局时有“左祖右社，面朝后市”之谓，也是针对坐北朝南的宫殿（或帝王）本身而言，指的是宫殿（帝王）的左、右、面（前）、后。诸位读者有必要对此方位描述规则先行适应——其实只要将自己“代入”到每一尊造像身上，设身处地，即可完全适应本书（同时也包括各类石窟研究学术论著）的方位系统。

卧佛院、千佛寨、玄妙观、圆觉洞现存十余处唐开元年间题记，为安岳最古老的一批窟龛造像题记，其中以卧佛院第50号千佛龛开元十一年（723年）题记[19]最早（图0-4）。据此可知，安岳石窟最晚至盛唐开元年间已开始雕凿，[20]后历经中唐、晚唐、五代，至两宋而达于顶峰。研究者普遍认为，安岳石窟在中国石窟发展历程中，上承中原及关中的唐代石窟余绪，下启与之毗邻的大足石窟之伟观，实为四川石窟中承上启下之重要代表。正如刘长久在《中国西南石窟艺术》（1998）一书中所言：

“安岳石窟在四川石窟中起到了承上启下的积极作用……一方面继承和发扬了广元、巴中石窟中的盛唐之风，另一方面又开创了五代和两宋造像的新局面，使四川石窟进入到中国石窟雕塑发展史上的新阶段。”

关中与中原（特别是长安、洛阳两京）的石窟营建技艺，经金牛道与米仓道，由汉中入蜀，率先传至广元、巴中，两地皆存有蜀中最早的石窟，如广元千佛崖、皇泽寺，巴中西龛等，其中甚至不乏北朝、隋代窟龛，唐代更有大规模营建。之后一路南传，西南向成都、乐山、眉山等处，东南向资中、安岳、大足等处，南部可抵夹

图 0-4
卧佛院第 50 号千佛龛开元十一年（723 年）题记。徐浩洋 摄

江、邛崃等处。[21] 除陆路之外，水路也是石窟在巴蜀传播的重要途径，从汉中流入广元的嘉陵江，在四川盆地自北向南流，沿途分布着历史时序颇为规律的摩崖石窟。从巴蜀地区全域来看，石窟由北部广元、巴中，向南、西、东渐次传播，两宋时期石窟营建之高峰在安岳与大足两地。若由安岳县境内观之，也有一条颇为明显的自西北向东南的石窟传播与发展线路：西北部的石窟年代较早，以唐、五代、北宋为主；东南部的石窟年代较晚，以两宋时期为主。以安岳县城为中心的区域偏在县域西北，上述八大国宝中的四处，即卧佛院、玄妙观、圆觉洞、千佛寨皆在此附近（圆觉洞与千佛寨紧靠县城），四处皆为安岳较早的石窟群，均有开元年间窟龛造像题记。另外四大国宝，即华严洞、毗卢洞、孔雀洞、茗山寺皆靠近县域东南的石羊镇，由此略向东即入大足境内，此四处石

窟则以两宋时期窟龛造像为主，且与大足石窟具有十分明显的传承关系。

卧佛院、玄妙观、千佛寨、圆觉洞等处，皆有典型的盛唐窟龛造像，题材包括涅槃经变、说法图、大悲观音（即千手观音）、弥勒、凉州瑞像、千佛、药师经变、观无量寿经变、道教龛像、佛道合龛等。其中，最为常见的一佛二弟子二菩萨二金刚的“说法图”组合中，通常在弟子和菩萨身后皆刻天龙八部，为安岳唐代窟龛之重要特色，且可溯源到广元乃至更早的中原、关中的造像传统。安岳的道教龛像（可以追溯到绵阳西山观的隋代作品）大量借鉴佛教龛像的形式，龛型几乎相同，以一天尊（或老君）、二真人、二女真、二力士取代佛教的一佛、二弟子、二菩萨、二金刚，所不同者仅在造型、装束的一些细节。玄妙观更有一批别具特色的佛道合龛，在同一龛中，佛、道造像各占一半空间，完全对称分布，平分秋色而和平共处，蔚为奇观。

安岳的五代窟龛造像数量居全国之首，尤其值得瞩目。八大国宝石窟中，尤以圆觉洞、卧佛院五代龛像最为繁多，且题材极其丰富，包括大悲观音、十六罗汉、毗沙门天王、地藏菩萨与地狱十王、西方三圣、明王、经幢等等，是书写中国五代时期石窟发展史的重要资料。

两宋时期，北方石窟逐渐式微，安岳石窟却大放异彩，并与大足石窟一起，成为中国石窟艺术后期之精髓所在。安岳宋代造像中，尤以菩萨造像一枝独秀，成为安岳两宋造像中最精彩纷呈的类型，代表作包括华严洞圆觉菩萨、毗卢洞紫竹观音、圆觉洞净瓶观音与莲花手观音、茗山寺诸菩萨、塔坡菩萨等，神妙佳品如云，俨然一绝美之菩萨王国。安岳唐代菩萨承袭中原菩萨（典型者如洛阳龙门石窟菩萨）造型，裸露双臂及上半身大部，饰以云肩、臂钏、腕钏、帔帛以及极为华美之长璎珞（常作X形交会于腹前环璧中，并双垂至两膝之下），以千佛寨、卧佛院等处菩萨为典型代表。安岳宋代菩萨与唐代之最大差别在于，大部分皆身着佛衣，宽袍大袖（少量露单臂，挂长帔帛于其上），胸前饰华丽璎珞，且璎珞在腹部以下部分多为衣裙遮挡，有时从衣裙下部重新露出悬垂至双足——此特殊服饰造型，应是菩萨进一步"中国化"之结果，身体裸露部分极少，显得娴雅端凝，比之富于印度或西域风情之唐代菩萨，似乎更符合中国传统审美。值得注意的是，安岳以及四川唐代道教造像中的女真，已经是在吸收菩萨造型基础上，改披长袖道袍，不知安岳宋代菩萨的全新造型，是否受到了道教女真形象之影响？抑或是受柳本尊密教影响所形成尊格提升的独特样式？此为一颇值得深入探索的议题。安岳宋代菩萨造型之华彩，则全在其巍峨高耸之宝冠（以华严洞、茗山寺诸菩萨花冠为巅峰杰作），雕刻较之唐代更加绚烂繁丽，且大量运用镂雕技艺，形成一系列圆形或螺旋形缠枝卷草纹饰，其间空隙则饰以叶片、花朵，甚至点缀以高度写实风格的牡丹花，为中国石窟艺术中菩萨花冠之最雍容华贵者，并深刻影响了大足石窟的同类作品——真是安岳石窟的一顶"桂冠"。

此外，安岳宋代造像的写实化、世俗化特色均极为鲜明，在中国石窟雕塑史上别开一新局面。典型者如毗卢洞的"柳本尊十炼图”，不仅作居士装扮的柳本尊取代经典的佛教造像题材成为主人公，而且配角亦以世俗人物为主，包括文官、武将、差吏、侍女。又如华严洞风神俊朗的一僧一俗，圆觉洞大龛中刻画如生的供养人家族等。世俗人物的粉墨登场，加之匠师高超的写实技艺，使得安岳宋代石窟造像带给观者全新的视觉体验。

总体看来，安岳的唐宋两代造像风格变化鲜明，各擅胜场，前者更多在传承中原唐风的基础上发展，后者则更富于地方特色，开一代之新风，而五代造像则居于二者过渡期间。北宋郭若虚《图画见闻志》中，记载了蜀中画家赵云子与孙知微（字太古）之间一则有趣的轶事，从中倒可一窥唐宋审美之异趣：“孙太古尝阴使人问己画，赵云：‘孙画虽善，而伤丰满，乏清秀。’孙由是感悟。”

由上文约略可知，宋画尚清秀而不好丰满，唐画反之，正与现存唐宋绘画或雕塑中人物（尤其是各类仕女）予人之印象吻合。由此观安岳造像，唐尚丰满，兼之雄浑有力；而宋尚清秀，更重柔美韵味，二者泾渭分明，唐风宋韵极易分辨。而相对较难分辨者，则是两宋作品之细微差别——尤其是华严洞、毗卢洞、茗山寺之大批杰作，皆未能留下明确纪年题记，尽管学者大多确认其为宋代作品，但究竟是北宋、南宋，则众说纷纭；特别是与同类题材、风格的大足作品（多为南宋时期）相较，究竟孰为原本，孰为模仿之作，抑或为同一时期、同一批匠师之作品，持各类观点之研究者尽皆有之，莫衷一是，此为探讨安岳宋代造像的一个疑难问题，详见后文。

将安岳的唐宋石窟造像放到整个中国石窟发展历程中看，可以发现其大量创新之举：如卧佛院左胁（即向左侧卧）之涅槃佛、华严洞与圆觉洞的“圆觉经变”、毗卢洞反映四川密宗的“柳本尊十炼图”、宋代菩萨之全新造型（尤其是精彩绝伦的花鬘宝冠）、石刻版水月观音之创意（毗卢洞紫竹观音）、玄妙观的佛道二教平起平坐的佛道合龛…… 不一而足。如此种类繁多的革新创作，显示出安岳唐宋匠师旺盛的创造力，亦将石窟艺术带入一个新的境界。举世闻名的大足宝顶山石窟，实际上在其整体规划中融合了安岳卧佛院（涅槃大佛）、华严洞与圆觉洞（圆觉经变）、毗卢洞（柳本尊十炼图）、孔雀洞（孔雀明王经变）、茗山寺（高大菩萨立像与护法神众）、圆觉洞（地狱十王、大悲观音等）等众多极富原创力的经典“原型”，并将上述一系列原本是单独、分散的题材熔于一炉，再加上一系列更新的发展，如规模巨大的“报恩经变”（孝道主题）等等，终成一集大成之伟构。

除了唐风宋韵的时代特征之外，安岳石窟在内容题材上亦极为丰富多样，这种多样性实际上是多种文化大融合的结果：既包括佛教宗派的显、密圆融，也包括佛教与道教乃至儒家文化的交融，逐渐形成三教合流之局面；此外还包括外来的石窟文化与本地巴蜀文化的融合，于是最终呈现出参差多态、变化万千之面目。

南宋末年至元初，安岳乃至整个巴蜀石窟的发展势头皆为战乱所终结（一如唐末的北方石窟），之后再未能恢复往日荣光。元、明、清三代虽继有开凿，然而无论规模还是艺术造诣，皆远不能与唐宋时期相颉颃——宋代安岳石窟，连同紧邻的大足石窟，遂成中国石窟艺术最后一座高峰，后不见来者矣。

巴蜀画坛

安岳乃至整个巴蜀地区的石窟，在唐宋时期得以走向兴盛，并最终接过从十六国、北朝、隋、唐以来浩浩荡荡一路不断发展的北方石窟传来的接力棒，成为中国石窟后期的高峰，其实有着历史、政治、经济、文化等多方面的深刻原因。

自安史之乱后，中国北方地区战乱频仍、元气大伤，而唐武宗会昌灭佛，更令各地佛教文化大受破坏。偏居西南的巴蜀地区反而繁荣安定，本已是天府之国，加之唐玄宗、唐僖宗两次入蜀避难，更使得大批文人墨客、画工匠师随皇家纷纷涌入，乃至定居于斯。尤其是益州（今成都），本就是经济发达的超级都会，有“扬一益二”（繁华仅次于扬州）之美誉，唐后期更成为继长安、洛阳之后新的文化艺术中心。

正如《益州名画录·序》所称，“盖益都多名画，富视他郡，谓唐二帝播越及诸侯作镇之秋，是时画艺之杰者，游从而来”。邓椿《画继》一书亦云：“蜀虽僻远，而画手独多于四方。”据北宋黄休复《益州名画录》、郭若虚《图画见闻志》等书记载，蜀地画家（包括本地人及由长安、洛阳等地入蜀者）中，“工画佛道人物、鬼神者”达数十人之多——甚至连在花鸟画领域负有盛名的黄荃，亦兼工佛道人物。其中不少是随玄宗、僖宗入蜀的宫廷画家，如安史之乱随玄宗入川的卢楞伽（吴道子之徒），曾在成都大圣慈寺绘行道高僧壁画三堵六身，由颜真卿题画，时称“二绝”；又如黄巢起义后随僖宗入川的孙位、滕昌祐、张询等人，亦曾参与应天寺、昭觉寺及大圣慈寺文殊阁等处壁画的绘制。实际上，蜀中著名画家大都在成都寺观中作有壁画，甚至兼有雕塑造像者。如《益州名画录》载，“当王氏武成中，善塑像者简州许侯、东川雍中本二人，时推妙手”，又云杨元真“攻画佛像罗汉，兼善妆銮”。许多画家本身即为名道或高僧，如道士张素卿、陈若愚师徒，僧贯休（禅月大师）等。

成都唐宋时期佛寺林立，壁画数以万千计，名作如云，盛况堪比唐代张彦远《历代名画记》中所记长安、洛阳，与两京成鼎足之势。苏轼所撰《大圣慈寺大悲圆通阁记》有云：“成都，西南大都会也，佛事最胜。”成都的一代名刹大圣慈寺规模最宏巨、壁画最盛——宋李之纯《大圣慈寺画记》一文，扬言“举天下之言唐画者，莫如成都之多；就成都较之，莫如大圣慈寺之盛”；“其铸像以铜，刻经以石，又不可概举”。据该文统计，大圣慈寺共有九十六院，屋宇八千五百余间，“共画诸佛如来一千二百一十五，菩萨一万四百八十八，帝释、梵王六十八，罗汉、祖僧一千七百八十五，天王、明王、大神将二百六十二，佛会、经验、变相一百八十五”。可知成都大圣慈寺规模与壁画之盛，皆堪与长安大兴善寺、大慈恩寺等一代巨刹相颉颃。

蜀中画家所绘壁画，与佛、道二教相关的题材蔚为大观。据

《益州名画录》记载，佛教内容包括：佛像（有释迦佛、阿弥陀佛、药师佛、弥勒佛、报身如来即卢舍那佛、毗卢佛、炽盛光佛、七佛、五如来等）、菩萨（有观音、文殊、普贤、地藏、水月观音、如意轮菩萨等）、十弟子、天王及部属、金刚（力士）、十六罗汉、天龙八部众（包括梵王帝释等）、神鬼、十二神、八明王、各类变相（如大悲观音变相、天王变相、西方变相、维摩变相、五台山文殊菩萨变相、三乘渐次修行变相、降魔变相、金光明经变相、地狱变相、宾头卢变相、孔雀王变相、隐形罗汉变相、药师经变相、八难观音等）、灵山佛会、弥勒佛会、药叉大将、和修吉龙王、师子国王、舍身饲虎、布发掩泥、鬼子母、天女、天花瑞像、六祖、行道二十八祖、高僧像、马鸣、提婆等。道教内容包括：老子、仙人、五星、南北斗、九曜、二十八宿、四神（青龙、白虎、朱雀、玄武）、五岳四渎及其部属、十二溪女、十二仙君、九皇、寿星、三官五帝、二十四化真人、六十甲子神、天蓬、黑杀、火铃、钟馗、名道人像等。还包括大型水陆画，例如张南本曾于宝历寺水陆院画“天神地祇、三官五帝、雷公电母、岳渎神仙、自古帝王，蜀中诸庙一百二十余帧，千怪万异，神鬼龙兽，魍魉魑魅，错杂其间，时称大手笔也”。佛道之外，还有儒佛道三教图等题材。

本书所探讨的安岳石窟中各类造像题材，上述唐宋时期壁画中几乎都有所涉及（除少量关于柳本尊的川密题材）。可以想象，唐宋时期成都寺观中那些皇皇巨制，必定对邻近的安岳佛教艺术产生了直接而深刻的影响——安岳以及巴蜀石窟得以在唐中叶之后大发展，除了直接受中原、关中石窟影响（如前文所述由北向南渐次传播）之外，亦必深受唐宋时期蜀地画家（包括雕塑匠师）作品，尤其是以成都为中心的各处寺观壁画、塑像之熏陶。[22]令人浩叹的是，《益州名画录》中所记成都诸寺观唐宋壁画皆随昔时唐宋寺庙建筑一齐灰飞烟灭，无迹可寻，书中所记绝大多数画家、画作仅仅剩下抽象的名词，人们若想真正了解巴蜀大地唐宋佛、道艺术之盛况，则须阅读巴蜀大地上星罗棋布的石窟——特别是二百余处安岳石窟及其间数以万计的造像——所构成的鲜活的唐宋巴蜀艺术史篇章。

主人匠师

唐宋时期巴蜀寺观壁画之兴盛，是安岳石窟得以大发展的文化土壤。而具体到安岳二百余处石窟的营建，则离不开本地具体从事之人。明代计成的造园专著《园冶》一书有“三分匠、七分主人”之说，意思是园林营造，三分靠匠人，七分靠主人，此“主人”非指园主人，而是“能主之人”，即有能力主持园林营造之人。在中国古代，此类“主人”可以是文人、画家或者精通园林营造、知识丰富的僧人、道士等，当然也可以是文化修养很高的哲匠、大匠。园林如此，石窟亦然，安岳石窟无一不是主人与匠人合作的成果。石窟的主人也包括多种身份，如僧人、道士、官员、当地文人、大匠师、供养人等。

安岳石窟中留存有一批珍贵的题记，这些题记一方面提供了窟龛造像的准确年代，使得所在窟龛造像成为某一时代的“标准器”，有助于确立石窟及造像的考古学年代分期和艺术史图像风格、类型谱系；另外，这些题记中出现的人物信息，有助于今人了解安岳石窟营建中的主人、匠人以及供养人等的身份，既是石窟营建史，同时也是社会生活史方面鲜活生动的资料。

主人

比如，千佛寨第 54 号唐碑虽风化严重，但残存“普州刺史韦忠”字样——学者据王象之《舆地纪胜》“普州”卷中所记“唐西岩禅师受戒序，普州刺史韦忠开元十年建”，推测此碑即《唐西岩禅师受戒序》碑（图 0-5）。如果属实，则此碑立于开元十年（722 年），为安岳石窟中现存年代最早的碑刻。碑文中出现的韦忠，是目前所知与安岳石窟相关的最高级别官员之一，普州刺史即唐代安岳最高行政长官。另一位在安岳石窟中留名的普州刺史，是五代后蜀时期的聂真，这位刺史甚至有一身写真造像立于圆觉洞，即第 58 号“聂公龛”立像，像左侧榜题框内刻有“第二指挥使金紫光

图 0 - 5
安岳千佛寨第 54 号唐碑。王南 摄

禄大夫检校司徒使持节普州诸军事守刺史河东县开国男食邑三百户聂”，《舆地纪胜》“普州”卷亦有云“聂公真龛记，在灵居山，军事判官何光远撰，广政四年建”——可知此像立于广政四年（941 年）。有学者推测与聂公像相邻的第 59 号西方三圣龛或为其主持开凿。

再比如，唐代一位高僧玄应，其姓名见于安岳千佛寨、圆觉洞、卧佛院三处唐开元年间题记之中，是安岳石窟营建中重要的“主人”。其中，千佛寨第 38 号龛有开元二十年（732 年）造像题记，末尾署“寺上座玄应书”（见图 5-2）；圆觉洞第 71 号龛（为道教龛）造像题记，末尾署“栖岩寺上座释沙门玄应书”（见图 3-14）——可知此二则题记皆为玄应手书，且玄应为栖岩寺（即唐代千佛寨之名）高僧，不仅为本寺窟龛造像书写题记，还为圆觉洞的道教龛像题字。更巧的是，两则题记中提到的供养人亦为同一人，即安岳本地官员（官居五品）黎令宾，为其亡父母及亡妻造千佛寨第 37、38 二龛，为自身平安造圆觉洞道教天尊一龛。此外，卧佛院第 46 号刻经窟《佛顶尊胜陀罗尼咒》经文中亦有“大唐开元二十一年□月二十日□门玄应□”字样，可知玄应还参与了卧佛

图 0-6
安岳卧佛院第 4 号龛慈海和尚(中央戴风帽者)及弟子像(南宋)。徐浩洋 摄

院刻经洞的营建。除了上述三处明确与玄应直接相关的题记之外，学者傅成金还推测普州刺史韦忠所撰《唐西岩禅师受戒序》碑中的“西(栖)岩禅师”，正是曾作为栖岩寺上座的玄应，可备一说。

与僧人玄应约略同时期的另一位石窟营建“主人”是道士李玄则，为玄妙观龛像营造的重要主持人。玄妙观第 14 号唐碑有“开元十八年五月廿五日同邑人李玄则”字样；第 24 号龛《启大唐御立集圣山玄妙观胜境碑》中，更有供养人左识相父子、道士李玄则共同主持开凿龛像的记录，明言工程自唐开元十八年(730 年)七月兴工，至天宝七年(748 年)八月完工，开龛造像之目的是超度左识相(为道教徒)父母之亡灵。

卧佛院题记中除了出现玄应之名外，还记录下不少僧人名号。第 66 号刻经窟《大般涅槃经》后有“普州安岳县沙门僧义造涅槃经□□□□供养”题记。另据卧佛院宋代题记，可见到北宋中晚期到南宋中期四位住持惠文、法宗、慈海、悟宣之名。其中，卧佛院第 4 号龛主尊戴风帽（头部残毁），其头光内刻有“师祖慈海和尚”六字，是安岳十分难得的高僧造像（图 0-6）。[23]

圆觉洞第 9 号窟外壁《普州真相寺新建圆觉洞记》有“主僧了月”开窟造像之记载，“其主僧了月等，穴石为洞，镌刻佛像，名之曰圆觉”。第 10 号拈花释迦佛龛左壁题记有“住持禅戒正浦书”字样。此为圆觉洞两位宋代开窟造像的“主人”。

高升乡千佛岩存有唐太和二年（828 年）“陇西沙门释子林道”镌释迦牟尼佛龛的题记，足见安岳石窟营建之“主人”中还有外地僧人。[24]

匠师

圆觉洞第 22 号龛前蜀天汉元年（917 年）题记中有“院主僧体儒，镌造都料勾从本”字样，同时记录了主人和匠师姓名，极其珍贵；且由此可知主持石窟雕凿的总匠师当时可称“镌造都料”。与之相呼应，庵堂寺第 10 号龛前蜀天复七年（907 年）题记中亦有“简州镌功德都料前守军士押衙勾从本”之记载——两处题记出现了同一位唐末五代匠师勾从本的姓名，在庵堂寺其头衔是“镌功德都料”。

更加难能可贵的是，两宋时期，安岳（岳阳镇）一个世代相传、专事石窟营造的文姓匠师家族得以留名：结合现存于大足、安岳及资中三地的石窟题记（尤以大足居多），可以看出自北宋皇祐四年（1052年）起，至南宋绍熙年间（1190–1194年；一说嘉定年间，即1208–1224年），文氏家族共有六代、[25]二十余名匠师留下姓名，其所营建的工程在大足、安岳及资中三地广为分布。

第一代文昌，曾与其子文惟简、文惟一雕刻大足大钟寺经幢（皇祐四年即1052年）。

第二代即文惟简与文惟一。其中，文惟简携四子文居政、文居用、文居安、文居礼在大足石篆山雕凿龛像多处（第2、5、6、7、9号龛；北宋元丰五年至绍圣三年，1082–1096年）；文惟一则携其子文居道在大足石门山雕凿龛像（第4、13号龛，绍圣元年至三年，1094–1096年）。

第三代即上述“居”字辈五人。

第四代包括文仲宁、文仲渊（一说仲利）、文仲璋三人。其中，文仲宁、文仲渊（利）兄弟曾与其父在资中东岩雕凿龛像（推测为北宋政和年间，1111–1118年）；文仲璋及其子文琇，侄文玠、文珠，及侄男（即侄儿之子）文恺，[26]先后在大足妙高山（第2号龛，南宋绍兴十四年即1144年）、玉滩（第11号龛，绍兴十八年即1148年；第5号龛，绍兴二十七年即1157年）以及安岳净慧岩（第6、15号龛，绍兴二十一年即1151年）雕凿龛像。

第五代除了前述文琇、文玠、文珠之外，还有文玠、文琈，共五人。其中，文玠曾携其子文孟周、文孟通、文□□先后在大足峰山寺（第7号龛，绍兴六年即1136年）、佛安桥（第6号龛，绍兴十年即 1140 年；第 12 号龛，南宋乾道八年即 1172 年）、石佛寺（第 3 号龛，绍兴二十九年即 1159 年）、佛耳岩（第 2 号龛，乾道三年即 1167 年）雕凿龛像。文琈曾携其子文师锡、文师窸在安岳千佛寨重修主尊阿弥陀佛像（第 24 号龛，绍熙三年即 1192 年）。

第六代除了前述文恺、文孟周、文孟通、文师锡、文师窸之外，还有文惟简之玄孙文艺，也曾在大足灵岩寺雕凿龛像（第 2 号龛），学者推测时间为南宋绍熙（1190–1194 年）或嘉定年间（1208–1224年）。

以上共计六代二十二人留下确切姓名，此外还有个别题记中有名字无法辨认，故实际数目还要略多于此。一个工匠家族，六代、二十余人得以留名青史，且作品多为国宝级石窟及造像，这在中国历史上实属罕见——就目前所知，恐怕仅有清代皇家建筑匠师“样式雷”家族足以与其媲美。从中亦可一窥两宋时期安岳石窟营造业之发达程度，并且手工艺匠师已有相当“自觉性”和社会地位，有意识地在家族团队的系列作品中“签名”——这正好与约略同时期欧洲哥特大教堂的建筑匠师们（同样常常在教堂的碑刻或铺地石上留名）遥相呼应。[27] 特别值得注意的是，数量众多的大足窟龛造像出自安岳文氏匠师家族之手，安岳对大足石窟的深刻影响从中可见一斑。

卧佛院涅槃佛头部下方第 17 号龛有“重修卧像并侍者岩”的南宋绍兴四年（1134 年）题记，其中记“潼川瑞乌攻镌母山、男士幼、士章、孙□”等匠师姓名，可知有潼川母氏工匠家族到安岳卧佛院修缮涅槃佛龛。另据清刘喜海（字燕庭）《金石苑》第六卷所载，南宋嘉泰二年（1202年）简州（今四川简阳）重修某山龛像题记中，有“瑞乌攻镌母震，男鼎艮，侄兴宗”之记载，可知潼川瑞乌母氏亦为南宋一石窟营建工匠世家。

在安岳及巴蜀地区石窟题记中，对石刻匠师的称谓种类繁多，如镌造都料、镌功德都料、镌功德匠人、镌作、镌作匠人、攻镌、攻镌处士、攻镌作处士、镌龛博士、镌石人、镌匠、石匠、刻民等。其中，都料或都料匠的称呼，唐宋皆通用，柳宗元在《梓人传》一文中写道：“梓人，盖古之审曲面势者，今谓之都料匠云。”又引梓人杨潜自述曰“吾指使而群工役焉”。可知都料匠乃是唐宋对建筑总匠师（即今之总建筑师）的称谓，而在石窟营建中，负责雕刻的总匠师——镌造都料或镌功德都料——是工程最重要的主持人，因此兼具匠人与主人双重身份。从“攻镌处士”等特殊称谓亦可看出，许多雕刻大匠应已具有相当文化水平。

上述称谓中大量出现“镌”字，因为石窟营造中，镌刻、雕凿造像乃是最重要的内容。除了镌像之外，妆彩或曰妆銮（即对造像施加彩绘）也是重要工种。妆彩匠师实际属于画匠，前文所引《益州名画录》记画家杨元真“攻画佛像罗汉，兼善妆銮”即是例证，在石窟题记中有绘士、画士、妆銮匠等称谓。还有一类匠师是镌字匠师，负责镌刻碑文及各类题记，有镌字人、镌字、镌字匠、镌字石匠、字人等称谓，圆觉洞第9号龛题记中“镌字石匠杨文□”，玄妙观《启大唐御立集圣山玄妙观胜境碑》中“镌字人李智员”，皆属此类。此外当然还有木匠，负责营建窟龛前木构窟檐建筑。各工种的负责人，在题记中常以作头、都作、小作等称之。

除总匠师（都料）和各类专业技术工匠外，还有负责统筹调度各工种并进行工程监督的角色（类似今天的工程管理者），题记中称作勾当、都勾当等。如安岳龙台镇三磊寺唐乾符元年（874年）题记中有“勾当社首兼施主任公胜”的记载，圆觉洞第22号龛题记中除镌造都料勾从本之外，还有“勾当社首赵义和”。担任“勾当”者有僧人、民间佛教社团首领（社首）、寺院执事以及施主等，身份多样。

遗憾的是，安岳的唐代龛像，以及两宋时期最杰出的窟龛造像（如华严洞、毗卢洞、茗山寺、圆觉洞、孔雀洞等处）皆未留下匠师姓名。但通过保存下来的题记，至少可以对五代、两宋安岳石窟匠师情况有一粗略认识。

匠心所在

石窟乃是以窟、龛等建筑空间为依托，结合具体的宗教功能、教义、仪轨等，在其中造像（或石雕，或泥塑，并赋彩），有时还绘制壁画——因此是建筑空间、雕刻（塑）与壁画三位一体的宗教场所。安岳石窟少见壁画或泥塑，因此是窟龛建筑与石雕造像相结合的宗教艺术。

石窟及其造像雕凿的一个根本特点在于，这是一项“减法”的工作：从崖壁上凿去“多余”的石材，得到所需的窟、龛空间；再将窟龛壁面上“多余”的石料凿去，得到形态各异的雕像——所有工作都是减法，与在地面上营建中国传统木结构建筑或者泥塑造像这类“加法”的工作正好相反。中国古代石窟之营造史波澜壮阔、洋洋大观，可惜未有关于石窟营造的专著传世。不过从北宋建筑专著《营造法式》卷三的“石作制度”中，还是可以一窥古代石匠工作之关窍。该书“石作制度”有云：“其雕镌制度有四等：一曰剔地起突；二曰压地隐起华；三曰减地平钑；四曰素平”。

以上这段话，恐怕是中国古籍中对石雕匠艺最重要的描述。翻译成现代雕刻术语，上面的四等雕镌制度，即高浮雕（或圆雕）、浅浮雕、平雕（阳刻）和光滑无雕刻。但《营造法式》术语比之现代术语高明的地方，是一语道破工作方法及其结果，更得雕刻匠艺之真髓：其术语中的“剔地”“压地”“减地”之“地”，皆指雕刻造型或图案的背景，亦即“图底关系”中的“底”，理解了这一点，也就理解了这些术语的核心，同时也是雕刻艺术的关键。

所谓剔地起突，就是剔除多余的“地”（作为图案背景的石头），这样图案本身就突起成为三维立体的造型了。此术语同时可指圆雕和高浮雕，安岳石窟中几乎所有造像均属此等级。

所谓压地隐起华，就是将背景压低，使得花纹图案隐约高起——这一术语不仅点明雕刻深度从“剔”减弱为“压”，而且工作效果也从“起突”弱化为“隐起”，正对应浅浮雕。安岳石窟中许多装饰纹样（如龛口、须弥座或者菩萨宝冠、衣饰等），都属于这一级。

再看减地平钑，“减地”二字正是前文所言减去多余的石料，深得雕刻艺术之要领，其实就是通常所谓阳刻，将平滑石壁上图案以外的背景减低一层，图案本身（也是平面的）就微微高起，从而呈现出来。汉代画像石多采取此雕刻手法，石窟中一些特别细腻含蓄的装饰纹样亦采用这一级。

最后一级素平，即对所有不施雕刻的表面进行平整磨光处理。一座窟龛及其造像，通常会综合运用上述四种工艺，以期达到丰富细腻的视觉层次。

《营造法式》所言“雕镌制度”，言简意赅，道出雕刻工艺的核心内容，对于了解石窟造像的具体工艺颇有裨益。关于石窟营造更加根本的一个问题，即一座窟龛及其众多造像，是如何进行统一规划设计，并采取何种方法具体实施，以保证整体和谐的空间与视觉效果，此乃石窟营造最关键之匠心所在，然而却鲜有古代文献加以记述，令人深感遗憾。

所幸在此方面，中国古代颇为发达的画论专著提示了一些重要方向。张彦远《历代名画记》、郭若虚《图画见闻志》等经典画论中，皆有关于绘塑相通的论述，即中国古代绘画与雕塑在实践及理论上其实可以互通。比如，郭若虚《图画见闻志》在《论曹吴体法》一节引述“吴带当风，曹衣出水”[28]之后，专门指出“雕塑铸像，亦本曹吴”；在《论吴生设色》一节中称“至今画家有轻拂丹青者，谓之吴装。雕塑之像，亦有吴装"——以上内容，其实不仅是画论，也是雕塑论，在专门探讨古代雕塑的文献稀若星凤的情况下，画论可以提供许多启示。对本书探讨石窟、造像整体营造手法最重要的启发来自张彦远的《历代名画记》，该书卷一中"论画六法"条有云："至于经营位置，则画之总要。"

南朝谢赫《古画品录》提出的"六法"之中，气韵生动、骨法用笔向来为论者所推崇，二者对于雕刻（塑）艺术自然也至关重要（只是"用笔"一词或许要改作"用刀""用泥"之类）。然而张彦远独具慧眼，称经营位置为画之总要，深得画之三昧。经营位置，近于西方绘画理论中的"构图（composition）"，此亦为西方绘画理论与实践的重中之重。借用张彦远之说法，在三维空间（如果再包括时间这一维度，则是四维时空）中"经营位置"，正是石窟营造艺术——综合了建筑、雕刻和绘画的空间艺术——之总要。

于是，借助实地测绘，或应用前人的测绘成果，对安岳石窟中的代表性窟龛造像进行精确的构图分析，探讨其在整体规划设计中"经营位置"的匠心巧思，成为本书研究与探讨石窟艺术的一大要旨。本书对于安岳石窟"经营位置"的探研主要包括以下几个层次：

首先是一个石窟群的总体规划布局。如前文所言，安岳石窟中龛多窟少，所以内部空间营造非其所长；但一系列窟龛沿着崖壁有序展开，有时甚至环绕一座山巅（如千佛寨、茗山寺）或环绕一座大型石包（如玄妙观）排布，其主要窟龛的位置、朝向，常常具有十分清晰的、明显是经过整体规划的特征（在千佛寨考察时获得此重要感悟），这是研究和观赏安岳石窟的第一个层次，也是最宏观的层次（见图 7-1）。

其次是一系列窟龛之间通过统一规划设计而形成组合，典型者如：千佛寨的一些“说法图”双龛（见图 5-3），卧佛院大量的双窟（如第 1、2 号刻经窟），圆觉洞北崖的宋代三大窟，玄妙观第 2、3、4 号以及第 16、17、18 号三联龛（见图 7-15），卧佛院三刻经洞与一前廊组合，以及一龛二刻经洞二大像组合等，这是安岳石窟经营位置的中观层次。

最后也是最重要的，即单座窟龛及其造像的构图经营。本书选取艺术造诣高超的几个经典，包括华严洞（石窟之代表）、毗卢洞“柳本尊十炼图”（大型龛像之代表）和玄妙观第 2–4 号龛（三联龛之代表），通过对实测图和测绘数据的分析，揭示出这些石窟运用一尺或五寸见方的方格网，进行精确的空间位置经营及造像比例控制，从而使得这些拥有数十尊造像的复杂构图获得整体和谐、震撼人心的精彩效果。

同时，这项发现也暗示了安岳的古代匠师在营造大型窟龛造像时，先绘制带有比例方格的小样、粉本，再精确放大到壁面，最后逐步雕凿的工作程序。在壁画绘制中，运用小样、粉本等比例放大的工作方法见于许多文献，早已为人所熟知，如郭若虚《图画见闻志》载，北宋翰林待诏（即宫廷画家）高益“画大相国寺行廊阿育王等变相暨《炽盛光》《九曜》等，有位置小本藏于内府。后寺廊两经废置，皆饬后辈名手依样临仿”——此条记录言之凿凿，绘制壁画时有“位置小本”，真是对“经营位置”的最佳注脚。安岳匠师在雕凿一处处精美窟龛造像时，是否也是先绘有“位置小本”，再于现场放大并“依样临仿”，以确保石窟造像雕镌这项不允许失败返工的“减法”艺术，得以完美照计划实现呢？这个假设实在令人遐想万千。

以上三个层面关于“经营位置”的探讨，是本书有别于此前安岳石窟研究的一项新发现，或许对于研究和欣赏石窟艺术，也提供了一个新的视角——而且这一视角也许更加贴近安岳历史上那些知名（如文氏家族）或不知名的伟大匠师之匠心所在。

一 卧佛寂灭众经伴

卧佛院在安岳石窟中有多项纪录：造像尺寸最巨（二十一点二米长的卧佛），洞窟数量最多（共有刻经窟六十五座），开凿时间极可能最早（第 50 号千佛龛有安岳最早之造像题记），并且还有年代最早的完整版“善财童子五十三参”浮雕。此宏伟工程，尤其是大规模刻经窟的开凿，或许是因为唐初“扬道抑佛”的政策，令佛教僧徒为可能到来的灭佛运动或者所谓的“末法时代”，做好存续佛法之准备——同时其刻经内容以涅槃部佛经为主体，与所刻涅槃巨像互相呼应，共同构成卧佛院石窟营造之主旨。

卧佛院位于安岳县城以北约三十公里的卧佛镇卧佛村，其所在沟谷俗称“卧佛沟”，[1] 地貌略呈“几”字形，南北两道山岩对峙，其间沟谷最宽处约一百米，长约八百至一千米，卧佛院窟龛造像即沿着沟谷南北两山之岩壁开凿罗列。据《安岳卧佛院调查简报》（2008）统计，卧佛院现存一百二十六个窟龛，[2] 包括三大部分：第一是北岩窟龛（集中在北岩西端），编号 1–24 号，以涅槃大佛为核心，此外还有北岩东端的 123–125 号；第二是南岩窟龛，包括 25–94 号、126 号；第三是月亮坪区（含菩萨崖）窟龛，编号 95–122 号。

卧佛院头号“主人公”非卧佛莫属。该卧佛为全中国仅次于大足宝顶山卧佛的第二大石刻卧佛，其所在的第 3 号大龛，由“涅槃经变图”和“释迦临终说法图”两组造像巧妙组合而成，开凿年代当在盛唐开元年间。

卧佛之外的第二大主题是刻经洞。卧佛院的刻经洞规模为中国南方之最，刻有佛经的洞窟共计十五座（另有空窟五十座），共刻佛经二十种、四十余万字（可辨者二十六万余字）。涅槃巨像龛与刻经洞为统一规划的整体。

卧佛院第三项大手笔，是南宋时期在卧佛下方开凿的一系列连环画式小型造像龛，构成“善财童子五十三参”（取自《华严经·入法界品》）这一极具故事性的浮雕组群，其间穿插散布少量小龛及题记，后者成为这组浮雕刻凿年代的佐证。

上述三大手笔之外，卧佛院尚有大批中小型窟龛造像，诚可谓琳琅满目。造像题材丰富，包括说法图、三佛、弥勒、凉州瑞像、千佛、千手观音、地藏菩萨、经幢、墓塔等。卧佛院的另一项珍贵遗存是题记二十二处。由题记可知，卧佛院窟龛、造像大多开凿于唐开元年间（713–741 年）至北宋开宝年间（968–976 年）这二百多年间，南宋时有补刻、重修与重妆；造像以唐代最多，其次为五代，少量为宋代。值得一提的是，第 81 窟（系唐代未完工的刻经窟）内有一通宋碑《诫誓贼盗火烛祛除邪祟神碑》，为北宋崇宁二年（1103 年）卧佛院主僧法宗及小师慈海所立，碑文述唐宋两代卧佛院之历史源流，尤其言及“法宗住持后来改故修新，自舍囊钵，起立厅堂、僧房、厨灶，悉皆周备。实□甍瓦如□徘徊迨迎，栋梁椽柱皆悉涣然”——可知法宗任住持时，除了南北两岩的窟龛造像之外，还有大量木结构佛寺建筑如厅堂、僧房、厨灶之属，故北宋时的卧佛院为一座典型的中国化的石窟寺，可惜昔日木构建筑早已片瓦无存。如今，一些重要窟龛前建有当代窟檐建筑，最近卧佛沟的原始野趣更为现代风景区人工景观（包括塑胶跑道）所取代，令人有沧海桑田之感。

涅槃巨像

卧佛院的涅槃巨像位于一道坐北朝南、高约十二米的岩壁之上，像之下沿距离地面（岩壁前方平台）约四点六米，朝拜者须仰望之，这与大足宝顶山涅槃佛直接卧于地面的意境大相径庭。

涅槃巨像龛编为第3号龛，龛顶有近年新修的龛檐。像之两侧及上方，有若干长方形凿孔，应为龛前历代木构龛檐的梁孔。龛之立面略如刀状，西部为刀把，东部为刀刃；据实测，[3] 东西宽约二十一点五米，高十点三米。卧佛横贯全龛，身长二十一点二米，约合唐代七丈（唐代十尺为一丈，一尺约合三十厘米），堪称巨制。佛之头部长二点九米（约合一丈），头身比接近一比七，头部所占比例远小于同时期一般立佛，加之身体极窄，故身材比例予人第一感觉是极其修长，颇有西方中世纪哥特雕刻之造型意味，比之云冈石窟第三期“秀骨清像”风格的佛像还显清瘦颀长（图1-1、图1-2）。

卧佛头部为匠师刻画之重点。螺发、高肉髻，眉间有白毫凸起，双目微敛，嘴角微上翘，五官线条之刻画简洁有力，非巨匠不能为之。颈部三道蚕节纹。双耳佩有耳珰（即耳环），耳珰的圆环部分用两圈连珠纹和一圈凸棱相间加以装饰，下部饰以雕刻精美

图 1-1
卧佛院涅槃经变龛全景。

图 1 - 2

卧佛院涅槃经变龛正立面测绘图 。

冯棣、冷婕 等测量；高靖、袁进钊 等绘

图 1-3
大足宝顶山涅槃经变龛近景，涅槃佛采取右胁卧姿。袁牧 摄

的璎珞——其样式与四川广元皇泽寺第 10 号龛大佛及菩萨（初唐）所戴耳珰极其相似。头下有枕，枕之侧面雕饰尤精丽，饰莲花纹、连珠纹和“回”形纹。相比头部、耳饰及枕，卧佛身躯及衣纹之雕刻则简洁飘逸，颇有“逸笔草草”之意味——在雕刻匠师而言，可谓“逸斧草草”。不过细审之下，亦不乏耐人寻味之细节：衣纹疏密适中，内着僧祇支的边缘装饰卷草及莲花纹，虽大部漫漶，通过仅存少许纹饰亦可窥见其精丽程度；胸下系带打结处仅寥寥数道凿痕，意思全出。

安岳卧佛最大的特异之处在于背北面南、头东脚西，呈“左胁而卧”的姿势，即朝向身体左边侧卧——这一造型，与绝大多数涅槃佛“右胁而卧”（即右侧卧）的标准姿势（典型者如印度阿旃陀石窟、新疆克孜尔石窟、敦煌莫高窟以及大足宝顶山等处的卧佛）正好相反（图 1-3）。之所以说“右胁而卧”是释迦涅槃的标准姿势，是因为此乃佛经中明确记载的——《大般涅槃经后分》称释迦涅槃时“于七宝床右胁而卧，头枕北方足指南方，面向西方后背东方”。[4]

安岳卧佛明显违反了佛经中的权威记载，这一点几乎所有关于卧佛院的论著都提到了，但解释却各不相同。胡文和认为这样头东脚西的安排符合中国古代葬俗；而王春认为卧佛西侧的第 1、2 号刻经窟是利用早先存在的崖墓开凿的，故卧佛不能头朝崖墓而卧；还有人认为这里所表现的是释迦尚未涅槃时的状态；也有人认为这是卧佛所在岩壁的走势决定的。[5]

本书倾向于认同上述最后一种理由，即卧佛院释迦涅槃像“左胁而卧”是因地制宜的结果。从卧佛所在岩壁来看，其坐北朝南的朝向，首先取消了佛经记载中卧佛“头枕北方足指南方”的可能性。那么，为何卧佛不能雕成头西脚东、“右胁而卧”呢？如果仔细观察岩壁的走势（尤其是走到卧佛正下方自下而上仰视），很容易发现，这块岩壁东半部（即现状卧佛上半身及“临终说法图”群像所在处）正对南北两山之间的开阔地，而岩壁西半部（即卧佛下半身所在处）却向西北方向略微转折，即整个壁面不是一个整齐的平面，其东侧向前凸出而西侧向后缩进，如果卧佛头西脚东、右胁而卧，则头部和上半身就会远离观者，与此相应，位于其上半身上方的“临终说法图”群像也不能正对观者。[6] 所以，卧佛院涅槃巨像违反经典、“左胁而卧”的安排，极可能是基于岩壁和周遭整体环境，因地制宜综合考量的结果。更巧妙的是，居于卧佛腰部、背对观者的弟子像，恰好位于西侧岩壁向后转折处，这尊弟子像极好地掩盖了卧佛双腿向后方转折的趋势，位于佛足处的一尊金刚力士像也起到了同样的作用，最终卧佛巨像显得一气呵成，几乎无人注意到其上下半身发生了转折。

除了“左胁而卧”这一最明显的与众不同之处，安岳卧佛还有一个不同于一般卧佛的处理：据佛经，涅槃佛应“枕手累双足”（见《佛所行赞》），即曲右臂枕右手而卧，而安岳卧佛却是双臂伸直放在两腿外侧，又与经典记载不同。这方面与安岳卧佛最接近的实例是四川广元千佛崖第 10 号龛“涅槃经变图”中

图 1 - 4
广元千佛崖第 10 号龛“涅槃经变图”中的唐代涅槃佛右胁而卧，双臂贴身平放。
清华大学中国营造学社纪念馆藏

图 1 - 5
山东兖州兴隆寺塔地宫出土鎏金银棺。
王南 摄

的唐代卧佛，该卧佛右胁而卧，双臂贴身平放，手臂姿势与安岳卧佛完全相同，值得注意（图 1-4）。

还有学者注意到，云冈石窟第 11、35、38 窟的北魏“涅槃经变图”中，卧佛竟呈现为平躺且双臂贴身平放的造型，既非左胁亦非右胁，采取“躺平”姿势，同样与佛经记载相悖。更重要的是，“左胁而卧”的涅槃佛，也并非仅有安岳一例，另外一个重要实例，是山东兖州北宋兴隆寺塔地宫出土的一件鎏金银棺，其两侧面各铸有一组“涅槃经变图”，其中一侧卧佛采取经典的右胁姿势，另一侧卧佛则采取了与安岳卧佛一样的左胁姿势，应是出于构图对称的特殊设计；与安岳卧佛的不同之处在于，银棺上的左胁卧佛

头枕左手，这一点比安岳卧佛更符合经典（图 1-5）。综合上述实例可知，卧佛之卧姿——或右胁、或左胁、或躺平，或枕右手或枕左手或双臂贴体，皆有实例，其间演变规律，是一值得探索的有趣课题。

卧佛腹部前方，刻有一名背对观者、结跏趺坐的弟子，其右手食、中二指按在卧佛手腕上，屈无名指和小指。依据“涅槃经变图”的构图惯例，这名弟子应是须跋陀罗。据《长阿含经》卷四，须跋陀罗原为婆罗门教徒，听释迦牟尼临终前说法，遂皈依佛门，成为释迦最后一名弟子。须跋陀罗趺坐于一长方形台座上，台座正面分成三格，左侧格内有宋代补刻题记（编为第 9 号）。如今一道巨大裂缝，沿须跋陀罗腰部向西横亘至卧佛双腿之间，向东延伸至卧佛胸部。

学者胡文和则认为这一背对观者的弟子是阿难。然而在许多经典“涅槃经变图”（如犍陀罗艺术中），阿难常常表现为悲伤过度、昏倒在地，由释迦的另一弟子阿那律伸手搀扶的造型。亦有人认为该像为佛母摩诃摩耶，或为释迦诊脉者，不一而足。比较以上各种观点，还是须跋陀罗的可能性最大，实例也极其多见：在大量犍陀罗风格“涅槃经变图”，或者新疆克孜尔石窟的同类题材中，须跋陀罗多于佛床前或正坐或背坐，表示先佛一步入灭。[7] 敦煌莫高窟第 280 窟“涅槃经变图”中，佛足处禅定入灭者即须跋陀罗；[8] 第 295 窟“涅槃经变图”中，正对观者结跏趺坐于佛床前者即须跋陀罗；第 46 窟南壁龛内，有身穿披头通肩袈裟的泥塑须跋陀罗像。

图 1 - 6
卧佛院涅槃经变龛佛足前金刚像。

卧佛双足畔，刻有一尊二点九六米（约合一丈）高的金刚力士像。该金刚左手五指戟张，护住佛的双足，右手攥紧拳头，举与肩齐，周身筋肉遒劲有力，裙摆若临风舞动。脸部神情极其激烈，拧眉咧口，目眦欲裂，一派悲痛欲绝之状。此尊金刚力士所蕴含的巨大动能，堪与洛阳龙门石窟奉先寺卢舍那大像龛的金刚力士相比，浑然盛唐气象（图 1-6）。有学者据其所呈现状态，推测其为“密迹金刚”[9]——《佛入涅槃密迹金刚力士哀恋经》有云：“时密迹金刚力士见佛灭度，悲哀懊恼……愁火转炽，五内抽割、心膂磨碎，躄踊闷绝譬如岩崩，颠堕于地久乃醒悟……举手大叫，发声悲哭……爱恋如来功德之身，捉相轮足，急抱不放……”

此尊金刚生动展现了“五内抽割、心膂磨碎”之状，成为涅槃巨像龛尽端的一个强有力的结束，简直犹如一个惊叹号！

与卧佛双足前这尊金刚力士相对，卧佛头顶后方立着一尊半身金刚力士，左手攥拳上举过头，右手微弯向下，转头凝视卧佛，双唇紧抿，作守卫状（图 1-7）。东侧这尊金刚，一方面与西侧金刚左右呼应，共同守住涅槃巨像龛的两端，同时又融入卧佛身体上方另一组壮伟的群像之中——该组群像构成涅槃巨像龛的第二大主题，即“临终说法”。

图 1-7
卧佛院涅槃经变龛佛头后金刚像。
徐浩洋 摄

临终说法

卧佛上半身的上方刻释迦牟尼佛“临终说法图”，共计二十一尊造像。

中央主尊为释迦，结跏趺坐，有桃形头光，佛衣内着僧衹支，胸下系带，服饰与卧佛同，整体造型与洛阳龙门石窟盛唐风格一脉相承。

释迦两旁造像为卧佛遮挡，皆为半身像，分作两排，共计有十弟子、二菩萨、一金刚及七位“天龙八部”护法神。众弟子及天龙八部悲痛欲绝的神情，与卧佛涅槃寂静之状，成强烈对比。

前排左侧由内而外依次为三弟子、一菩萨、一金刚。第一尊弟子头部微微转向释迦，左手执拂尘，尘尾搭在左肩。菩萨高髻，戴花鬘冠，双耳佩圆珰，颈戴瓔珞，披云肩，左手托钵，右手执杨柳枝。东端金刚既与卧佛足部金刚左右呼应，又同其右侧菩萨构成金刚怒目、菩萨低眉之对照。

前排右侧由内而外依次为四弟子、一菩萨。第一尊弟子同样面部转向释迦，穿袒右式僧衣，左手执一麈尾，与左侧执拂尘弟子相对应。菩萨衣饰与左侧菩萨同，双臂风化较严重，无法辨认所持法器。

图 1 - 8
“临终说法图”中的释迦及两侧弟子。

相对于前排人物较为克制隐忍的悲伤之态，后排人物在表情动态上则呈现出较强烈之反差——尤其是多位天龙八部护法神，造型比之弟子、菩萨更加夸张特异，从艺术效果看也更为出彩。天龙八部一般指天众、龙众、夜叉、乾闼婆、阿修罗、迦楼罗、紧那罗、摩睺罗伽等八部护法神，是安岳石刻造像的重要题材，广泛出现在各类“说法图”造像组合之中，除卧佛院外，还可在千佛寨、玄妙观等处见到，但此龛为同类题材中规模最宏巨者。

后排左侧由内而外依次为二弟子、三护法神。第一尊弟子为老者形象，应为迦叶，双手抱拳在胸前，悲戚之情溢于言表，眼神和面部皱纹之刻画尤为生动感人，艺术感染力居诸弟子之冠（图1-8）。第二尊弟子与第一尊样貌颇为肖似，亦为老僧，神情、动作皆较第一僧更加激烈，眉梢眼角更加下垂，张口哀号，双臂高举并以食、中二指指天，似有满腔愤懑需要发泄。值得一提的是，有学者将这一尊弟子归为天龙八部护法神，故而认为“临终说法图”中共有九位弟子和八位护法神，然而此尊造像的外形确为弟子无疑。另有论者认为九名弟子加上释迦身前背对观者的弟子，正好为释迦的十大弟子——然而正如前文所言，背对观者的弟子最可能是释迦最后一位弟子须跋陀罗，不在著名的十大弟子之列。综合上述因素，我们倾向于判断此尊造像为弟子之一，而“临终说法图”中完整塑造了十大弟子。第三尊为护法神，头有发髻，怒目圆睁且冒火，龇牙咧嘴，耳朵上有羽状物上翘，其最突出的特征是颈部缠绕大蟒蛇，双手紧握蛇身，因而可以判定该护法神为天龙八部中的摩睺罗伽，即大蟒蛇神。第四尊头有发髻，阔面重颐，拧眉、瞠目，紧闭双唇，十分威武，头部后方雕龙，龙头朝向左侧，张牙舞爪，由此判断此尊为天龙八部中“龙众”。第五尊护法神头戴虎头兜鍪，双目圆睁，亦颇勇武，下巴下方有一圆柱形物，属天龙八部的乾闼婆。此排五尊造像，以第一尊悲伤之情塑造最深沉，二、三两尊最激烈，对于全龛悲伤气氛的烘托起到重要作用。

后排右侧由内而外依次为一弟子、四护法神。第一尊弟子为青年僧人形象，应为阿难。第二尊护法神应为阿修罗，三头多臂，三头皆怒发冲冠，三张脸相貌均极丑怪——符合阿修罗的设定，为男性时奇丑，为女性时绝美。中间一头面部尤其丑陋凶恶，筋肉凹凸不平，双目圆睁，咧嘴作悲愤状，左右嘴角各有一颗獠牙向上伸至鼻翼两侧。颈部戴璎珞式项圈。上部二臂分执日、月（右日左月），右下臂执矩尺，余臂为前排造像遮挡。阿修罗在安岳石窟的“说法图”中常常出现，且多为三头多臂，手持日、月、规、矩之造型。第三尊头部有髻，宽面大耳。第四尊面目狰狞，双耳耳尖向上呈翼状，咧开大嘴，左右嘴角各有一颗朝上的獠牙，颈戴骷髅项圈，左手托一婴孩于胸前，应为天龙八部之夜叉。第五尊头戴三角宝冠，容貌颇似菩萨，头顶刻一金翅鸟，故身份应为天龙八部之迦楼罗，即金翅鸟神。

所谓“涅槃经变图”，即表现《大般涅槃经》经义的壁画或雕刻（塑），为佛教艺术的经典题材，历久不衰。其表现方式各异，有将释迦涅槃整个经过刻画成前后情节连贯的连环画或系列雕刻的，也有集中表现释迦涅槃、弟子等众人举哀[10]这一经典场景的。卧佛院则将释迦涅槃与临终说法两段情节巧妙地组合在同一场景之中，并且听法的弟子也同样表现出哀痛入骨之状。几乎所有涅槃题材的绘画或者雕刻（塑）中，举哀弟子的呼天抢地、悲痛欲绝，与卧佛的涅槃入灭、圆满寂静，皆构成极富戏剧性的对比，这也是最考验绘画或雕刻匠师功力的地方。可资比较的经典巨作如：敦煌莫高窟第158窟泥塑涅槃佛巨像及壁画举哀众，大足宝顶山涅槃巨像及身周举哀众（见图1-3）。还有一些小规模的同类作品，如前文所述四川广元千佛崖第10号龛“涅槃经变图”，龛高一米，宽一点五米，深五十厘米；卧佛右胁卧于带云形纹饰的榻上，身长仅九十厘米（合三尺），身前一像上半身残（应为佛母摩耶夫人），背后及首足两侧为众弟子、二菩萨、二金刚，背景中有两株娑罗树（此为佛经提及而卧佛院“涅槃经变图”中省去之重要元素）。此龛构图与安岳卧佛院颇多相似处，可视作卧佛院皇皇巨构的"袖珍版"（见图 1-4）。

非石窟的涅槃场景，山西太原纯阳宫藏唐代"涅槃变相碑"表现堪称精彩。此外，犍陀罗艺术的"涅槃经变图"中，举哀弟子或举手号啕，或拔发悲泣，其所处位置及表现哀痛的姿态，亦成一种固定模式，如末罗族人一定位于佛床上方作拔发举手哀嚎状。日本奈良法隆寺五重塔内的"涅槃经变图"泥塑中，前排若干弟子捶胸顿足、呼天抢地之态，亦属同类题材中之杰作。[11]

耐人寻味的是，西方基督教艺术中也有一些堪与佛教"涅槃经变图"相比拟的经典题材，即"哀悼基督"或"圣母升天"，同样是表现主人公基督或圣母的宁静安详与一众弟子或侍从悲伤至极之间的戏剧性对比。如果将佛教与基督教这两种经典题材做一番比较审视，应是极富趣味的工作。

最后指出一点，第 3 号龛左侧壁上部刻有一尊菩萨立像，紧邻"临终说法图"左端的金刚，由于形体较小，位置隐蔽，从正面不易见到，不少研究者均未予提及。该菩萨有桃尖形头光，高发髻，戴宝冠，双目注视着身前下方的卧佛，颈戴瓔珞式项圈，长瓔珞呈 X 形，在腹前交叉穿环后上绕，上身袒露，下着长裙，帔帛绕臂下垂，左手自然下垂握住帔帛，右臂残损，全体造像风格与"临终说法图"中菩萨相同，宛然唐风（见图 1-7）。此菩萨身份为何？是否为"临终说法图"之组成部分？抑或是后来补刻？与之对应的卧佛足部金刚的上方，原本是否也有刻一小菩萨立像的计划？凡此种种，皆值得深入探索。

离此尊菩萨不远的、紧邻卧佛头部左侧的第 18、19 号龛亦为唐代造像。[12] 其中第 18 号龛内造一坐佛、一菩萨（右手提净瓶）。第 19 号龛内造二尊像，左侧一尊菩萨像，像高一百一十八厘米，约合四尺（尺度与上述 3 号龛小菩萨立像接近，不知二者是否为同时雕凿），有双层头光，内层椭圆形，外层桃尖形，内层头光边缘均匀分布五朵团花，为显著唐代特征；面颊丰润，头上有高发髻，戴高宝冠，缯带双垂至肩侧，肩上披有数绺发辫；衣着与第 3 龛小菩萨同，左右两臂均残存上半部分（从残痕推断似手提净瓶），立于三层仰莲台上。菩萨右侧造像仅凿出粗坯即辍工，后部壁面亦未打磨平整——二像一完工一为粗坯，成为了解石窟龛像雕凿工序的绝佳实例（图 1-9）。

图 1 - 9
卧佛院第 19 号龛唐代菩萨立像及未完工粗坯。徐浩洋 摄

洞窟刻经

卧佛院南北两侧岩壁上，共计开凿有六十五个唐代刻经洞窟。[13] 这些洞窟或左右相连，或上下重叠，或与造像共处。最大者逾十二平方米，最小者仅四平方米左右。其中仅有十五个洞窟刻有经文，余下五十个皆无刻经，包括已开凿完工的二十四窟及未完工的二十六窟。

最珍贵的自然是刻有经文的十五窟。各窟多为中、左、右三壁刻经，一面开敞。十五窟总计刻有经文四十余万字，刻经壁面总面积达一百五十余平方米。字体有楷书和行书两种，字迹为典型唐代风格。其中，第 1、2 号窟和第 109、110 号窟，均为典型的“双窟”。第 1、2 号窟位于涅槃巨像龛右侧上部崖壁，完整刊刻七卷本《妙法莲华经》（即《法华经》），属“涅槃部”经典，与其紧靠涅槃佛的显要位置相符。第 109、110 号窟位于月亮坪区域，刻《大方便佛报恩经》（未刻完）。其余十一刻经窟均集中在南岩，即第 29、33、46、51、59、66、71、73、76、83、85 号窟。

卧佛院刻佛经十九种，加上一部“经目”，共计二十种（一说二十二种）。[14] 所刻佛经以《大般涅槃经》最多，而且属于经藏“涅槃部”的佛经亦较其他部为多，共计四部，即《大般涅槃经》《妙法

稽首佛足遶无數匝白佛言世尊我昔所聞佛法未供具
衆生常於地獄餓鬼畜生諸惡趣中受諸苦惱是故
今彼土有佛号釋迦牟尼如來應供正遍知明行足
阿僧祇菩薩俱從彼國來至此娑婆世界應
等勿怖何以故東方去此无量无數阿僧祇恒河沙
復告大衆汝今所見彼佛大衆知見此佛以佛神力
行列人民熾盛安隱豐樂閻浮檀金以為却敵二
拘物頭華波頭摩華分陁利華其華縱廣
有墻壁四寶所成所謂金銀琉璃頗梨真
衆生不聞餘名純聞无上大乘之聲是諸華中
涅槃不時无邊身菩薩无量菩薩周匝圍遶示現如
稽首佛足合掌恭敬白佛言世尊唯願哀愍受我等
彼或如錐頭針鋒微塵十方如微塵等諸佛世界諸大
世界以佛神力故地皆柔軟无有丘坑土沙礫石荊棘

图 1-10
卧佛院第 59 号窟壁面刻经。

莲华经》《佛垂般涅槃略说教诫经》《(合部)金光明经》——显然突出“涅槃”主题，与宏伟的“涅槃经变图”相呼应。[15]

有学者指出，《大般涅槃经》在卧佛院的刊刻情况尤为值得注意。该经为北凉昙无谶的四十卷译本，字数达二十八万(不包括序)，刻于卧佛院五座洞窟的九面石壁之上，依经文衔接顺序为59→66→83→46→51号窟，空间跨度颇大。从卷次来看，这五座洞窟内的《大般涅槃经》首尾相接，从第一卷直至第十四卷(缺第三品《名字功德品》)，应为有计划的刻经(图1-10)。[16]

卧佛院刻经窟中共发现七处题记，带有时间纪年的包括第73号窟“开元十五年二月”“开元二十一年五月二十九日”题记，第59号窟“开元廿三年二月十五日”“□□年六月二十六日”题记，第46号窟洞口《佛顶尊胜陀罗尼咒》右下角则有“大唐开元二十一年”的时间和“玄应”的署名，足证以上各窟(甚至大部分刻经窟)均为唐开元年间开凿并刻经。最值得关注的是第46号窟左壁所刻“经目”，并附有一篇序文即“大唐东京大敬爱寺一切经论目序 释静泰撰”。该“经目”与中原佛教完全相同，应是自洛阳或长安传入，卧佛院刻经乃至窟龛造像所受中原的影响，从中亦可见一斑。

石壁刻经有着颇为悠久的历史。早期代表有河北邯郸北响堂山石窟北齐刻经及山东邹城铁山北周刻经。北响堂山石窟南洞前的《唐邕刻经记碑》云：“杀青有缺，韦编有绝，一托贞坚，永垂昭晰。”铁山刻经之《石颂》则曰：“缣竹易销，金石难灭，托以高山，永留不绝。”以上文字皆一语道破石窟刻经以求佛法长存之深意。

北朝历史上的灭佛运动，以及唐朝立国之初“扬道抑佛”的政策，均有可能是安岳卧佛院大规模刻经的原因。与卧佛院南北辉映的刻经活动，首推隋唐之际静琬法师于幽州（今北京）房山石经山首倡并延续千余载的藏经洞开凿与石经版刊刻。[17]

卧佛院的刻经活动，尤其是大量涅槃部佛经的凿刻，正可与其气势恢宏的涅槃经变龛彼此印证，为唐开元间卧佛院开窟造像之主旨。

四室一厅

南岩山崖中部开凿有卧佛院规模最大、布局最巧且雕刻最精的一个组合窟，它以第46、51、58号三座刻经窟为主体，三窟共用一道十米多长的前廊，宛如一套“三室一厅”的大宅。这三座洞窟是卧佛院规模最大的刻经窟，也是唯一有共用前廊的组窟。佛经刻在三窟（即三室）的壁面上，而造像则大多集中在前廊（即一厅）左侧壁及各洞窟之间的隔墙上，内容丰富之极（编号为第42–45、47–50、52–57号龛）。近代卧佛院荒废之后，居住于此洞窟中的住户，竟在第58号窟与隔壁的第59号窟之间壁面上生生打开一个门洞，将原本“三室一厅”的格局进而拓展为“四室一厅”，成为现状所见（图1-11）。

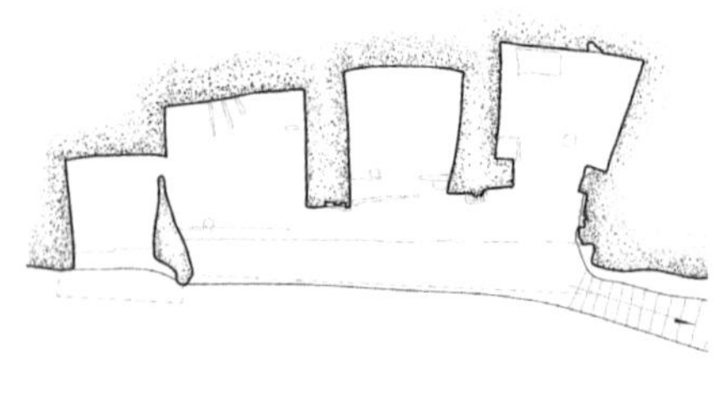

图1-11
卧佛院第46-59号窟（四室一厅）平面图。图中由右至左分别为第46、51、58、59号窟。冯棣、冷婕等测绘

此四室一厅组合，将刻经与造像熔于一炉，空间丰富，妙趣横生，为安岳乃至全国所罕见。更加难能可贵的是，组群中第50号龛存有卧佛院（同时也是安岳）年代最早的唐开元十一年（723年）题记，由此可推测，该组刻经窟有可能是南岩区域最早开凿的洞窟群。

第46号窟形制独特，平面略呈“凸”字形，带有门道和前壁，窟顶为凹曲面“人”字形坡顶，[18]其门道、前壁、人字坡顶，在卧佛院刻经窟中皆属绝无仅有。该窟刻经内容以《大唐东京大敬爱寺一切经论目序》[19]为开端，有学者认为这暗示着揭开了卧佛院经文刊刻之序幕——若确实如此，则此窟独一无二的空间造型也就得到了完满的解释。窟内经文文字大小为一点五厘米（合半寸）见方。门道右壁刻《佛顶尊胜陀罗尼咒》，字体大而工整，与窟内文字不同，每字约三厘米（合一寸）见方。窟内四壁上下及门道上方未及打磨，可知并未最终完工。

第51号窟平面略呈长方形，平顶。右壁近窟口处刻有五代经幢一座、题记两则，仅右壁后部刻经四十九行，显然也未完工，经幢及题记皆利用未完工壁面凿刻。[20]

第58号窟规模最大，方形、平顶，四壁未磨平，仅经初步打凿，无刻经。左、右侧壁于宋代开凿第56、57号罗汉龛，横贯石壁，其中右壁已完工，左壁未完成，后壁仅雕出两个坯形。窟右壁于“文革”时期被住户凿出一个宽五十八厘米、高约一百六十五厘米的门洞，遂与第59号窟相通。正壁与左壁前部皆有烟熏痕迹，估计曾作为厨房使用。

第59号窟为全卧佛院“完成度”最高的刻经窟，已基本完工：三壁经文刊刻完毕，经文区四周还雕有精美纹饰带。壁面上部纹饰带刻飞天、祥云，底部纹饰带刻壸门，内刻异兽、伎乐；经文左右两侧亦有纹饰带，刻缠枝卷草纹样，优美流畅，卷草中坐小化佛。此窟飞天造型尤佳，为卧佛院刻经窟中“华彩”——窟左、中、右三壁顶部均刻有飞天两身，体态轻盈修长，或捧花回首，或举臂散花，衣袂与帔帛皆随风飘举，有“吴带当风”之妙韵，与洛阳龙门、巩义石窟及四川广元皇泽寺飞天形象异曲同工（图1-12）。[21]

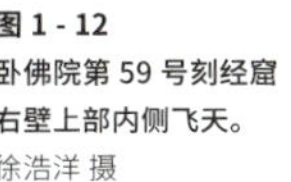

图1-12
卧佛院第59号刻经窟右壁上部内侧飞天。
徐浩洋 摄

窟内主要刊刻《大般涅槃经》第一至四卷，仅在右壁右半部加刻《佛说禅法略出》和《佛说报父母恩重经》以填补剩余壁面空间，应为有计划刻经。《佛说禅法略出》经后有开元二十三年（735 年）题记。左壁后部为近代开凿的门洞（由此与第 58 号窟相通），开洞时毁掉十九行经文。

需要特别强调的是，第 59、66 号刻经窟与第 62 号龛在崖壁上构成一组对称构图，以第 62 号龛为中心，原本为一组合窟龛。第 59 号窟的地位，是连接两组窟龛（即 46-51-58 和 59-62-66）之间的枢纽。特别是第 59、66、46、51 四座刻经窟中，皆刻有《大般涅槃经》，而起到各窟龛枢纽地位的 59 号窟，恰为《大般涅槃经》经文起始之处，刻经完毕且装饰华美，其在卧佛院诸刻经窟中之重要性不言而喻。

雕刻走廊

三座刻经窟共用的前廊之中，分布着内容极为丰富的石刻造像，俨然一座小型佛教雕刻美术馆。

图 1 - 13
卧佛院第 45 号龛大悲观音（千手观音）全景。

图 1 - 14
卧佛院第 45 号龛大悲观音左侧手臂局部。

图 1 - 15
卧佛院第 45 号龛大悲观音右侧饿鬼。
图 1 - 16
卧佛院第 45 号龛大悲观音左侧穷叟。

前廊左侧壁上部第 45 号龛刻一尊大悲观音（即千手观音）像，为廊中最精丽之造像，同时也是卧佛院艺术造诣最高的菩萨造像。观音立于饱满有力的三重仰莲台座（下有八边形基座）之上，通高一百三十五厘米，合四尺五寸；像净高一百一十四厘米，合三尺八寸（图 1-13）。莲座左、右刻穷叟、饿鬼各一身，高仅逾尺。

观音头部残损严重，但依残存部分推测应为十一面观音，下层三头，中、上层各四头，中、上层中央似为化佛。[22] 观音有双层圆形头光，内层头光周饰五枚圆形宝珠。数绺长发披肩，璎珞式项圈、臂钏、腕钏皆雕刻精致。惜头、臂多处残损，然而其身姿婀娜，衣裙流畅贴体，颇具“曹衣出水”之韵致。高浮雕六臂，掌心皆刻一眼；其余千手则阴刻于身体两侧，须仔细辨认方可发现，颇具巧思。中央双手合十。上部双手，左手执金刚轮（造型为七角星与其内接圆之组合，颇独特），右手执金刚铃。下部双手，左手抛洒铜钱给穷叟，右手施甘露给饿鬼。铜钱下落态势刻画细致入微，一枚铜钱尚在观音掌心处（图 1-14），两枚渐次下落，最下面一枚已落至穷叟手中的布袋口处。穷叟、饿鬼刻画皆极生动，其中饿鬼尤佳，头发倒竖呈火焰状，已饿到肚皮深陷、肋骨突出，双手五指戟张，奋力张开大口接食观音所赐甘露。此二身小人物皆形容丑怪，更反衬出大悲观音之华美不可方物（图 1-15、图 1-16）。

日本东京国立博物馆东洋馆藏有长安宝庆寺盛唐十一面观音石造像多尊，可以与卧佛院此尊十一面观音对观，以略微弥补此尊造像面部残损不可睹之憾。

千手观音下部左壁为第 43 号龛，内刻小观音像一尊，立于仰莲圆座之上，面残。龛外上、下、左侧壁面均雕有桃尖形小龛，未磨平，内无雕饰。43 号龛右侧为 44 号龛，内雕石碑一通，碑前立一身女像，碑身无字，此碑为安岳唐碑中雕凿颇精美者。碑首双龙雕刻遒劲之极，二龙拱卫碑首中央一桃尖形龛，内雕一结跏趺坐小佛；碑首上方有圆形华盖。碑高一百零七厘米（约合三尺六寸），碑身宽三十六厘米（合一尺二寸），二者呈三比一之高宽比例。

在第 46、51 号两座刻经窟之间的隔墙正面，分布着一组龛像及题记。其中，最显眼的是第 49 号龛立佛，立于仰莲圆座之上，像高一百三十八厘米（合四尺六寸）。有内圆外桃尖形双层头光（内层饰以莲瓣一周），长椭圆形身光。残损颇严重，留有后世妆彩残痕，面部、双手、双脚皆有后世修补时留下的圆孔。立佛右侧壁面被第 50 号千佛龛打破，左侧壁面被第 47 号经幡和第 48 号宋代题刻打破，可知在此组造像及题记中，第 49 号龛立佛年代最早——这是石窟造像断代中非常重要的一条原理：由于石窟造像雕凿是“减法”的工作，因此凡是能明显看出某一处窟龛、造像明显“打破”了另一处窟龛、造像原本的完整性，则被“打破”的窟龛、造像年代就一定更早，主动打破其他窟龛、造像者年代一定较晚，学术界称此种关系为“打破关系”。

图 1 - 17
卧佛院第 52 号龛五代经幢全景。

第 50 号龛刻千佛一百身，分十三层雕刻，[23] 此龛题记尤为珍贵，文曰：“惟开元十一年岁 [次] 癸亥，今有普州乐至县芙蓉乡普从里弟子杨义为自身平安敬造千佛百身供养。”[24]

此条开元十一年（723 年）题记为卧佛院及全安岳境内现存年代最早的题记（见图 0-4）。而从上述打破关系来看，第 49 龛立佛明显还要早于此题记时间；如果再从题材之主次关系来看，第 46、51、58 这三座大型刻经窟的开凿，也理应早于这段隔墙上的立佛、千佛等造像，故应为开元十一年之前开凿。

第 52 号龛五代经幢位于

51 号刻经窟右侧壁近窟口处，先在壁面上刻一圭形浅龛，其内浮雕经幢。此经幢造型匀称，刻工精湛，为安岳石窟同类题材中之翘楚（图 1-17）。

经幢高一点四九米（约合五尺），分基座、幢身、顶部三大部分。基座由四名半身力士承托，力士神情生动。基座为双重须弥座形制，雕饰繁丽至极。最下为覆莲一周；其上为下枋，雕二壸门，门内雕异兽（或为麒麟？）；下枋之上饰团花一周；束腰雕双龙，颇劲健；双龙各出一足托起上枋，上枋饰卷草纹。上枋之上雕并排倚坐的四天王，着甲胄，皆孔武有力。天王坐于上层须弥座的下枋之上，下枋雕连珠纹；束腰饰以大朵花饰；上枋雕大花四朵，下有华绳、流苏。上枋之上雕仰莲一周，托起幢身。

幢身下宽上窄、略带收分，素平无纹饰，亦无文字（仅有少量后世之胡乱刻画）。

经幢顶部造型、装饰更胜基座一筹。幢身之上首先刻八角攒尖屋顶一段，屋檐饰以花朵，檐下雕华绳、流苏，屋角由卷草悬挂铜铎两枚。屋顶之上依次为仰莲一周、圆龛一周（龛内雕小佛）、由祥云及莲座托起的四尊坐佛，与基座的四天王上下呼应。再上又是仰莲一周，其上为一段饰云纹的束腰，于云纹中央雕一小坐佛。束腰之上再雕华绳、流苏一重，再上为伞状华盖，华盖顶面饰云纹，檐部饰连续菱形纹，角部悬铜铎一如下部屋檐。华盖之上为一塔刹，造型精美挺秀，下为钵状基座，饰花朵、卷草；其上为极饱满有力之山花蕉叶，再上为花饰宝珠两重，托起小莲座，最上为宝珠。刹顶莲座与山花蕉叶之间连以长索，挂铜铎四枚。刹两侧各雕祥云一朵，拱卫宝刹，若高耸云际之意境。

整个经幢的雕刻，若按前文所述《营造法式》术语，则基座之力士、天王、双龙、异兽以及顶部之四佛等，较近于剔地起突，或介于剔地起突与压地隐起华之间；其余各处装饰纹样，近于压地隐起华，而幢身则为素平，通过综合运用不同雕镌等级，产生了丰富的视觉层次。

经幢的左上、右下方皆有题记。由左上方题记可知经幢为五代后蜀广政二十四年（961 年）由供养人王彦昭所造。而据右下方题记可知，第 54 号龛三身佛同样由王彦昭造，时间在广政二十二年（959 年）。

第 53–55 号龛位于 51、58 号刻经洞间隔墙正面。由上到下分别为：53 号龛壶门及伎乐天，54 号龛三佛、神兽及飞马，55 号龛地藏菩萨（依稀可辨头戴风帽、手执锡杖），皆五代作品。

第 56、57 号龛皆为罗汉像，位于 58 号刻经窟两侧壁中部，共计三十五尊（左壁 56 号龛十五尊，右壁 57 号龛二十尊），罗汉像平均高约三十厘米（合一尺），衣饰古朴，姿态各异，惜面部皆残，但通过身体动作亦可感受其丰富生动之样貌。

除上述大型窟龛之外，南岩窟龛星罗棋布，其中不乏精品。

第 29–33 号为一龛、二经窟、二大像的对称组合，以第 31 龛中心为中轴线，并与第 3 号龛涅槃巨像南北呼应。其中，第 29、33 号为刻经窟，第 30、32 号龛为一对大佛像。第 30 号龛大佛通高二百七十二厘米（约合九尺），鼻残损，鼻上有二方孔，曾经后世补修，大耳垂肩，披通肩式袈裟，双手施转法轮印，结跏趺坐于四

图 1 - 18
卧佛院第 30 号龛坐佛，佛左侧为第 29 号刻经洞，右侧为第 31 号龛。徐浩洋 摄

图 1 - 19
卧佛院第 31 号“说法图”龛正壁及左侧壁。袁进钊 摄

层仰莲台上，莲瓣饱满有力，袈裟前襟覆于莲座外，雕刻细腻。莲座下有覆盆座基，雕卷草纹。佛像有内圆、外桃尖形双层头光，内外头光间饰五尊罗汉（或弟子）立像，左右各二、上部一尊，均面向头光中心，手执莲蕾立于莲台上，设计独特，为安岳诸佛头光中最具匠心者（图 1-18）。第 32 号龛大佛为弥勒，呈倚坐姿，通高二百八十厘米（约合九尺），风化残损较严重，头光与第 30 号龛大佛同。第 31 号龛为双层龛，外龛高、宽各约二点五米，龛基座正面刻五个壶门，内雕异兽。内龛为帐形龛，龛楣上饰垂帐、华绳等，龛内设坛，坛上造一佛、二弟子、二菩萨、二金刚，为典型“说法图”。坛正面分五格，内雕伎乐。此龛精彩处在于，从主尊肩后左右伸出二莲茎，莲茎向两壁展开，左右各六枝，每茎上各托莲座及小佛。此外，左右侧壁金刚身后亦各伸出莲茎，上托三莲座及小佛，全龛共计刻莲茎上小佛十八尊，构图炫目（图 1-19）。可惜此龛残损严重，造像头部鲜有完整者，然而由残存部分观之，亦可想象昔日雕琢之华美动人。

第 34 号龛之造像题材颇罕见，为观音、地藏、日光、月光四尊菩萨立像之组合，正壁左观音、右地藏，左、右侧壁分别为日光、月光二菩萨。四尊造像平均高度约一点二米，合四尺。

第 64 号龛的“凉州瑞像”亦为少见的题材。像高二百九十四厘米（约合一丈），为卧佛院诸立像中最高者。有双层圆形头光，内层外沿刻五朵团花。袈裟右襟搭于左腕上，左手置于身侧，握袈裟一角，右手五指向下，掌心向外，施与愿印（图 1-20）。此模式的佛像流行于敦煌和其他西北地区石窟中，即《续高僧传·卷

图 1 - 20
卧佛院第 64 号龛
“凉州瑞像”。

图 1 - 21
卧佛院第 70 号“说法图”龛。徐浩洋 摄

二十五·释慧达传》中刘萨诃和尚授记里的“望御谷瑞像”，或称“仰容山瑞像”。[25]

第 61、62、66、68、69、70、82 号龛均为“说法图”，为卧佛院最常见之题材。其中第 68 龛为外方内拱形双层龛，内龛造一佛、二弟子、二菩萨、二金刚及天龙八部护法神，主尊后部上方刻双娑罗树及华盖。此龛有广政二年（939 年）修妆题记。第 70 号龛为卧佛院装饰颇繁缛的一龛，内造典型的七尊像，正壁刻一尖拱形楣，饰以繁丽之卷草纹饰。左侧壁有北宋开宝七年（974 年）冯崇夫妇修妆题记（图 1-21）。

第 27、32、71、72 号窟（龛），皆刻弥勒。其中，第 71、72 号窟刻一对弥勒大像。71 号窟左侧壁刻《金刚般若波罗蜜经》和《般若波罗蜜多心经》，经文完备、布局规整；正壁中央凿一倚坐姿弥勒大像，身躯与壁面平齐，而不是像一般正常龛像一样凸出于壁

面——说明该像并非开窟时有计划雕凿的内容，应为刻经后补凿之像。该像与72号窟正壁大像之间的组合关系较为明显，而与同窟经文似无内容上之对应关系。

图1-22
卧佛院第82号“说法图”龛近景。
徐浩洋 摄

第81、83、82、84、85号龛，是由上下左右五座窟龛构成的复杂组合，与第29–33号一字排开的窟龛组合各具特色。其中，第82号龛为构图中心，该龛为典型的穹顶龛，一佛、二弟子、二天王，基座旁刻二狮。右侧弟子着袒右式袈裟，手臂肌肉刻画较写实。二天王穿明光铠，帔帛舞动，与玄妙观唐代天王造型十分类似（图1-22）。此龛有五代后蜀广政年间（934–965年）蒙彦进与其妻罗氏修妆题记。

卧佛院还有几处石刻佛塔及经幢，是古建筑研究之可贵资料。如第25号龛刻一座单层小塔，造型颇类山东历城神通寺隋代四门塔；第37号龛刻一座介乎单层方形塔和经幢造型之间的墓塔，塔身铭文有“淳熙十年”（1183年）字样；第90号龛刻五层楼阁式塔一座，每面三间（或者是表现一座八角形塔），通高二百三十七厘米（合八尺）。

五十三参

最后，让我们将目光从南岩林林总总的窟龛，重新转回卧佛所在的北岩壁面。在卧佛正下方的岩壁上，散布着由众多龛像组成的大型浮雕连环画——“善财童子五十三参”故事图。据学者考证，此浮雕组群应雕凿于北宋末年至南宋初年，为卧佛院晚期造像中的巨制。[26] 该组浮雕以第 24 号龛为中心，包括第 5–24 号龛中的大多数。（图 1-23 ～图 1-26）

图 1 - 23
“善财童子五十三参”浮雕局部，似为善财（左下角）拜谒观音（呈水月观音造型）。

善财童子在佛寺中常常居于观音菩萨身畔，更因《西游记》中红孩儿的故事而妇孺皆知。但在小说《西游记》尚未诞生的两宋之际，佛教艺术中极为流行的题材却是取自《华严经·入法界品》的"善财童子五十三参"，主要讲述善财童子在文殊菩萨指引下，游访百十座城，参访五十余位"善知识"，请教学菩萨行、修菩萨道的方法，最终获得"普贤果愿"、证入法界的故事。由于一共有五十三个参访场面，故事性强，因此十分适合以连环画的形式加以表现。按经文所记顺序，善财童子参访的五十三位"善知识"，起自文殊、终于普贤。学者张雪芬对卧佛院的五十三参浮雕进行了详细考辨，认为此组浮雕以第 24 龛为中心，大致呈对称分布，可分作 A–E 五个区，其中 24 号龛右侧由内而外分别为 A、D、E 区，左侧由内而外分别为 B、C 区（图 1-25），按照由 A 至 E 的顺序满布第一至第

图 1 - 24
卧佛院涅槃经变龛下部"善财童子五十三参"及毗卢遮那佛与十二圆觉菩萨浮雕群局部。

五十三参的全部内容，蔚为大观，是目前所知最早的完整版五十三参浮雕。[26] 可惜五十三参浮雕风化严重，画面极难辨认，远远不及下文要讨论的华严洞的同题材造像。

作为五十三参构图中心的24号龛，几乎正对卧佛上方“临终说法图”中的释迦佛，可见曾进行过有意识的规划设计。24号龛现为空龛，据当地人介绍，1980年代时龛内尚存一尊圆雕造像，今已无可考。位于24号龛上方的第7、8、10–13、16号龛内，分别刻毗卢遮那佛与十二圆觉菩萨造像，毗卢佛居中，左右两侧各六尊圆觉菩萨，与五十三参浮雕相比，保存情况好得多。此组造像系依据《圆觉经》雕凿，可谓“圆觉经变图”。从“善财童子五十三参”与“圆觉经变图”在壁面上的关系看，二者分别以毗卢遮那佛及其正下方的24号龛为中心，呈左右对称构图，上下两层几乎融为一体——特别值得注意的是，十二圆觉菩萨中的文殊、普贤二菩萨，恰恰位于24号龛上端的左右两侧，文殊骑狮居左，普贤骑象居右，若拱卫此龛状，而文殊、普贤又恰为“善财童子五十三参”中除善财童子之外最关键的两个角色，参访之路始于文殊、终于普贤。综上可知，卧佛院北岩的毗卢遮那佛、十二圆觉菩萨、“善财童子五十三参”实为一整体构思——而这一点，恰恰与下一章将要仔细观摩的华严洞有异曲同工之妙。

在五十三参浮雕画面之间或附近，尚存几处造像龛及题记，它们成为考证五十三参雕刻时间和背景的重要依据。其中，第17号龛有“重修卧像并侍者”的南宋绍兴四年（1134年）题记及“潼川瑞乌攻镌母山、男士幼、士章、孙□”的匠师姓名；第20号龛有不

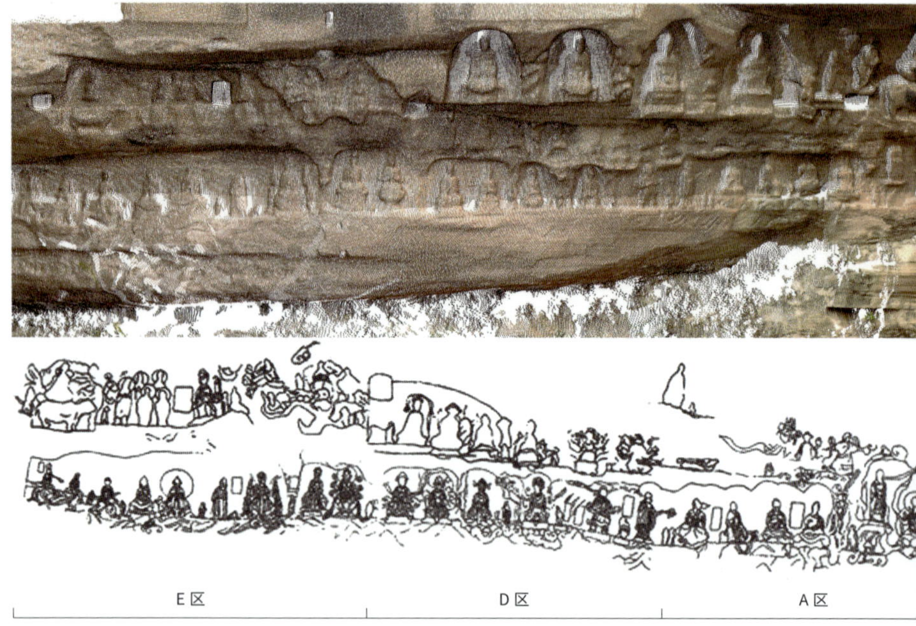
E区
D区
A区

图 1 - 25

卧佛院"善财童子五十三参"浮雕分区示意图。

(上)冯棣、冷婕 等测绘 (下)张雪芬(2014)

图 1-26
卧佛院涅槃经变龛下部“善财童子五十三参”及毗卢遮那佛与十二圆觉菩萨浮雕群。袁进钊 摄

同时期题记三处，包括南宋淳熙五年（1178 年）题记及一个超过一米见方的巨大“卧”字，笔力颇苍劲，或许为与“卧佛”相关的题字。依据几处题记与五十三参浮雕在壁面上的关系（后者明显占据醒目位置），大致可推断五十三参浮雕应不晚于南宋绍兴四年（1134 年）。[27] 更重要的是位于卧佛腿部下方的第 4 号龛，龛内主尊头光内题有“师祖慈海和尚”字样，如前文所述，据卧佛院第 81 号窟宋碑及其他题记可知，这位慈海和尚乃是南宋初年卧佛院住持。由于此龛紧邻五十三参浮雕，其所纪念的“祖师慈海和尚”又恰为住持，故张雪芬推测慈海很可能便是五十三参浮雕造像的主持者，颇有道理（见图 0-6）。

除了上述重要题记之外，在须跋陀罗下方第 9 号龛内，有两则游记题诗，其中一首有“磨崖百尺传遗像，蜕迹千秋不改 [颜]。生灭本无人我相，逍遥长对水云间”之句，[28] 真乃卧佛院涅槃巨像之绝佳写照。

二　菩萨庄严三教融

华严洞位于安岳县城东南五十六公里石羊镇华严洞村箱盖山，现存两座大窟，即华严洞与大般若洞，有大小造像一百五十九躯，此外还有南宋及明、清碑刻题记二十四处。二窟约呈坐北朝南方向，[1] 华严洞在东，大般若洞在西，窟前均有近代重建的木结构歇山顶前殿。华严洞前有大台阶通往山下入口，台阶顶部立石坊三间，两次间辟为门洞，明间为墙（现明间正、反面皆立文保碑），造型颇独特；明间二石柱正面刻对联曰“禅心朗照千江月；空性虚涵万里天”，反面则有清乾隆五十六年（1791 年）题刻。

华严洞为安岳规模最大的单座石窟，内刻华严三圣、十圆觉菩萨、一僧一俗立像和“善财童子五十三参”浮雕等内容。其宋代造像，尤其是十尊圆觉菩萨，在安岳石窟中为登峰造极之杰作，比之闻名遐迩的大足石窟中同类作品（即宝顶山圆觉洞造像）更胜一筹，应为后者所模仿的“原型”。[2] 全窟造像内容丰富，且保存之完好为安岳众窟龛之冠，值得细细观摩品赏，即便流连终日，亦难以穷尽其妙。更加重要的是，此窟从建筑空间到所有造像，皆有着十分精妙的规划设计整体控制，在对实测图及数据的分析中得到极为清晰的反映，为深入了解宋代安岳石窟及造像之高超营造技艺提供了宝贵的实例。

大般若洞存有明确的南宋纪年题记，其造像水平虽明显不及华严洞，但妙在集儒、释、道三教造像于一窟，是安岳最具代表性的“三教合窟”。[3] 尤为耐人寻味的是般若洞窟顶所刻大字，由一正一倒两个“人”字左右拼合而成，为“化”字之古体——充分点明斯洞“化三教于一炉”的文化主旨。

华严三圣

华严洞为典型的长方形平顶窟，东西面阔十点八米，南北进深十一点一米，高六点零一米，面积近一百二十平方米。洞窟南面开敞，外接近代修建的木结构前殿，正壁及左、右侧壁略呈弧形，对洞窟中央微呈环抱之状，这一点需仔细观察方能发现（由窟顶轮廓观之较为明显），但对华严洞造像群之塑造起到极其重要的作用。窟顶正中央有一直径约三点五米的大圆，内书一巨大的“唵”字，为六字真言[4]第一字。正壁造“华严三圣”像，[5]中央主尊为毗卢遮那佛，左为普贤菩萨，右为文殊菩萨。左、右侧壁各刻五尊

图 2 - 1
华严洞窟室全景。

圆觉菩萨，合计十尊，加上正壁的文殊、普贤，共为十二圆觉菩萨（图 2-1~ 图 2-3）。

左、右侧壁圆觉菩萨上方的空间，悬刻以天宫楼阁、亭台佛塔作为背景的“善财童子五十三参”。这些故事虽非完整的五十三参版本，但造像艺术水准高于卧佛院五十三参浮雕，与华严洞的建筑空间更为不可分割的整体设计。洞窟正壁与左右侧壁的转角处，各刻有一尊立像，其身份颇为神秘，引人遐思，研究者众说纷纭、莫衷一是。此外，窟口两侧有明代补刻的摩利支天及不空羂索观音造像。

首先来看正壁的华严三圣。三像共居高约零点七米的大基台之上，像前设一仿木石供桌，正面雕四龛，内刻花卉图案，颇为雅致。

中央主尊毗卢遮那佛结跏趺坐于莲座之上，头戴饰以镂空花饰的宝冠，此为毗卢遮那佛重要特征，判然有别于其他佛像螺发肉髻的造型；冠下露出螺发之下部边缘，又将毗卢遮那佛与其余同样头戴宝冠的菩萨区别开来，后者无螺发，此为辨别毗卢遮那佛与菩萨之重要细节（图 2-4）。宝冠于佛两鬓处伸出两朵对称的云纹装饰——有学者认为此造型受宋代后妃“博鬓冠”之影响，可见于台北故宫博物院藏《宋仁宗后坐像》等宋画。[6] 宝冠中央刻有一尊造像，极为特殊，乃是四川密宗教主——柳本尊之像（关于柳本尊事迹，详见后文对毗卢洞“柳本尊十炼图”之讨论），该像身着居士装，头戴方巾，左侧衣袖下垂搭于左膝之上，明显无左臂，[7] 其形象与毗卢洞“柳本尊十炼图”中柳本尊像简直如出一辙。柳本尊像

图 2-2
华严洞左壁造像。

图 2-3
华严洞右壁造像。

图 2-4
华严洞主尊毗卢遮那佛局部。
图 2-5
塔坡主尊毗卢遮那佛局部。王南 摄

趺坐于毗卢遮那佛螺发间升起的一股云气之上，象征其得道化佛，像两侧更化出毫光两道，沿窟顶直抵中央的“唵”字处——可惜由于当代重修窟顶，毫光残损，仅余下柳本尊像身侧的两小段。佛像面颊丰圆，双目低垂，其头光外圈饰火焰纹，直抵窟顶。佛像双手戴腕钏，一般为菩萨所佩戴，有别于常；所结手印亦颇特殊，左手扣在右手之上作抱拳状，研究者有谓之“大日如来剑印”者，或“智拳印”者，然而此二种手印皆与此佛手印不同，此手印倒是更似密宗“外缚拳印”，犹待深入考证。安岳毗卢洞、茗山寺以及大足宝顶山圆觉洞等处毗卢佛手印均与华严洞相同，应为典型地方样式。佛之莲座，下为束腰须弥座，上为仰莲，佛像衣襟与长袖皆自然垂于仰莲之上，刻工细腻生动。须弥座束腰各面刻双狮滚绣球。

主尊右侧为文殊菩萨，袈裟样式与佛同，内饰璎珞，结半跏趺倚坐于莲座之上，盘左腿、垂右腿，右足踩莲花。莲座下为青狮，狮头朝向主尊一侧。文殊菩萨头戴镂雕宝冠，冠中央刻小化佛，两侧饰云朵（左侧残），冠下两侧有缯带下垂。右手微残，左手执一如意（中段残缺），如意搭在右肩之上。普贤与文殊造型接近，同样结半跏趺倚坐，右腿盘、左腿垂，左足踩莲花，与文殊对称。莲座下为六牙白象，象头朝向主尊方向，此象头部过小，比例欠佳。普贤右手置于右膝，左手捧梵夹。文殊、普贤头光与主尊接近，周饰火焰纹。

华严三圣面部之刻画，以文殊最为成功，庄重秀雅；主尊次之，亦属端严；普贤面容与主尊更接近，但由于贴金剥落参差之故，视觉效果欠佳。华严三圣为安岳造像中颇常见之组合，还见于圆觉洞第9窟、塔坡、高升大佛窟等处，其中尤以塔坡的华严三圣最为宏巨壮美，甚至略胜华严洞一筹。

塔坡华严三圣龛前建有一座高耸的重檐木构殿宇，步入殿门，三尊巨像如排山倒海般扑面而来，与华严洞三圣居洞窟深处相比，又是另一番宏伟气象。主尊毗卢佛与华严洞造型极类似，惟花冠中央坐像头部无存（然而从其左袖空空垂于膝前来看，亦是柳本尊像），坐像头光上部雕冲天火焰，坐像两侧为两朵极饱满的写实牡丹花，更显富丽华贵。主尊佛面部端凝肃穆，眉目口鼻皆秀逸绝伦，眉眼之曲线流畅飘逸，极富女性气息，令人望之而生敬慕之心（图2-5）。左侧普贤菩萨结跏趺坐，除坐姿与华严洞不同之外，其余姿势俱同。面部特征与主尊极类似，而更加丰圆秀美。惜右侧文殊残损严重，现状为后世补修，不仅身体较为僵硬，面部尤与其余二像之艺术造诣有云泥之别，不足论。尽管如此，其保存较完好的二圣依然为安岳同类题材之翘楚。

圆觉妙韵

华严洞三圣像虽亦为杰作，但不能算作同类作品之极致，真正令华严洞造像得以独步安岳的，是左右侧壁的十尊圆觉菩萨。

两侧壁十圆觉菩萨，与文殊、普贤合而为十二圆觉菩萨。毗卢遮那佛与十二圆觉菩萨的造像组合，出自罽宾（今克什米尔地区）僧人佛陀多罗于唐高宗时期翻译的《大方广圆觉修多罗了义经》（下文简称《圆觉经》，属华严部，在唐代即为华严宗之重要经典），经文描绘了以文殊、普贤为首的十二菩萨就如何证得圆觉逐一向佛陀提问的场景。按照经文所述十二菩萨依次向佛问道的顺序，[8]可以推测出华严洞左右侧壁十尊菩萨的身份。

右壁（即文殊菩萨一侧）由内而外依次为：一、普眼菩萨，左手托梵夹，右手掌心向上平放腿上；二、弥勒菩萨，左手抚膝，右手捧一云状物；三、威德自在菩萨，右手抚膝，左手平置于胸前，掌心似有一道光芒升起经左肩绕于脑后；四、净诸业障菩萨，右手施印，左手执杯置脚踝上；五、圆觉菩萨，左手抚凭几扶手，右手握摩尼珠，身向内微侧（见图 2-3）。

左壁（即普贤菩萨一侧）由内而外依次为：一、金刚藏菩萨，右手施印（手指均残），左手掌心向上平放腿上；二、清净慧菩萨，右手执莲蕾（手残），左手置膝上；三、辨音菩萨，双手皆笼于袖中；四、普觉菩萨，双手托塔于身体左侧；五、贤善首菩萨，身内侧，双手皆抚凭几扶手，左手畔升起祥云一朵（见图 2-2）。

以上十二圆觉菩萨，照《圆觉经》之描绘，从毗卢佛右侧的文殊菩萨开始，接着是左侧的普贤菩萨，之后右侧一位、左侧一位，由内而外，依次向佛问道，最后止于左壁最外侧的贤善首菩萨。由于华严洞诸菩萨均无题记，除文殊、普贤之外，真正可以确定身份的唯有左壁中央（即第三尊）的辨音菩萨，亦即观音菩萨，其造型与众不同，一望可知。而观音菩萨所处位置正与上述推测顺序相合，可以佐证各圆觉菩萨系依照经文排序的推断。

图 2 - 6
华严洞窟口处狮子。

两壁各五尊圆觉菩萨，皆坐于一长佛坛之上，佛坛靠近窟口处分别雕一狮一犼（？），均雄健有力，头朝窟内（图 2-6）。佛坛前各置一长条仿木供桌，比华严三圣前之供桌略矮，正面各雕六龛，内刻山水、树石、人物等。诸菩萨在造型、衣饰方面极为接近，大体上与文殊、普贤类似：头戴镂雕精丽之花冠，缯带披肩，身上大多着佛衣式袈裟，内饰璎珞，跣足，垂下一足踏于莲花之上——每像下皆有两朵以祥云托举的莲花，作为佛坛到供桌的过渡。

十菩萨的坐姿有着巧妙的安排。除左壁中央辨音菩萨与右壁中央威德自在菩萨结跏趺坐之外，其余八尊菩萨均结半跏趺倚坐，与文殊、普贤坐姿相类。若由全窟观之，正壁中央主尊及左、右侧壁中央菩萨，均结跏趺坐，其余诸菩萨则结半跏趺倚坐，主次分明，亦可知全窟造像群乃一整体设计。此外，各尊结半跏趺倚坐之菩萨，盘腿之方向配合巧妙：文殊、普贤，皆是靠内侧（即朝向主尊一侧）的腿盘起，靠外侧的腿下垂，与二像上身微微向主尊倾斜的姿态相辅相成——观者可自行尝试，若双腿交换姿势，则很难将上身向主尊一侧倾斜。左壁五尊菩萨，以辨音菩萨（即观音）为中心，其左右两侧，每两尊菩萨自成一组，每组二菩萨互相靠近的腿下垂，互相远离的腿盘曲，二者互成“镜像”。右壁则是另一番光景，以威德自在菩萨为中心，同样是左、右每两尊菩萨成一组，然而换成是二菩萨靠近的腿盘曲，远离的腿下垂。这样的设计，使得十尊菩萨的姿势在构图上，既有微妙的变化，又不失整体的和谐。

与此异曲同工的巧思，还表现在手部动作与姿势上。左壁靠内的两尊菩萨，双手均呈右高左低之状，而靠外的三尊菩萨则双手基本持平。但又以辨音最低，置于腿上；贤善首居中，双臂皆靠凭几；普觉最高，合托宝塔。右壁则是三尊菩萨双手一高一低，另外两尊双手持平。如果说坐姿，尤其是盘腿的朝向，使得菩萨组群在水平方向上产生变化，那么双臂的姿势，则令造像群在垂直方向上产生高低起伏的微妙动态。

群像的造型设计中还有一个极为精彩的“大手笔”，即令众菩萨的衣裳下摆，包括佛坛上的布幔，统统连成一片，覆盖整个佛坛，衣纹、布纹高低错落、连绵不绝，加上菩萨腿部姿势的规律性变换，更增起伏延绵之势，真有如行云流水一般。于是乎，一众菩萨宛如漂浮于云端或波浪之上——这个绝妙的构思，大大增强了群像的整体感，产生震慑心魂的巨大感染力。不仅如此，背景中山林、云气之烘托，下部条案，以及上空同样沿水平方向延展的天宫楼阁之陪衬，使左右壁诸菩萨，从气韵上彻底连成一体，实乃群体雕刻中难得一见的绝妙创造。如果与大足宝顶山圆觉洞同一题材进行比较，后者每尊菩萨各自居于独立须弥座之上，背景山林殿楼进一步阻断各像之联系，其构图气势，显然远不及安岳华严洞各菩萨首尾相应、同气连枝所形成的整体。

除整体构思之外，华严洞十圆觉菩萨在各自造型与细节方面同样臻于极致。

十尊菩萨面容可大致分为甲、乙两组，每组五尊，面容极其肖似，大约是华严洞匠师塑造这批群像的两个经典“粉本”（图 2-7）。其中，甲组以辨音菩萨的脸部为标准，属于甲组的还包括左壁靠里的两尊以及右壁靠里的两尊，甲组面部特征是微呈鹅蛋脸，嘴极小，眉目隽秀妍美之极，女性特征显著。乙组包括左壁靠外侧两尊

图 2-7
华严洞十尊圆觉菩萨面容分类比较图：上排为甲组，下排为乙组。

图 2 - 8

华严三圣及十圆觉菩萨头冠线图。

高靖 等绘

以及右壁靠外侧三尊，与甲组相比，乙组造像的面部更加丰圆一些，嘴比甲组略宽，五官轮廓更为高挺（尤其是鼻梁），眉眼更加细长，略多几分沉稳凝重。左壁三甲二乙，右壁二甲三乙，构成面容上的刚柔相济，避免了大量雷同的情况，又不至于令十尊菩萨面容各不相同而失去整体感。

各菩萨造型、衣饰虽看似雷同，然而细节上亦有许多颇堪玩味的变化。菩萨的宝冠皆以透雕手法刻作枝蔓缠绕的卷草纹饰，冠中央多为趺坐于莲台之上的小化佛，但各化佛造型及细节颇异。其中，清净慧菩萨（左壁由内向外第二尊）宝冠化佛为柳本尊，留着标志性的卷发（与毗卢洞“柳本尊十炼图”中立雪、炼顶两处及幽居洞柳本尊造型相同），趺坐于菩萨发际中央升起的一片祥云之上；辨音菩萨宝冠上罩以披巾（南方俗称“观音兜”），冠顶为趺坐云端之小佛；弥勒菩萨（右壁由内向外第二尊）宝冠中小化佛趺坐于一大圆光之内；净诸业障菩萨（右壁由内向外第四尊）小化佛坐云端，头上升起两道毫光（图 2-7、图 2-8）。此外，各菩萨所戴璎珞，尽皆华美繁丽，难得的是竟无一雷同，此亦安岳匠师炫技之举。

十菩萨大多动态轻微、含蓄，但普觉菩萨（左壁由内向外第四尊）双手托塔，动作幅度较大，尤其值得称道的是，这尊托塔菩萨被精心设计为双手托塔于身体左侧，这样一来，左臂垂下的衣袖和参与托塔的右臂（包括搭在右臂上的帔帛）皆能起到结构上稳固的作用，巧妙承受了塔的重量。不仅如此，其右臂被塑造为仅着云肩，露出大部分胳膊的造型，使得右臂动作更显轻灵。[9] 与之类似

图 2-9
华严洞圆觉菩萨。

的裸露一臂、帔帛搭臂的菩萨还有右壁的弥勒和净诸业障菩萨。

相比于大多数正襟危坐的菩萨，靠近窟口的两尊菩萨——右壁的圆觉菩萨和左壁的贤善首菩萨，在姿态上较为特殊：二菩萨均斜倚在凭几之中，且身体略向内倾斜，为一众菩萨中最轻松自在的两位，仿佛也符合经文中所记，二者为最后两尊问道菩萨，距离觉悟已经越来越近，故而达到全身心的"自在"状态。其中，尤以圆觉菩萨（右壁最外侧）姿态形貌最称惬意，左手轻握凭几扶手，右手捧着宝珠，左足光脚朝向窟口，身体自然而然倾向窟内侧（图2-9）——与之相比，对面的贤善首菩萨由于身体要侧向下垂腿的一侧，姿势微欠自然。最妙的是，位于圆觉菩萨左侧的净诸业障菩萨低眉垂目、凝神听讲，愈发反衬出圆觉菩萨仿佛正在朝净诸业障菩萨讲悄悄话一般……正是窟口两身菩萨的微妙动态，造成华严洞三壁造像群首尾相续的整体气势。

华严洞一众精彩的圆觉菩萨，借用传统画论术语，皆可谓"神品"，而其中窟口两尊更加飘逸自在的菩萨，则堪称"逸品"。

所有圆觉菩萨乃至整个华严洞造像群中，最宁静安详的一尊非辨音菩萨莫属。辨音菩萨以披巾笼罩花冠的造型，本已独一无二，其高耸的宝冠与披巾高出两侧菩萨少许，更显突出。加上结跏趺坐，双手拢于袖中（似结禅定印），面部姿容庄重典雅更为诸菩萨之冠，一派菩萨低眉、物我两忘之气韵。尤其在一众带有或明显或细微动态的造像群中，辨音菩萨的静态达于极致，使之毫无疑问成为众菩萨中令人过目难忘的焦点。这股禅定寂静的意韵，极好地体现了其"辨音"或曰"观世音"的主题——似乎于万籁俱寂的

图 2-10
十圆觉菩萨像局部。

禅定之中，又能遍闻世间一切众生之音，恰如苏东坡诗云：“静故了群动，空故纳万境。”

与华严三圣造像相比，十圆觉菩萨进入另一个艺术境界，也将华严洞造像群整体带入登峰造极之境。特别不同于安岳绝大多数龛像直接暴露在自然光线之下，华严洞由于洞窟深邃，加之前部建有高敞的木结构厅堂，光线由厅堂上部的窗户射入（颇似西方教堂中的高侧窗采光），由地面、墙壁漫射开来，使得十尊圆觉菩萨尽皆沐浴在一派朦胧的微光之中，如此光线效果，令这组本已精彩绝伦的石雕，统统笼罩上一层清辉（图 2-10）——仿佛摄影中的反光板、柔光滤镜所产生的效果——特别是那些刻画入微的花冠、璎珞与流水般的衣纹，在这弥漫的光华中，竟然焕发出如同泥塑般细腻的质感，[10] 以至任何观者初来乍到，一见之下，必是舌挢不下、叹为观止……

沉浸在华严洞如梦如幻的光线氛围中，静对周身笼罩着一种莫可言喻神秘光辉的众圆觉菩萨，是欣赏安岳石窟最极致的体验。此十尊造像，韵致超逸、神气完足，将菩萨“圆觉”“妙悟”之境，刻画得出神入化——从中亦可知雕造此群像的宋代无名匠师，其艺术造诣也已入化境。此窟造像，若与西方希腊、罗马、文艺复兴雕刻，或者印度犍陀罗、马图拉、笈多造像之最精彩杰作放在一起，亦毫不逊色；而若单就一组群像之整体气韵而论，则尤擅胜场。

天上宫阙

华严洞左、右壁上部，即十圆觉菩萨上方，刻连环画式“善财童子五十三参”（以下简称“五十三参”）浮雕。每五尊圆觉菩萨上方，皆对应五组建筑群，每组建筑群中展现五十三参中的一个参访场面，共计十参。于是东、西壁上空各形成一幅由五个场景构成的长卷式浮雕，这一构图手法接续了中国古代长卷画以及北朝至唐代北方石窟中连环画式的佛传故事或者本生故事（亦常以建筑作为背景）的悠久传统。

如前文所述，五十三参取自《华严经·入法界品》，讲述善财童子在文殊菩萨指引下，参访五十三位“善知识”——从文殊菩萨开始，至普贤菩萨结束[11]——请教修菩萨道之法的故事，从这个意义上讲，善财童子真是位不折不扣的访问学者，五十三参也是《华严经》中极富故事性的内容。以天上宫阙一般的建筑群作为故事背景，与《华严经·入法界品》的内容亦高度契合：五十三参故事中，几乎有一大半发生在壮丽华美的建筑群中，《华严经》以其特有的铺张而绚烂的辞藻描绘了一系列金碧辉煌、装饰富丽的城池、街道、殿宇、楼阁、塔幢、宝座、园林等等，宛如海市蜃楼，令人目不暇给。其中尤以第五十二参访弥勒时，善财童子所进入的毗卢遮那庄严藏最为壮伟，那是一座内含无数楼阁的“阁中之阁”。因此，以造型优美的殿、阁、佛塔等建筑，辅以山林、云气，作为五十三参故事的背景，是一种绝佳的设计，也是华严洞五十三参在表现力上远远胜过卧佛院的地方。华严洞五十三参浮雕中的建筑虽仅为“舞台布景”，却雕凿得细致精美，木构殿阁之柱、梁、额、枋、屋顶、门窗、栏杆等细节表现得颇为细腻，甚至还十分难得地出现了几处《营造法式》所记之“月梁”造型。当然这些建筑也做了相当程度的简化，尤其是省去了当时木构建筑中重要而繁复的斗栱——仅少数几处楼阁雕出若干大斗，但几乎不见复杂的斗栱组合。[12]

华严洞的十参画面中，以左、右两壁靠近洞口的两幅最具辨识

图 2-11
华严洞右侧壁五十三参由外向内第一幅，第一参“参访文殊师利菩萨”。

度，也构成了五十三参故事象征性的头尾。

右壁最外侧一幅（图 2-11），中央为一座面阔七间、重檐歇山顶的殿宇，正面凸出一座面阔三间的重檐歇山顶抱厦，并以歇山顶的山面（即侧面）正对观者，此类建筑造型在宋代绘画中十分常见，重要的实例遗存即河北正定隆兴寺摩尼殿（建于北宋），一定程度上亦可佐证此浮雕所属年代。殿之匾额书“众妙香国”四字，犹依稀可辨。抱厦中央刻一坐佛（头部两侧升起两道毫光），应为毗卢遮那佛。殿右侧为善财童子，明眸朱唇，眉目如画，足踩祥云，衣带飘举，刻工绝佳——如称其为安岳第一善财童子，应不为过。殿左侧立一尊菩萨，身材修长，束高髻，戴高花冠，衣着为安岳宋代菩萨典型样式，整体与圆觉洞菩萨立像十分相似。尤其值得注意的是，菩萨伸出右手指向前方（即窟口方向），善财童

图 2 - 12
华严洞左侧壁五十三参由外向内第一幅，第五十二参“参访弥勒菩萨”。

子双手合十并回首望向菩萨，似乎正欲朝着菩萨所指引的方向出发——据此基本可以推断，此为五十三参的第一参，即善财童子在文殊菩萨指点下，登上漫漫求法之路。

与第一参画面相对的左壁最外侧一幅（图 2-12），中央为一座三层大阁，是华严洞五十三参浮雕中出现的最为高大华丽的楼阁，阁上雕有大斗、月梁。阁左下方为合十行礼的善财童子，右下方为一立于云端之佛像，善财目光殷切地望向立佛。这一场景应该是第五十二参，即善财参见弥勒菩萨，只是此处将弥勒菩萨塑造为佛的形象，或与当时的弥勒信仰相关。故事发生的地点是《入法界品》所记“海岸国大庄严园”，这座大阁即毗卢遮那庄严藏。一个十分有趣的细节是，楼阁一层大门微启，似乎暗示下一幕便是弥勒引导善财步入宝阁，令其得见种种不可思议自在境界，正如经文所云："弥勒菩萨前诣楼阁，弹指出声，其门即开，命善财入……见其楼阁广博无量同于虚空……又见其中，有无量百千诸妙楼阁，一一严饰悉如上说……善财童子于一处中见一切处，一切诸处悉如是见……尔时，善财童子见毗卢遮那庄严藏楼阁如是种种不可思议自在境界，生大欢喜……"[13]

以右壁最外侧画面为第一参，对应正壁文殊菩萨亦在右侧，又以左壁最外侧画面为第五十二参，而最后一参将谒见的普贤菩萨恰在正壁左侧，这一设计显然十分巧妙；同时似乎也暗示了十参浮雕的观看顺序，应先沿右壁自外而内看前五参，再转而沿左壁自内而外看后五参，以第一参初会文殊开始，至第五十二参拜谒弥勒结束，极好地概括了善财童子的五十三参之旅。米德昉在《大足多宝塔南宋五十三参造像的重新调查》（2019）一文中指出，大足多宝塔中也有用"初会文殊"与"参访弥勒"的组合（如塔内一层第2龛造像）来象征五十三参的实例。更有意思的是，该塔第2龛"初会文殊"的浮雕中，善财面朝文殊手指的方向，与华严洞可谓异曲同工；[14] 而画面右上角榜题云"文殊指善财童子南行"[15]——华严洞第一参画面中文殊所指方向恰好是南方，与经文中所言文殊指引善财童子南行访圣若合符节，这也就完满地解释了为什么第一参之后的画面都是向着窟内方向发展，而善财童子出发的方向（亦即文殊所指的方向）却偏偏朝向窟口，其实如此安排显然是为了与经文相应。

右壁由外向内第二幅，同样刻一殿堂前出抱厦，抱厦中为坐佛，抱厦前一小菩萨向左上方一高坐莲台上的大菩萨跪拜，所对应经文不能确定。除第一参外，右壁各场景中跪拜者皆作菩萨装扮，而非善财童子惯常之造型，是否以此象征善财修菩萨道不断精进？仍待考证。第三幅对应经文不能确定，中央大殿立于高台之上，同样前出抱厦，坐其中者漫漶风化难辨，似为居士造型，小菩萨于抱厦前跪拜左上方一菩萨（？）立像，殿基右侧还有一立像，风化严重。第四幅，中央立一座三间二层楼阁，一楼明间坐毗卢佛，阁前右侧为小菩萨，跪拜左侧云端菩萨，菩萨背后似为一双手合十弟子，阁之左上方刻一佛端坐于祥云之上，对应经文不能确定。右壁第五幅（即最内一幅），前立一座三间二层楼阁，后面又立一座二层楼阁（或者前阁从后阁凸出，一如抱厦之于后殿），阁中主尊为毗卢佛，佛双膝冒出两道毫光，伸向窟顶。阁前右侧为跪拜小菩萨，左侧为一菩萨坐莲台上，左手托一物，右手指向毫光。菩萨背后祥云缭绕，云中八尊造像（或为天龙八部），多为神将，最顶部一像似是三头六臂（或八臂）的阿修罗，抬起的左手仿佛执日（或月）。此组造像为右壁五参中场面最壮观者，其中主尊和阁外左侧菩萨，简直就是华严洞主尊和圆觉菩萨的具体而微者，雕刻十分精细。根据主尊两膝冒出毫光的特殊造型，似乎可以推测这组场景表现的是第七参海幢比丘，《入法界品》经云：“渐次南行，至阎浮提畔摩利聚落，周遍求觅海幢比丘。乃见其在经行地侧结跏趺坐，入于三昧，离出入息，无别思觉，身安不动……从其两膝，出无数百千亿刹帝利、婆罗门众，皆悉聪慧，种种色相、种种形貌、种种衣服上妙庄严……”

左壁由内向外第一幅，绘一坐佛坐于二层楼阁中，右侧祥云

图 2 - 13
华严洞左侧壁五十三参由内向外第三、四幅。

缭绕中为多身造像，似有神将，皆漫漶不清，内容无法确定。第二幅，极漫漶，坐佛于一阁（或殿）中，前面右侧立一菩萨，左前方似有跪拜者，严重残损，对应经文无法确定。第三幅，中央为高台上一座十字歇山顶殿宇，内为坐佛，两道毫光自眉间伸向窟顶，殿前左右各有一株大树，树下右侧似为一居士，左侧为一骑马者，推测或为第十九参入妙光城、见大光王，经中“入妙光城。见此大城，以金、银、琉璃、玻璃、真珠、砗磲、码瑙七宝所成，七宝深堑，七重围绕……大光王入定，白毫光两道……”之描述与此画面颇相符。据学者称五十三参浮雕匾额中原有“化城七宝”字样，正是取自这一参内容，不知是否即为此幅（图 2-13 左）？第四幅，亦为一大场面，中央为前后二楼阁相重的模式，左前方还伫立着一座方形十二层楼阁式塔——塔之造型与下文要提到的圆觉洞第 4 龛大塔极其肖似。阁一层为一佛二菩萨，俨然华严三圣的“迷你版”。塔前一比丘顶礼膜拜，其身后另一比丘站立躬身行礼，再后还有一像已残。根据此唯一高塔，推测画面为第二十七参，即善度城参访鞞瑟胝罗居士，据经文描述他曾供养栴檀座佛塔。值得注意的是，此幅带有佛塔的五十三参图，下方普觉菩萨，手中也托举宝塔一座，二者上下呼应、相映成趣，颇具匠心（图 2-13 右）。

总体看来，华严洞五十三参浮雕，愈靠近窟口处保存状况愈佳，愈往里则愈发漫漶（应是山体渗水之故）。据称原各建筑匾额上刻有“剪云补衣”“化城七宝”等字样，今已无迹可寻，这也进一步增加了辨识故事内容的难度。所幸其造像、建筑皆保存较佳，远胜卧佛院。[16] 在内容方面，上方善财童子的参访问道，与下方十二圆觉依次向佛问道，互相呼应，共同表现了“问道”的主题；而形式上每一个参访场景对应一尊圆觉菩萨——可知华严洞五十三参与圆觉菩萨在内容与形式上皆为一整体设计。

神秘二像

华严洞文殊、普贤外侧，于正壁与左右侧壁转角处各刻一身立像，均高约三米，左俗右僧，两者皆风神俊朗、清秀飘逸，艺术造诣与十圆觉菩萨相侔。二像身后均有圆形头光，与安岳石窟中佛弟子头光形制相同。

左像作居士装扮，头上为高发髻，内着交领衣，外罩通肩长袍，大袖飘然，左手持一函装书，其上存有阴刻的“合论”二字（“合”字上半已残），右臂已残，足蹬靴（图 2-14）。一个有趣的细节是，从他口中化出两道毫光沿着身后的壁面直上云端，云内有一众护法神（?），风化不清，与左壁顶部五十三参雕刻内容相融。

右像为一比丘，其两鬓处发式呈卷曲状，身着带哲那环之袈裟，右手举于胸前，左手握一经卷（已残），其上残存“□略”二字，学者释读为“那略”，如今“那”字上方大部分已残。比丘头顶上方同样刻云端神将，亦与五十三参内容相融。

关于此二像之身份，历来众说纷纭、莫衷一是。华严洞中明万历十四年（1586 年）《□妆功德记》云“夫古洞华严，乃周昭遗迹。全堂□□金相，是柳、赵刊形……妆彩圆觉、太子、玄帝……”，似乎认为此二像为太子、玄帝，不知依据为何。窟门右壁清乾隆三十一年（1766 年）《复修华严大硐佛像装金碑记》则称“华严大硐上有毗卢古佛、文殊、普贤，左右释迦、夫子”（今“夫子”二字残），认为二像为释迦和夫子，然而鉴于释迦之尊崇地位，不至于出现在弟子的位置，故不足为训。当代有学者认为二像分别是四川密宗两大教主柳本尊与赵智凤；陈明光认为二像是赵智凤及其在石羊道场的传法弟子；李官智认为二者是文殊和弥勒的声闻形象；胡文和认为二者皆是文献记载中柳本尊的传法弟子，一为俗家

图 2 - 14
华严洞正壁两侧比丘、居士像。

弟子杨直京，一为出家弟子袁承贵；此外还有论者认为二像是佛弟子木犍连、舍利佛，不一而足。[17]

鉴于柳本尊之造像已经出现在毗卢遮那佛宝冠中央，充分表明其修道成佛之果位，因此不太可能再出现在两侧弟子的位置上。以上诸说，似乎胡文和之说（即二者为柳本尊弟子）之可能性较大，以柳本尊对应毗卢遮那佛（详见本书第四章），则柳本尊之二弟子出现在弟子的位置上，可以说得通——但因缺少文献、题记等支持，目前亦无从定论。

二像手中所持经书分别留有“合论”“那略”字样，值得关注。胡文和认为“合论”应是唐代李通玄所撰《华严经合论》，“那略”应为《大毗卢遮那略要速疾门五支念诵法》，二像所持经典分属华严宗和密宗，又在彰显柳本尊在唐末五代自创的川中密教整合了华严宗和密宗思想。[18]将“合论”推测为《华严经》的经典注疏《华严经合论》颇有道理。至于将“那略”推测为《大毗卢遮那略要速疾门五支念诵法》，尽管该经名中有“那略”二字，但经文过于简略而冷僻，且译者身份与年代均无考，似乎颇欠说服力。我们推测该经卷或为《大毗卢遮那佛说要略念诵经》，其内容记述《大日经》之供养法（实系《大日经》卷七之同本异译），经名同样包含“那略”字样，[19]且该经为大名鼎鼎的唐代密宗开创者之一——金刚智（即菩提金刚三藏）所译，经文中更有大量念诵段落以“唵”字开头，与华严洞窟顶大字相同，似乎可能性略较《大毗卢遮那略要速疾门五支念诵法》为高。此处仅提出猜测作为一个探索的方向，犹待深入考证。

除窟内诸造像之外，窟门左右两壁对称雕凿二尖拱形龛，为明代补刻摩利支天与不空羂索观音造像。左壁刻不空羂索观音（一说准提佛母），三头六臂，中央一头面容若菩萨，头戴高宝冠，中有小化佛，侧面二头凶神恶煞；中央双手合十，后上方双手各捧日月，后下方双手左执镜，右握方印，印文为篆书“仙佛合宗”，有学者认为这是指明代道家著作《仙佛合宗语录》，系道教龙门派第八代宗师伍守阳所撰。右壁刻摩利支天，三头八臂，三头与不空羂索观音相似，只是宝冠无化佛；中央双手结禅定印，其余六手分执日、月、铃、索等法器。二像雕凿相对呆板，气韵远不逮窟内宋代作品。

此外，窟口外右壁刻有明洪武二十二年（1389年）妆彩碑记《箱盖山华严洞碑记》；普贤菩萨左侧壁面有清道光年间重妆碑记，由本境举人李觐先撰，内有“住持僧觉宏”字样；窟外左侧立清道光二年（1822年）重妆碑，同样由李觐先撰，内有“住持僧楚岳”字样，留下了清道光年间华严洞两位住持僧名。

经营位置

与探究上述二神秘人物身份，或者五十三参故事内容相比，更值得深入探秘的，是华严洞匠师在石窟与造像群雕凿中所使用的方法及其背后所蕴藏的独到匠心。

通过对洞窟室内空间及造像群的实地测绘分析，可以得到一个令人惊叹而又十分完美的答案，既在意料之外，又在情理之中——之所以说在意料之外，是因为尽管我们坚信像华严洞这样完美的杰作背后，一定有一套高超而精密的设计方法，但是探求所得的结果，竟是出人意料的简洁；而之所以说又在情理之中，是指这套设计方法的确合理可行。

首先，对测绘数据的分析表明，整个华严洞的建筑空间、主要造像的位置，以及各造像的高、宽等尺寸，统统使用二十九点六厘米（极可能便是华严洞营造年代的一尺）见方的标准方格网进行控制，亦即用一尺见方的网格进行设计：华严洞通高二十格（合二丈），[20] 面阔、进深均约为三十六格（三丈六尺，略不规则），窟顶大字外的圆直径十二格（一丈二尺）；主尊毗卢佛坐高九格（九尺），两膝之间宽六格（六尺），头光宽八格（八尺）；文殊、普贤坐高八格（八尺），垂足坐高十一格（十一尺），宽五格（五尺）；各圆觉菩萨垂足坐高八格（八尺）；两角立像高十格（一丈）；主尊毗卢佛面部高二格（二尺），各圆觉菩萨面部高一格（一尺）——圆觉菩萨的面部高度，即整个洞窟设计的基本"模数"（图 2-15、图 2-16）。

各尊造像本身的比例也十分精当：主尊毗卢佛的高宽比为三比二（即九尺与六尺之比），这是中国古代造型艺术中的经典比例，山西应县木塔（辽代）各层大佛的高宽均用此比例，[21]《营造法式》中所记木结构建筑的标准木构件——"材"，其横断面高宽比也是三比二。各圆觉菩萨（威德自在菩萨除外）以及文殊、普贤菩萨的坐高与宽度之比均为八比五（即一点六比一），较之毗卢佛更加瘦高，也是非常接近西方所谓黄金分割比（一点六一八比一）[22] 的一个比值。华严洞各圆觉菩萨身姿优美，与采取了近似黄金分割的比例直接相关，这方面东西方可谓殊途同归。其中，辨音菩萨由于较其他菩萨略高一些，高宽比值几乎等于一点六一八，因此也显得格外完美。威德自在菩萨高宽比为三比二，与主尊同（图 2-15、图 2-16）。

不仅如此，整个洞窟空间与造像布局之间有着十分完美的比例控制。例如，洞窟总高的一半（即离地一丈高的水平线），恰好位于华严三圣的莲座顶部；同时该水平线也位于十尊圆觉菩萨高度的一半处——换言之，十尊菩萨的视觉中心点皆处在洞窟高度的一半处，因此远望各菩萨时，诸像皆位于背景中央，特别是左壁的辨音菩萨与右壁的威德自在菩萨，皆恰好位于左、右壁面的几何中心。又如，洞窟总高二丈，而十尊圆觉菩萨宝冠顶部距离地面一丈四尺，二者比值接近根号二，这又是中国古代建筑与造像设计中最常使用的经典比例，体现的是正方形边长与其外接圆直径之比，被记录在《周髀算经》《营造法式》的插图“圆方方圆图”中，具有天圆地方的象征意涵。再如，正壁由下而上，供桌高五尺，三莲座距离地面十尺，主尊坐高九尺，文殊普贤坐高约八尺；左右壁由下而上，供桌高约五尺，上部五十三参浮雕高约五尺，留给十尊圆觉菩萨的空间高十尺，其中菩萨垂足坐高八尺，脚下莲台高一尺，冠顶与上部雕刻之间距离一尺。此外，每壁五尊圆觉菩萨占据的总宽度，几乎等于洞窟总高即二丈。若从洞窟剖面上看，窟口雕刻明代护法神的壁面厚四尺，华严三圣的厚度约五尺。[23]

以上种种，皆表明华严洞从建筑空间，到造像群整体布局，再到每一尊造像的比例，有着完美的总体设计；而其所采取的基本方法简单明了，即运用一尺方格网进行精细控制，真可谓大道至简。

我们于是可以想象：当时的匠师通过上述总体规划，先按照设计尺寸逐步凿去洞窟中央大部分石块，构成主要室内空间，并留出各壁造像的厚度和下部台基、供桌的石料；之后依据规划设计（应绘有小样），在三面厚壁上打上一尺见方的格网，勾绘诸造像位置、轮廓，接着凿去各造像之间的石块（剔地），留出高宽尺寸及比

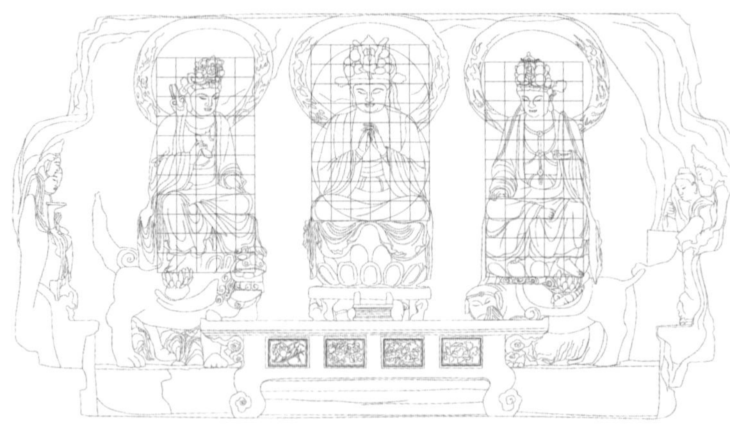

图 2-15
华严洞正壁“经营位置”分析图(图中蓝线方网格为一宋尺见方)。王南 绘;底图由冯棣、冷婕 等测量,高靖、袁进钊 等绘

图 2-16

华严洞左侧壁"经营位置"分析图(上图中蓝线方网格为一宋尺见方)。王南 绘;底图由冯棣、冷婕 等测量,高靖、袁进钊等绘

例确定的造像粗坯（可见图 1-9: 卧佛院第 19 号龛）；最后则到了高手匠师驰骋技艺的时刻，众匠在总匠师即镌造都料的率领下，分工雕凿诸像——在绝对简单而理性的格网控制下，施展匠人的鬼斧神工，最后造成华严洞令人惊叹的杰作。

华严洞还有一项精彩的设计，是无法用方格网控制实现的。在考察过程中，我们无意间发现各圆觉菩萨的视线似乎交汇到石窟中心的某一位置，惊喜之余开始仔细探查，最终意识到当信众在华严洞中央（约位于头顶大字下方）参拜礼佛时，洞中所有造像——包括华严三圣、十圆觉菩萨以及二立像——的目光全部向朝拜者汇聚而来，观者若于现场自行在该位置环视一周，便能清晰感受到自身成为佛、众菩萨及二立像的视线焦点（图 2-16 下）。

这样奇妙的设计是如何实现的呢？通过测绘分析可以清楚地看出：首先，由于主尊毗卢佛和辨音菩萨、威德自在菩萨分别位居正壁和左、右壁的中心，其略微低垂的目光自然而然向洞窟中心处汇聚，只要控制好各像的视线角度朝向中央礼拜者的视线位置（距离地面约一至一点二米，即三至四尺左右）即可；接下来，华严三圣中，文殊、普贤上身皆略向中央主尊方向偏转，带动头部也微微偏转，遂巧妙地将目光转向同一焦点——从平面图上分析，二者目光的交角为六十度，堪称完美；再接下来是正壁左右角落的二立像，均采取大约和正壁、侧壁呈四十五度角的站姿，其下视的目光同样汇聚到该点；最精彩的，还是位于窟口的圆觉菩萨和贤善首菩萨，前文已提及二菩萨上身略向窟内侧倾斜偏转，带来巧妙的动态，而此种姿势更重要的结果，就是二者的目光同样汇聚到中央焦点处，不偏不倚。余下四尊菩萨视线也同样微微向中央汇集，只是不及上述诸像效果强烈。

还需要特别强调的是，产生这样视线聚拢效果的原因，不仅是各尊造像主动地扭转，更基于洞窟各壁面的形状——华严洞正壁和左右侧壁均非平直如砥，而皆为中央微微凹入的微妙弧线（正壁更加明显），于是不论华严三圣，还是两壁各五尊圆觉菩萨，均非刻板地排列成行，而是呈微微环列之状，对窟中央的参拜者形成环抱之势，加上视线的聚集，最后所产生的“气场”，足以令每一位观者置身洞窟中时，始终有一种被众多造像环绕而产生的安宁自在之感。

我们不妨假设，匠师简单粗暴地拉直三面墙壁，各尊造像又是各自直视身前地面，则绝对无法产生如华严洞现状这般动人心魄的巨大感染力。特别是由窟口望向正壁三圣，或者由某一侧壁凝望对面五尊圆觉菩萨时，总是有一种说不清道不明的和谐感受，其实正是群像顺着壁面微微呈弧形布局所产生的微妙难言的美感。

众造像视线集于一点的设计，极好地呼应了《圆觉经》经义，经文描写十二圆觉菩萨依次向佛请教佛法时，轮番“即从座起，顶礼佛足，右绕三匝，长跪叉手而白佛言……”可以想象，当十二菩萨中的一位长跪问道时，佛和其余菩萨的目光必然向该菩萨汇聚。用雕刻这一造型艺术来表现上述流动的情节时，该由哪一尊菩萨来“扮演”长跪叉手问道者呢？而十二圆觉菩萨缺少一位后的空座又如何处理？面临这样的问题，华严洞的匠师选择用众造像目光汇聚的位置——一个“空”的所在——来象征问道的菩萨；或者前来参拜的信徒，便承担起《圆觉经》中问道的角色。

有趣的是，在大足宝顶山圆觉洞中，表现这同一题材时，还真的在佛坛前雕刻了一尊跪拜的菩萨（背对窟口），作为十二圆觉菩萨分别上前问道的“代表”。[24] 这是处理同一题材不同的手法，比起大足圆觉洞的直陈经义，安岳华严洞的含蓄象征，似乎别有一番妙韵。至于大足圆觉洞十二圆觉菩萨各自高坐独立基座之上，皆正视前方，无视线交汇，而墙面亦平直无弧线之设计，则远不及安岳华严洞精彩。

以上所列诸般手法，不论以一尺见方的网格控制建筑空间、造像布局及造型比例，还是通过壁面微曲、各像身躯与视线的角度转折，最终形成华严洞卓越的整体设计，其实若用一言以蔽之，即前文所言中国绘画六法中的“经营位置”。“经营位置”实乃华严洞得以获得成功的先决条件，在此基础之上，匠师再深入刻画造像之骨肉（若六法之“骨法用笔”“应物象形”），进而进行彩绘妆銮（若六法之“随类赋彩”），最后诸像在大匠的手中，皆臻于六法中“气韵生动”的最高标准。

最后，要特别谈一谈主尊毗卢佛后壁左、右两侧的一对题刻，由于光线较暗、壁面污渍等原因，往往易为观者所忽略（图 2-17）。两侧题刻各两句，从右往左读（即面对佛像从左往右读）[25] 为：“若人欲了知，三世一切佛。应观法界性，一切惟心造。”

以上四句出自《华严经》卷十九“夜摩宫中偈赞品”，为觉林菩萨的一篇偈颂的最后四句，极好地阐明了华严洞之雕凿乃是基于《华严经》经义的主旨。

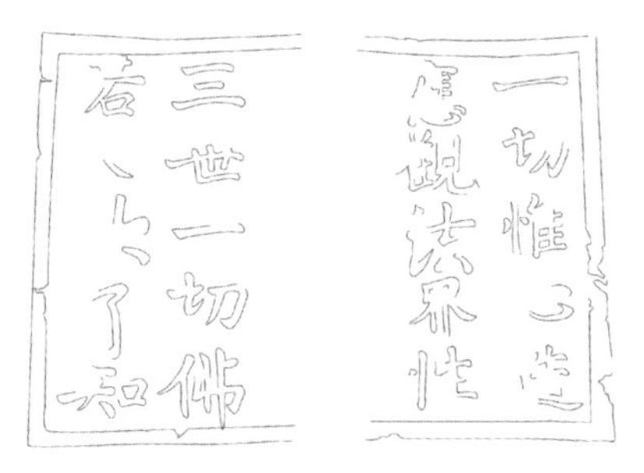

图 2 - 17
华严洞正壁主尊两侧题刻。袁进钊据实景照片摹绘

“夜摩宫中偈赞品”表现了十大菩萨各表颂言，此处十大菩萨指：功德林菩萨、慧林菩萨、胜林菩萨、无畏林菩萨、惭愧林菩萨、精进林菩萨、力林菩萨、行林菩萨、觉林菩萨、智林菩萨。当然，华严洞中所刻十菩萨由于有辨音菩萨（观音）在其中，定非《华严经》中这十位菩萨。[26] 但华严洞正壁有意选刻觉林菩萨偈颂，似乎认为“觉林”与“圆觉”颇可对应，皆指向觉悟的主旨。更有意思的是，觉林菩萨这篇颂词，与华严洞高超的造型艺术有着某种内在联系，颇发人深省，其颂词云：

譬如工画师，分布诸彩色，
虚妄取异相，大种无差别。
大种中无色，色中无大种，
亦不离大种，而有色可得。
心中无彩画，彩画中无心，
然不离于心，有彩画可得。
彼心恒不住，无量难思议，
示现一切色，各各不相知。
譬如工画师，不能知自心，
而由心故画，诸法性如是。
心如工画师，能画诸世间，
五蕴悉从生，无法而不造。

如心佛亦尔，如佛众生然，
应知佛与心，体性皆无尽。
若人知心行，普造诸世间，
是人则见佛，了佛真实性。
心不住于身，身亦不住心，
而能作佛事，自在未曾有。
若人欲了知，三世一切佛，
应观法界性，一切唯心造。

为阐明“一切唯心造”的佛理，这篇偈颂多次使用了“工画师”的譬喻，简直与华严洞卓绝的造像艺术构成绝配——其“譬如工画师，不能知自心”“心如工画师，能画诸世间”等语，在观者为眼前诸造像之美深深震撼、陶醉之余，更添无限哲理的遐思，达到“此中有真意，欲辩已忘言”之境。

三教化一

大般若洞在华严洞右侧，为一座儒释道三教合一的洞窟。据笔者团队实测，窟面阔六米（取最宽处），进深五点一米（取最深处），通高四点六米，规模虽远不及华严洞，但在安岳亦属大中型洞窟。其平面略呈马蹄形，内部两角为弧形，佛坛内部二角亦抹成圆角。

正壁中央起一须弥座式佛坛，其上为主尊释迦佛，结跏趺坐于莲台之上，坐高二点四米。释迦佛身后壁面上刻三层造像，最上层左右两龛分别刻一坐佛，有研究者推测为药师佛与阿弥陀佛（与主尊构成“横三世佛”），在二佛龛与释迦佛之间的空隙中，左右各刻五弟子，合为十弟子。中层左右两侧的尖拱形龛中，分别雕孔子和老君，从而构成儒、释、道左右并列的格局——当然，孔子和老君像高仅零点五三米，在这里显然是作为佛的陪衬。其中右侧老子像须发如银，双手置于腹前捧一枚混元珠。下层左侧雕一小圆龛，内刻一呈游戏坐姿态的菩萨，右侧龛内雕一坐佛——猜想或许坐佛为燃灯佛，菩萨为弥勒，则又与中央释迦构成“纵三世佛”。正壁左、右两隅起高二点六米的平台，上刻二菩萨，均结半跏趺倚坐于高耸的莲台之上，莲台下雕作云纹，二菩萨仿佛飘浮半空，冠顶直抵窟顶。

主尊头部极大，超过坐高的三分之一。相比之下其头光小得可怜，仅略微大出头部一点，比例极不相称。左侧菩萨戴高宝冠，冠中央有小化佛；右侧菩萨宝冠中无化佛，此前论者多认为此二菩萨为文殊、普贤，但未谈依据。主尊与二菩萨均结禅定印。二菩萨下方分别刻一弟子、一武将，研究者认为是阿难和韦陀。

左、右侧壁各有上中下三层造像，上为十童子，中层为二十四

图 2 - 18（右）
大般若洞左侧壁下层罗汉像，中央一罗汉左脚踩踏左侧罗汉脚。王南 摄

图 2 - 19（左）
大般若洞右侧壁对弈罗汉局部。王南 摄

诸天（其中两侧各有一天人位于上层，居十弟子与文殊普贤二菩萨之间），下层为十八罗汉。与主尊颇为拘谨之造型相较，侧壁造像更生动一些。上层弟子颇有华严洞善财童子之遗韵，只是稍欠几分灵动。值得一提的是，在 1997 年出版的《安岳石窟艺术》一书插图中，大般若洞的阿难、韦陀、十八罗汉诸像头部均存，颇具生动韵味，尤以罗汉最佳，可惜现在诸像头部均已无存，令人扼腕。从现存罗汉身姿犹可见其生动之姿，如左壁中央一罗汉伸出左脚踩着左侧罗汉的脚，令人忍俊不禁（图 2-18）；又如右壁中央二罗汉正专心对弈（此亦罗汉造型中少见者），棋盘雕刻细腻，可以看出竟是一个折叠便携式棋盘（图 2-19）。左壁内侧第一尊罗汉下部基座，雕出一幅有趣的画面：两侧帘幕被揭开并束住，后面是两扇推开的门，露出里面的室内空间——虽是极浅的刻画，却呈现出有趣的空间层次，颇令人着迷。

主尊莲座下方横枋刻一组图案，中央为一八卦图，两侧各伸出一道剑芒（旁饰云纹），指向两端两个方圆相涵之图形——颇有太极生两仪，混沌元气造分天地之意味——恰与此窟三教合一的

图 2 - 20
大般若洞主尊莲座下部横枋中央刻太极图。
王南 摄

气氛高度契合，耐人寻味（图 2-20）。

总体观之，大般若洞诸像大多略显拘谨刻板（罗汉略佳），尤其比之相距仅十余米的华严洞杰作，其造诣相去则不可以道里计。尽管造像艺术无法与华严洞相比，但大般若洞却留有南宋纪年题记，为确定其年代的珍贵依据。窟口横额书“大般若洞”四个大字，上款书“庚子嘉熙”，此为南宋嘉熙四年（1240 年），下款署名“赵印存叔书”，据县志可知，赵印，字存叔，为南宋嘉熙年间安岳进士。另据左壁明万历十四年（1586 年）《镌妆功德记》称，“众像新作，始为宋朝年间，本尊为记，至到而今未能成也……”这就证实大般若洞造像为宋朝年间始凿，明万历年间有过“镌妆”。

大般若洞最神秘的内容在窟顶，类似华严洞顶，也有一个圆圈，内书一奇特文字，由一正一倒两个“人”字左右拼合而成。据说当地有一则关于此字的谚语：“两个人字颠倒颠，认到就是活神仙。”其实无须活神仙出场，略熟悉古文字的人都知道，此字实为“化”字的古体字，甲骨文、金文写法皆近此，由一正一倒两个“人”字组成（包含左正右倒和左倒右正两种写法）——这是一个典型的会意字：一个人由正立变化而成倒立，即表示出变化之意，后又引申为教化之义（图 2-21）。[27] 所谓“文化”，即包含以文教化之意。这个“化”字出现在大般若洞顶，象征意义再明显不过，恰是体现将儒、释、道三教“化”而为一，与窟中独特的造像构成若合符节，大般若洞也因此成为安岳石窟中展现儒释道文化交融的经典实例。

图 2-21
大般若洞窟顶刻“化”字的古体字，由一正一倒两个“人”字组成。

至于有学者推测该字为“仁”“佛”或八卦图案等，皆不符合基本的古文字学常识。此窟开凿于南宋时代，当时金石学发达，且儒释道三教合流思想盛行，当地学士或高僧认识“化”字之金文，并将其书于洞顶以明此窟造像背后的文化主旨，实在自然不过。此“化”字画龙点睛，不仅点明大般若洞之精义，更道出中国古代文化开放包容之真谛。

三

拈花微笑启圆觉

圆觉洞紧邻安岳县城，位于城东南三公里的云居山（旧称灵居山）上，向来为城郊名胜，古代文献对其多有记载。王象之的《舆地纪胜》“普州”卷称：“灵居山……其上为真相寺，有千佛龛、葛仙洞，草木润秀，向背皆苍崖，为近城游览佳处。”又云：“千佛院：在城东灵居山，寺上有圆龟洞、[1]葛仙洞、翼然亭，今名真相寺，皆镌石为佛像，形容奇古。”刻于第9号窟圆觉洞外壁的《普州真相寺新建圆觉洞记》曰“普州真相佛宫，林壑邃深，荫木森古”。综上可知，云居山原名灵居山，圆觉洞原名千佛院、真相寺，为安岳“近城游览佳处”。《舆地纪胜》又记：“金峰长老，开山灵居寺，后赐额真相寺。”可知圆觉洞又曾有“灵居寺”之名（因山得名），今圆觉洞第12号龛即金峰长老真身龛。[2]

云居山峰顶平面略呈三角形，长边呈东西走向，窟龛造像主要分布在山顶南面及东北面山崖之上，此南、北二崖即《舆地纪胜》所云“向背皆苍崖”者。东北面山崖峭拔高峻，即圆觉洞题记《普州真相寺新建圆觉洞记》所云“一石横亘，巉岩千尺”者，此崖壁以宋代窟龛及大像为主；南面山崖相对平缓，更富山林幽致，以唐、五代中小型龛像为主。

圆觉洞现存窟、龛、题刻共计编为七十二号。[3]从年代看，圆觉洞唐代窟龛极少，绝大多数为五代、宋之作品，其中五代窟龛数量最多，在中国此时期窟龛中尤显珍贵，而宋代窟龛则规模宏巨、气势撼人。从造像题材看，包括释迦、观音、三佛、西方三圣、地藏菩萨与地狱十王、大悲观音、明王、毗沙门天王、十六罗汉、骑牛的“解冤结菩萨”、道教龛像、佛道合窟、组合龛、佛塔以及真人

图 3 - 1
圆觉洞第 48 号题刻。

造像等，类型之丰富在安岳诸石窟中名列前茅。

除了窟龛造像，岩壁上还有多处书法造诣颇高的摩崖题刻，如第 40 号龛口右壁书“希夷炼丹处”（编号第 41 号），第 48–54 号组合龛左侧书“图南仙迹”（图 3-1），二者皆是纪念北宋著名学者陈抟（字图南，号希夷先生），此外还有明代“龟鹤”题刻、清代“福寿”题刻以及大石龟（编号第 20 号）等。游人于俯仰观摩窟龛造像之余，在崖壁、古树、枯藤间，细赏这些摩崖书迹，更增思古之幽情。

崇窟耸峙

圆觉洞北崖气势恢宏，集中了三座大窟，高度（取窟顶最高处至窟内地面）均在六点五米以上。第 10 号窟释迦立像和第 7 号窟净瓶观音、第 14 号窟莲花手观音组成一整体构图：释迦窟居中，二菩萨窟分居其左右，三者大致等距，三窟大小亦相差无几，加之两尊菩萨身体（特别是头部）均朝中间释迦窟方向扭转，故而三窟颇有可能为一整体设计[4]——尽管依据题记，三窟或非同时建造，但在陆续开凿兴建的过程中，匠人应是有意识地营造出三窟并立、相互呼应的整体构图。如果再加上与此三窟规模相近的第 4 号大型佛塔龛，则呈三窟一龛并列耸峙之伟观，若仅就单座崖壁上大窟（龛）、巨像、高塔云集的整体气魄而言，圆觉洞北崖为安岳之首。

第 4 号龛佛塔为游赏圆觉洞之序幕，可谓先声夺人。塔呈方形十三重密檐式塔形制，高逾八米，为安岳摩崖石塔中最高大者。第一层塔身较为高耸，二至十三层塔身均极低矮，呈现密檐层叠之效果，真实的佛塔建筑中，西安小雁塔、大理千寻塔皆为方形密檐式塔的典型代表。此塔首层高约二点四五米（取塔檐至地面），下有近似覆斗状基座，塔身开一塔室，正面开敞，正壁刻一坐佛，已风化不清。二层塔身比一层骤然变窄变矮，以上逐层微微收窄、层高降低，各层塔身三面各开一小拱形龛。佛塔出檐深远，翼角起翘明显，颇飘逸。屋檐雕凿较简率，檐下刻出角梁及隐约可辨的椽子，屋面则微微坡起，均略写其意以模拟佛塔飞檐之意象。顶部为带有三重相轮、比例粗壮之塔刹。此塔雕刻风格绝谈不上细致，颇具写意画之风，倒是与前文所述华严洞五十三参浮雕中佛塔神似（图 3-2）。

图 3 - 2
圆觉洞第 4 号龛十三重密檐式石塔。
王南 摄

一佛、二菩萨三座大窟，

此前有多位学者认为此三龛乃是由阿弥陀佛、观音菩萨和大势至菩萨构成的“西方三圣”组合。[5] 但学者邓之金指出，第 14 号龛题记明确该龛造像为观音，而第 7 号龛造像也为公认的观音，从而否定了“西方三圣”的提法；他同时认为此三龛造像“既不属出资人统筹安排凿造，又不属僧人募资布署造像，所以这三尊雕像不是一个整体造像题材，而是各龛造像单独成立，故造像称名应分别定出”。[6] 从现有题记和造像特征来看，确实二菩萨皆为观音，因此三尊像不是“西方三圣”组合，但正如前文所言，三座大龛被匠师们有意识地规划为一个视觉上的整体，这一点是眼见之实。

位于中央的第 10 号释迦龛，据实测，高六点五米，宽四点二米（取最宽处），深二点九六米（取最深处）；像通高（含莲座）五点五六米，净高四点九三米。[7] 由以上数据可知，若取一尺为三十点七厘米（在目前所知宋代尺长范围内），则龛高二十一尺，宽十三点五尺，深九点五尺；像通高十八尺，净高十六尺——龛、像尺度皆十分清晰明了。龛上方有两条“人”字形沟槽，下层沟槽顶部正中有一圆形孔，龛外两侧立面上有多个圆形或方形孔，应是原木结构龛檐之遗痕。

中央主尊为释迦，[8] 但与一般立佛大异其趣：这尊立佛不仅身躯略向右侧偏转，而且头部更微微向右下方颔首，目光望向位于右侧壁下部的一尊弟子造像。该弟子造像，虽然头部上半部残损，但从残存的下半部长眉低垂、面带皱纹的造型，仍可清晰辨认出其乃年长的迦叶尊者，他仰首迎向释迦宁静慈祥的目光，嘴角带着微笑，刻画细腻传神（图 3-3）。释迦与迦叶二像之间形成巨大的戏

图 3-3
圆觉洞第 10 号窟迦叶像局部。

剧性张力，一反传统石窟“说法图”中释迦和弟子均以正面示人、正襟危坐或肃立的静止构图，生动描绘了一个精彩的瞬间——即“拈花微笑”的著名典故（图 3-4）。据宋释普济《五灯会元·七佛·释迦牟尼佛》载：“世尊在灵山会上，拈花示众，是时众皆默然，惟迦叶尊者破颜微笑……”

释迦螺发，高肉髻，髻正中饰宝珠，侧面对观者，左耳轮廓呈极夸张的 S 形（此特征与华严洞主尊毗卢佛相似，二者年代应相仿），眉目颇清秀，眉间有突出白毫。着双领下垂式袈裟，胸前露出僧祇支结带，袈裟右侧下摆反钩于左肩垂下的系带（类似哲那环之作用）上。衣纹雕刻流畅，袖口及下摆雕作连续的新月状弧线，如波浪般优美，不妨称之为“水波纹”样式——此为释迦与二观音像共同雕刻手法，值得关注。释迦左手手心向上横置腹前，右手结

图 3 - 4
圆觉洞第 10 号窟
释迦及迦叶像。

说法印于胸前，有一个细节特别精彩：右手大拇指和竖起的食、中二指之间拈花一朵，花纹刻画细致，犹存少量青绿彩绘（需仔细观察方能发现），并且此花与佛之身体相连，巧妙地起到连接右手与身体以保持手之稳固的作用，是结构与形式的完美结合（图 3-5）。如此来呈现释迦“拈花”之主题，实在妙不可言。在这一点上，安岳匠师的匠心倒是与云冈石窟第 18 窟大佛抬起的左手与袈裟之间的巧妙连接异曲同工。

图 3-5
圆觉洞第 10 号窟释迦右手拈花之细节。
徐浩洋 摄

释迦后有桃尖形头光和巨大的椭圆形身光，边缘皆饰以火焰纹，头光的桃尖顺着正壁延伸到窟顶，直抵窟顶中央。左、右侧壁顶部刻飞天一对，犹存唐风，颇似卧佛院第 59 号刻经洞飞天之意韵。二飞天构图颇对称，皆头向窟内、足朝外侧，身体略呈 U 字形，束高发髻，面相丰润，眉目隽秀，裸上身，项戴璎珞，饰臂钏、腕钏，下身着长裙，双足皆被裙角裹住。身系帔帛随风飘举，有吴带当风之妙，身周为一轮彩色祥云环绕，更添飘逸。左壁飞天右手执莲蕾，左手托花盘，右壁飞天双手托举花盘在身前（图 3-6）。释迦头光左、右两侧各刻精美天花，左侧三组，右侧四组，造型各异，作凌空飘落状，与两壁飞天一起构成天女散花、纷纷飘坠之意象，为此窟“拈花微笑”之主题更添美妙意境。[9]

图 3 - 6
圆觉洞第 10 号窟右侧壁上部飞天。

左侧壁下方刻两尊供养人立像，残损严重。窟口外右壁为 11 号观音龛，虽残损，韵味尤佳。第 10 号窟留存三处主要题记，其中左侧壁的重妆释迦佛题记中不仅出现了供养人徐耕及其三代眷属之姓名，且有“住持禅戒正浦书”的记录，并且带有题记中唯一的纪年——“太岁戊寅时值孟夏六月十八吉旦”。对于此“戊寅”纪年，傅成金曾推测很可能是绍圣五年（1098 年）或更晚的绍兴二十八年（1158 年）。

再看第 7 号净瓶观音窟。窟高七点四米（二十四尺），宽四点七米（十五尺），深二点六米（八点五尺）；像通高六点二米（二十尺），净高五点七五米（十八点五尺）。观音跣足立于一对莲台之上。头戴镂空雕花之高宝冠，冠中央刻一立佛，两条缯带披于肩后，数绺长发逶迤垂肩，双耳戴极细长而精美的璎珞式耳饰。面颊丰润，眉目清秀，双目微启，虽经后世修补而丰姿犹存。双手戴璎珞式腕钏，左手提净瓶置于腹前，右手执杨柳枝举于肩侧。披双领下垂式外衣，胸前璎珞极尽华美繁丽，犹在华严洞诸圆觉菩萨之上；璎珞部分被上身衣服遮盖，从小腿以下裙摆下部再次露出，直垂至足面——此种服饰与唐代菩萨 X 形长璎珞一贯到底的形式迥异，创出一代新风。袖口衣纹与拈花佛相同，皆为水波纹。同样带桃尖形头光及长椭圆形身光，边缘饰火焰纹。此尊观音的外衣留有少量赭红、土黄、墨绿、黑、白各色纹饰图案，宝冠、璎珞、净

图 3-7
圆觉洞第 7 号窟净瓶观音上部。
图 3-8
圆觉洞第 7 号窟净瓶观音下部。
徐浩洋 摄

瓶、衣纹等处尚存一些十分明丽的青、绿色彩绘，在整体红砂岩质地衬托下，更显出净瓶观音的素雅端丽（图 3-7、图 3-8）。

左、右侧壁顶端同样各雕一身飞天，但左壁飞天头朝内、足朝外，右壁飞天正好相反，构图与拈花佛窟不同。左壁飞天双手捧盘于身前，盘内似为仙山，着云肩，帔帛与衣袂飘舞之动势极强烈，身下祥云也与衣带融为一体，背景中更是火焰飞腾，真有“满壁风动”之感。右壁飞天呈向身后横卧倒飞之状，双手捧花盘于身前，亦飘逸灵动（图 3-9）。

左侧壁中部雕一圆龛，龛中刻龙女，面向窟外，项饰璎珞，帔帛在头后呈圆环状飞起，双手捧宝于胸前，右腿前伸，跪左腿，整体身姿极美，惜头部于 1983 年 4 月 13 日遭到破坏（图 3-10）。[10]

图 3-9
圆觉洞第 7 号窟左侧壁上部飞天。
图 3-10
圆觉洞第 7 号窟左侧壁中部圆龛龙女。

与之相对，右侧壁中部雕一尊长眉长须老者，服饰颇似飞天，双手合十，单腿跪于云端，抬头面向主尊。《四川安岳县圆觉洞摩崖石刻造像调查报告》（2013）称其为“善财”，恐不妥（善财应为童子造型）——依据圆觉洞第 21 龛千手观音龛造像，以及敦煌莫高窟第 3 窟壁画，可初步推测此像为婆薮仙，是观音二十八部仙众之一，常表现为长眉长须外道造型（图 3-11）。

图 3-11
圆觉洞第 7 号窟右侧壁中部婆薮仙像。
徐浩洋 摄

左、右侧壁下部皆刻供养人。左侧壁浅龛中刻三身供养人，外侧一身仅具粗坯，尚未完工，另两身头部均残，二者之间雕一仙鹤，昂首，右爪踩于半球状莲台上，左爪踩在第二身供养人像的脚上，尖嘴上托长方形榜题框，内刻“奉佛孙侪，发心妆銮圣像，祈寿年绵延”。右侧壁浅龛中刻四身供养人。最外侧一身为僧人像，姿态颇似第 10 窟迦叶，其头部上方内侧刻榜题：“……僧……孙……系使州都孔目官，历职满，舍俗陈乞剃度为僧，癸酉绍兴二十三年九月二十二日立毕。”从外到内第二身像旁题刻：“长男孙衎，己未正月初九日生。”第三身像旁刻：“次男孙衡，庚申十一月二十四日生。”第四身立于右侧壁与正壁转角处，为妇人像，高发髻，长条形耳饰与观音耳饰如出一辙（可知观音耳饰应为当时流行样式之写实），像旁刻：“黄氏小寿娘，丁丑五月初四日生。”由此组珍贵题记可知，此窟供养人为一家四口，于南宋绍兴二十三年（1153年）立题记——亦可知此窟观音像雕凿时间应不晚于此。

最后来看第14号莲花手观音窟。窟高七米（二十二点五尺），宽四点二五米（十四尺），深三点七五米（十二尺）；像通高六米（十九尺），净高五点三米（十七尺）。窟右侧塌陷，现存窟壁为现代重新修砌，窟内有钢结构支撑。正壁观音立像，跣足立于双莲台上，风格与第7窟极为接近，细节略不同。宝冠为双层镂雕花冠，更显高耸华丽，中央化佛为一坐佛，其上部刻法轮，冠底有一周花蔓形流苏装饰。此尊观音面部较净瓶观音更加丰润妍美，颇有唐代遗韵。双耳同样佩戴长条形璎珞式耳饰，然式样与第7窟净瓶观音及供养人所佩不同。外衣犹存大块面青绿色彩及卷草纹饰，衣纹及璎珞样式皆近于净瓶观音。双手交叉于腹前，右手执一莲蕾，花苞低垂，姿态优美自然；左手置于右手腕上，由此得名莲花手观音。其整体姿态端庄超逸，似略胜净瓶观音一筹（图3-12）。

正壁右侧原立有北宋大观二年（1108年）《普州真相院石观音像记》碑，现移于安岳县文物局库房。碑文云：“本州信善杨正卿

图 3 - 12
圆觉洞第 14 号窟
莲花手观音局部。

以厥祖旧愿，造观音石像一尊，□择真相岩龛，鸠工集事，阖家随喜，共建良缘。元符己卯创初，大观丁亥告毕。”[11]

由此可知，此窟及观音像乃是北宋元符二年（1099年）至大观元年（1107年）凿刻而成，历时八载。碑文又云“功德主杨正卿、同寿邹氏，故父元善、母马氏，故叔父元爱、故叔母胡氏”。右侧壁刻四身供养人像。由外向内第一身为女供养人像，头残，其正上方刻“母马氏”，即此窟功德主杨正卿之母；第二身男供养人像，头残，着圆领长袍，腰束带，双手持笏板，正上方刻“功德主杨正卿”；第三身女供养人像立于坛上，头上部残，上方刻“与同寿邹氏”，即杨正卿之妻邹氏；第四身男供养人像立于坛上，头残，上方刻“男杨”，为杨氏夫妇之子——可知此龛四位供养人即杨正卿夫妇与其子，以及杨母马氏。

窟左侧壁上方有一身飞天，为现代加固结构遮挡。下方前部雕龙女，面朝主尊，头残，头后有卷云纹，双手捧盘，盘中盛宝币，右上方刻“献宝龙女”；后部刻一盝顶形龛，内刻男女供养人各一，保存较好，二像头上方分别刻有“元爱”“胡氏”字样。

三大窟中，唯独第14号莲花手观音窟拥有明确的雕凿纪年——北宋元符二年（1099年）至大观元年（1107年）——堪称安岳北宋窟龛造像的“标准器”。第7号净瓶观音窟，依据供养人像题记可知主体窟像雕凿时间应不晚于南宋绍兴二十三年（1153年）；同时据其造像风格与莲花手观音之极度肖似可知，应是北宋末至南宋初的作品。第10号拈花佛窟与二观音窟相比，从整体形制到雕刻风格，同样十分接近，故应为同时期作品；窟中重妆题记有“戊寅”干支纪年，傅成金曾推测此戊寅年很可能是绍圣五年（1098 年）或更晚的绍兴二十八年（1158 年）。若单从各窟飞天造型而论，拈花佛窟的飞天上身裸露（饰以璎珞），身姿丰腴，犹存唐风，似应为三窟中最古者；特别是二观音窟中观音立像身体均微微向中央拈花佛窟扭转，似乎亦可表明拈花佛窟最早建立，第 14 窟和第 7 窟两尊观音先后向佛“看齐”，最终三窟共同形成一个视觉上的整体。

特别值得一提的是，资中东岩摩崖石刻第 2 号龛，同样于正壁刻一释迦立像，释迦面朝左下方俯视左侧壁之迦叶，左右侧壁上部各刻一飞天，整体构图及造像风格与圆觉洞第 10 窟如出一辙，仅是迦叶尊者换了方位。且据该龛题记，年代为北宋政和年间（1111–1118 年），[12] 此亦可作为圆觉洞释迦窟断代之参考。更重要的是，据资中拈花佛龛题记可知，雕刻该龛像之匠师为安岳文氏家族的文某及其子文仲宁、文仲渊（一说仲利），并且该尊释迦像的衣纹又是极具标志性的“水波纹”样式，与圆觉洞一佛、二观音全同——这一重要细节，使得我们不得不大胆假设：或许安岳圆觉洞一佛、二观音三尊巨像皆与文氏家族有关，或者即令不是文氏作品，亦深受其雕刻作风之影响；而那极富创意的“水波纹”样式，是否亦可称作“文家样”呢？实在惹人浮想联翩，值得深入探索。

第 9 号窟圆觉洞，宽五点二五米，高四点六米，深八点六米。窟内右侧壁中央刻“圆觉洞”三个大字，笔力浑厚有力。正壁刻三尊佛，左、右侧壁各刻六尊圆觉菩萨，合为十二圆觉菩萨，同样是据《圆觉经》而经营全窟造像，布局更加接近大足宝顶山圆觉洞。可惜窟内全部造像头部和大部分身躯已毁，据吴觉非《四川安岳县的石刻》（1956）一文称，“大洞内的十二圆觉像，已残毁不全了，现只能看出一些原来石刻痕迹”。诸像现存头部、部分躯干、手臂和佛座之残损部分，皆为 1988 年修补，多以水泥补成，效果不佳，从其与身后壁面分离的关系亦可知为补刻，其艺术水准与安岳华严洞或大足圆觉洞，有霄壤之别，故不赘述。

圆觉洞虽造像受损，但窟外左壁的长篇《普州真相寺新建圆觉洞记》（编号为第 8 号）颇有史料价值。现存题记中的时间纪年已污渍漫漶、不可辨认，清道光《安岳县志》（卷二）所记碑文中有“庆历四年中秋日，元士冯侅记，景一之书”的记载，以往学者（如刘长久、胡文和、傅成金等）多据此认为圆觉洞创建于北宋庆历四年（1044 年）间。但李崇峰则通过考证认为，县志中所记“庆历四年”应为“庆元四年”之误，认为圆觉洞建于南宋庆元四年

（1198年）。[13]

碑文称“主僧了月等，穴石为洞，镌刻佛像，名之曰圆觉”，从中可知圆觉洞的开凿与命名，皆由当时真相寺住持僧了月主持。碑文中更有一段用宋儒思想来诠释佛教“圆觉”的文字，颇耐人寻味，从中亦可见宋代儒释思想融合之程度，其文曰：“夫所谓圆觉者，始于爱身，终则明道，初非难事。然吾身之所急求圆觉者，曰：父子仁，兄弟睦，朋友信，夫妇恩。利则思义，气则思和，酒则思柔，色则思节。且士务学，农力穑，工尽事，商勤志，专致好修，跬步不舍……其修也，自然而来；其德也，自然而觉。如是，一性不昧，百行充实，天福毕至矣。”[14]

佛道合流

圆觉洞南崖第71号天尊龛为唐代龛，现存造像五尊，正壁三尊，左壁两尊，右壁坍圮。龛残高一点四米，左侧龛楣浮雕六瓣团花一朵，正壁主尊头光边缘饰有五朵相同花饰，为安岳唐代龛楣、头光重要特征（图3-13）。

正壁主尊为道教天尊，盘坐于八角形束腰座上，头光内为椭圆、外为桃尖形。发髻残，面相方圆，内着两层交领衣，外披对襟道袍，胸腹间系带，道袍下摆垂覆于座上，右手置腿上，左手残。整体造像宽袍大袖、面貌端严，颇富仙风道骨。天尊左右为二真人，头均残，皆着对襟道袍，双手平置于胸前，立于莲台之上，双足穿翘头履——安岳许多道教龛或者佛道合龛之中，佛、道造像之外形尤其是服饰极为接近，若头部残损难以辨认，有一个最简便的方法可以区分，即看光脚还是穿鞋。凡穿翘头履者即道，凡跣足者即佛，即便是风化严重，穿翘头履者足部依然较厚且前高后低，从长袍下摆中翻出，而光脚者则足薄且前低后高。左壁刻一女真，头残，两根发带垂于肩侧，颈部戴项圈，身饰 X 形璎珞，外着对襟长袍，立于双层仰莲座上，姿态潇洒飘逸，与佛教窟龛中的菩萨有异曲同工之韵味——因穿长袍，更接近安岳宋代菩萨服饰，只是无精美宝冠而已，左臂在袍袖外戴臂钏。左侧龛口刻一力士，身体姿态、劲健之筋肉以及飞扬之裙摆等，满满唐风。此龛造像可作为安岳盛唐道教造像之范本。最能证明此龛

图 3 - 13
圆觉洞第 71 号龛全景
王南 摄

图 3-14
圆觉洞第 71 号龛左侧壁题记。徐浩洋 摄

年代的，则是左侧壁上部题记（图 3-14）：“……月十五日，前州仓督安岳县录事骑都尉勋官五品黎令宾，愿平安敬造天……一龛，永为供养。栖岩寺上座释沙门玄应书。”

虽然该题记中的年代信息不幸被破坏，但如前文所言，此龛造像功德主黎令宾和书写题记的高僧玄应，还出现在千佛寨唐开元二十年（732 年）题记中，玄应更出现在卧佛院开元年间刻经中，由此可知此龛造像凿造于开元二十年前后。[15] 此则题记书法挺秀清丽，为安岳龛像题记中的精品，尤其耐人寻味的是一座道教龛像竟由僧人玄应书写题记，可知唐开元年间安岳佛、道之间关系应颇为融洽。[16]

紧邻 71 号龛的 72 号龛，大部分塌毁，仅存左侧壁一身极美的菩萨造像，跣足立于莲台上，高一点六米，有椭圆形身光和头光，周遭皆饰火焰纹，残存鲜艳的朱红色泽，衬得火焰纹极其生动。菩萨头戴宝冠，长发辫垂肩，椭圆形面庞，戴耳环，颈部细长，身体修长婀娜，腹部微突起，侧面看身姿呈微妙 S 形，曲线尤美。帔帛自双肩横腹前绕双肘垂于体侧，左手横置腹部托一物（似宝珠），右手覆其上。此像虽风化严重，仍难掩其绰约风姿，实乃难得之逸

图 3 - 15
圆觉洞第 72 号龛残
一尊 S 形身姿菩萨像。

图 3 - 16
圆觉洞第 23 号佛道合龛内部全景。
袁进钊 摄

品（图 3-15）。其身姿与典型盛唐菩萨相比更纤秀一些，但从其着云肩、露双臂之造型判断，又早于宋代，或为唐末五代作品。[17]

第 23 号为一佛道合龛，令圆觉洞佛道合流之氛围更加凸显。此龛分为前廊、主室两部分。前廊宽一点九米，高一点九米，深半米，正立面接近正方形。前廊与后室之间有极短的甬道（或曰一厚门框）。主室平顶，内高外低，高一点一八至一点四四米，宽一点四四米，深一点一二米。此龛虽空间不大，但场面却颇为壮观，堪称小龛中的“鸿篇巨制”（图 3-16）。

主室三面造像，正壁、左侧壁为道教造像，右侧壁为佛教造像，尽管各壁造像造型颇为类似（尤其由于造像数量众多，易使人眼花缭乱），但从立像的脚可以轻易分清佛、道，正壁、左侧壁所有立像皆蹬翘头履，而右侧壁立像皆跣足。

正壁主尊为道教天尊坐像，有椭圆身光和桃形头光，造型颇似第71号龛天尊。其左右两侧分三层：最下层左右各立一真人、一女真（真人有椭圆头光，女真有桃尖形头光）。第二层左右各三身像，均为浮雕半身护法像。其中右侧第二尊护法手握一小儿，小儿双手合十而立，为天龙八部中夜叉；右壁第三身护法，耳廓长巨，为八部众中天部，此造型属巴蜀独创。第二层护法肩部生出一系列婀娜娉婷的莲叶与莲座，第三层高低错落刻八尊像坐于升起的莲座之上。

左侧壁下层造主尊老君及四胁侍像，胁侍像与正壁接近。老君长须，穿对襟阔袖道袍，右手执麈尾，盘坐于长方形高座上，胸腹间置三足凭几，姿态悠哉。中层四尊半身像，上层五身坐像于莲台上，形如正壁。

右侧壁下层造一佛二弟子二菩萨，主尊坐佛发髻为水波纹，托钵。中层造三尊半身护法像。主尊头光左侧一尊护法神，颈间盘蛇，为天龙八部中摩睺罗伽；右侧第一尊不详；第二尊戴虎头帽，为天龙八部中乾闼婆。上层四尊坐像于莲台之上，形如正壁。

三壁造像背景中莲叶婀娜，大量坐像高踞空中莲台之上，极富诗意。[18]

五代群龛

五代龛像为圆觉洞之大宗，数量繁多，在全国范围内看亦属罕见，其题材更是琳琅满目、蔚为大观。[19]其中，最具特色的题材是大悲观音、地藏十王、十六罗汉三种题材，皆不止一处，尤以十六罗汉最多。此外，另有军荼利明王、毗沙门天王等安岳石窟中较少见的题材。

军荼利明王

第 13 号龛与第 14 号莲花手观音龛比邻，内有圆觉洞唯一的明王造像。龛内三壁中部设环形坛，将龛分为上下两层。上层正壁造三尊佛像，均结跏趺坐于莲台上，带火焰形身光、圆形头光，主尊头顶生出两股毫光延伸至龛顶。三佛头部均残，左佛着袒右式袈裟。左、右壁上方各雕一身飞天，仅余残痕；下部各有二尊坐像残迹。

龛下层正壁造一尊三头三身六臂的明王立像。该明王面目狰狞可怖，张口，有獠牙，中央头顶上部有一尊小坐佛。立像上身袒

图 3 - 17
圆觉洞第 13 号龛军荼利明王像。

露，下身着裙，浑身肌肉虬结，六臂皆有大蛇缠绕。前方二臂交叉于胸前，两手各作跋折罗印，即两手皆以大拇指捻小指，余指皆伸直。上部二臂各执刀剑，下部二臂左执金刚杵，右执三叉戟。背后有火焰形身光，威风凛凛。由上述造型特征，尤其是六臂缠蛇之细节，辅以手印及所持法器，可知此明王应为密宗五大明王中的军荼利明王（图 3-17）。[20]

明王左右各雕四层内容，最上为仪仗旌旗等，第二层为各七个半身人像，第三层为火焰纹，最下层各有一身像，已风化不清［据刘长久《安岳石窟艺术》（1997）一书称为牛头、马面］。下层左侧壁由外到内依次刻力士、文官、女供养人像各一身；右侧壁由外到内刻力士、武士、女供养人像各一身，女供养人下方浮雕三身体量更小的供养人像。

大悲观音

圆觉洞第 21、26、37 号龛，皆以大悲观音为主题，其中前两龛保存状况略佳，37 号龛已严重残损难辨。

第 21 号龛位于南岩西端崖壁上层、大石龟右侧。正壁正中有一内凹的圆拱形浅龛，龛内造千手观音像一尊，倚坐于莲台上，双足踏莲花。像头戴高宝冠，冠中央为化佛，观音以上部双手护持化佛；中央双手合十于胸前，又有双手捧钵于腹前，双手置于膝头（左手持宝珠，右手持一串念珠），其余各手分执法器，依照佛经，原应为四十二臂（为千手观音的一种典型形象），现多已残，存二十余臂。观音两侧，上方各雕五尊坐佛于云端，合为十方佛；下方雕跪像四身、立像二身，左右各三。左、右侧壁又各造一尊坐像，坐像基座刻若干供养人像（图 3-18）。

紧靠观音左、右两侧雕穷叟与饿鬼，可与卧佛院第 45 号龛比较，造型神态相似，只是雕刻水平不及卧佛院唐代作品，但由此可知，大悲观音与穷叟、饿鬼之构图组合在安岳地区颇为流行。穷叟、饿鬼外侧分别为一呈胡跪姿势的菩萨，再外侧为一老年像和一天女像——对照敦煌莫高窟藏经洞出土的五代天福八年（943 年）大悲观音绢画的榜题，可以推断此龛二胡跪供养菩萨分别为日藏、月藏菩萨，年老者为婆薮仙，带头光天人为大辩才天女。[21] 其中，大辩才天女立像，面颊、身体皆颇丰圆，仪态雍容，应是五代时期贵妇之写照，与右侧壁坐像基座处的女供养人造型颇为接近。与之相对的婆薮仙像，为一躬身老者形象，可与第 7 号净瓶观音窟长眉长须老

图 3 - 18
圆觉洞第 21 号龛大悲观音像。

者，以及敦煌莫高窟第 3 窟壁画中的婆薮仙像相互参看。

第 26 号龛同为大悲观音题材，观音头部、宝冠保存状况较第 21 号龛更佳，整体造型与 21 号龛酷似，应为同时期乃至同批匠师之作。莲座两角各雕一尊半身力士像，高髻，圆睁双眼，头后仰，竭力托座；座两侧各雕三尊半身天王，皆双手合十。天王两侧分别为穷叟、饿鬼，菩萨手中洒落铜钱、甘露等细节，皆与卧佛院第 45 龛如出一辙。

此外，安岳庵堂寺第 10 号亦为大悲观音龛，雕凿时间为前蜀天复七年（907 年），构图与圆觉洞第 21 龛相仿：大悲观音居中，两侧刻雕出穷叟、饿鬼、婆薮仙、大辩才天女，另有两身六臂金刚像（对照敦煌同类题材可知应为碧毒金刚、火头金刚），惜该龛经近年重妆，艳俗难耐。类似的构图还能在 1939 年中国营造学社考察拍摄的乐山龙泓寺摩崖造像中见到，彼处当时保存状况比安岳圆觉洞要好得多，惜今已无存。

千佛窟

第 42 号窟为一中型石窟，亦为南崖规模最大之洞窟，由于壁面刻千佛，或可称千佛窟——王象之《舆地纪胜》中称圆觉洞旧有千佛龛，原名千佛院，或即由此窟得名。

窟平面略呈马蹄形，平顶，高三点九八米，宽四点一二米，深二点三米。窟底部环壁有双层坛，正壁于第二层坛正中又起三层坛，上造一佛、二菩萨三坐像，三像之间壁面凹龛内刻二弟子，背后有四株娑罗树作为背景。二菩萨两侧各雕一菩萨立像。其余壁面刻满小千佛，共分作上下十四层，共计一千零三十四尊，为安岳数量最大的一组千佛，惜风化严重（图 3-19）。

正壁三尊像莲座下方雕出的三层坛，上层坛面上雕八身坐像，均残。中层有六身残像，其中五尊为单腿跪姿，一为直立，均侧身

图 3 - 19
圆觉洞第 42 号千佛窟全景。

面向中间坐像。下层坛面上雕出宝池、莲花等。主尊两侧各雕一朵莲花，莲花中似有化生童子，均残。

窟顶中央为一圈卷云纹，其内刻出腰鼓、大鼓、法螺、笛、排箫、箜篌、琴、琵琶、双钹等十三种乐器，卷云纹外各浅浮雕飞天一身。窟口呈长方形，口部上方有十身坐像，或为十方佛。口部左侧上方刻骑象之普贤菩萨，右侧上方刻骑狮之文殊菩萨，二菩萨及坐骑均面向窟内。

全窟整体氛围，颇似西方极乐净土，应为“阿弥陀经变”或“无量寿经变”（下文将详述安岳此类经变题材），犹待详考。

解冤结菩萨

第43号解冤结菩萨龛，实为第42号窟外右壁上的小龛，为拱形龛。龛内分上下两层，上层正壁雕主尊——一骑牛菩萨，菩萨头残，结跏趺坐于牛背上的双层仰莲圆台上。菩萨所骑之牛雕作正面造型，虽略残，但仍生气活现，仿佛欲从壁面走出一般。左右两侧雕二牛，头朝龛外。下层为高坛，正面浮雕二牛相向而立。菩萨坐骑左侧刻一身牵牛人，右侧刻一身立像。两侧壁近龛口处分别雕祥云，左侧祥云中雕二身跪姿人像，头均残，

图3-20
圆觉洞第43号解冤结菩萨龛全景。
徐浩洋 摄

穿铠甲；右侧祥云中雕一尊像，风化严重（图 3-20）。此龛与大足北山第 209 号龛造像内容十分接近，据后者题记可知此菩萨称“解冤结菩萨”。此外，安岳千佛寨第 60 号龛亦为同一题材，但风化严重，已难辨识。

聂公龛

如前文所述，第 58 号聂公龛内造普州刺史聂真立像一尊（图 3-21），戴跷脚幞头，面残，着圆领阔袖长袍，腰束带，腰右侧挂金鱼袋（用以盛鲤鱼状的金符），双手持笏于胸前。像高二点零六米，约合七尺。

西方三圣

第 59 号西方三圣龛与聂公龛比邻，或为聂主持营建。龛残高二米，残宽二点七米，残深一点四九米。主尊高零点九米，约合三尺。正壁造一佛、二弟子、二菩萨五尊像，主尊为阿弥陀佛，左侧为观音菩萨，头冠中央刻化佛；右侧为大势至菩萨，头冠中央刻宝瓶。阿弥陀佛、观音菩萨和大势至菩萨，合称西方三圣，也是安岳石窟中常见的题材。二菩萨皆呈倚坐姿，戴高宝冠，有极高极饱满的球形发髻；佩戴极长的如花枝般的耳饰，十分独特。其中，观

图 3 - 21
圆觉洞第 58 号聂公

图 3 - 22
圆觉洞第 59 号西方三圣龛局部。徐浩洋 摄

音菩萨披通肩式袈裟，仅胸前与腿下部略饰璎珞，造型服饰风格已开始向宋代菩萨（同样多披佛衣）过渡。主尊身光两侧残存有飞天等图案。此龛西方三圣及二弟子造像呈现薄衣贴体之风格，值得注意（图 3-22）。

与第 59 号龛西方三圣类似的构图还有第 47 号龛，该龛平面略呈马蹄形，除了正壁西方三圣及二弟子之外，环壁刻上下九层小菩萨像，更加渲染出西方净土之氛围。

地藏菩萨与地狱十王

第 56、60 号龛均为地藏菩萨与地狱十大冥王（亦称十殿阎王）的组合，其中第 60 号龛保存状况较佳，二者皆为圆觉洞五代龛像中的特殊类型。

第 60 号龛东侧的第 59 号龛即由西方三圣组成的西方极乐世界，它与 60 号龛的地狱场景紧邻，真是一念天堂、一念地狱，其中寓意实在耐人寻味。第 60 号龛之顶部大半塌毁，当代用水泥修补。龛内正壁略呈弧形，主尊为地藏菩萨，左右分上下两层刻地狱十大

图 3-23
圆觉洞第 60 号地藏菩萨与地狱十大冥王龛全景。王南 摄

冥王，十王均坐于长方形几案之后，由于龛之左侧壁坍塌，故仅余八王，此外还有数量众多的附属造像（图 3-23）。

地藏菩萨结半跏趺倚坐，头戴风帽，面部风化严重，着交领衣，左手横置腹前托摩尼宝珠，右手执锡杖斜放右肩，右臂与杖身皆残。地藏下方雕千叶青莲花，右侧伏一头神兽，应为谛听——《西游记》“真假美猴王”一节曾有谛听出场辨别猴王真假的情节；左侧刻一僧躬身仰面朝向主尊，或为道明和尚。

地藏左侧上层刻二冥王，戴冠，着交领衣，坐于桌后，其中一王背后立一小吏；下层刻一冥王，作武将打扮，一吏随侍在侧，其左侧两坐像，由题记可知分别为“延年判官”“赵判官”。再外侧还可见一判官之腿部残迹。主尊右侧上层刻四王，正壁两尊、右侧壁两尊，另有随侍立像四尊，有男有女；下层刻一王，旁随侍一妇人，另有三倚坐判官，为“曹判官”等。

地狱场景出现在正壁地藏菩萨正下方，浮雕一面带柄圆镜，应即所谓“业镜”，以此镜为中心，两侧雕凿人物、鬼卒、铁狗、铁蛇等描绘地狱恶孽报应之场面，以突出此龛主题。据《益州名画录》载，吴道子曾在长安景公寺绘地狱变相，“都人咸观，惧罪修善，两市屠沽经月不售”——可知令人“惧罪修善”，乃是“地狱变相”这类题材之真正意旨所在。

第 56 号龛残损极其严重，但仍依稀可辨其总体布局，略近于 60 号龛。龛内正壁分上下两部分，上部刻主尊地藏菩萨（足畔同样刻谛听与一僧），下部雕出方形碑，主尊与碑两侧分上下两层造十王像，下方基坛正面浮雕地狱场面，虽风化不清，却依稀可辨其中人物、动物等形象动态颇佳。

圆觉洞与地藏菩萨相关的内容还可见于第 32 龛，该龛为观音与地藏二菩萨并坐龛，虽严重风化，犹能隐约辨出左观音右地藏，二像浑身苔痕累累，却颇富意境。

毗沙门天王

第 65 号龛为毗沙门天王龛。龛高一点五米，宽二点一一米，深一点一六米；毗沙门天王坐像高零点九米。若以五代一尺等于三十厘米计，约合龛高五尺、宽七尺、深四尺，主尊高三尺。其中，龛之高宽比约为一比根号二，整体比例精当。

图 3 - 24
圆觉洞第 65 号毗沙门天王龛。
徐浩洋 摄

龛内底部为倒“凹”字形低坛，坛上造像。主尊为毗沙门天王坐像，两侧依次立二武将、二文吏、二武将。毗沙门天王即北方多闻天王，该题材流行于盛唐、中晚唐及五代时期，常作为主像供养。据郭若虚《图画见闻志》载，北宋东京（汴梁）大相国寺“十绝”之一即唐玄宗时期的毗沙门天王像。本龛毗沙门天王头戴云纹高冠，阔面重颐，相貌威武，身着长袍，外罩护心铠甲，右手托宝塔于胸前（塔已残），左手置膝上。足两旁刻二夜叉，皆为半身像，各伸出一手托住天王双足。二夜叉间刻一地鬼，已风化不清。左、右二武将皆披发，束发带或戴兜鍪，怒目圆睁。右侧武将右手扛宝剑于肩，左手跷起大拇指放在胸前，左侧武将右手执三叉戟，左手动作与右侧武将同，二像动作、姿态皆颇富喜剧色彩。唐代僧人皎然有《周长史昉画毗沙门天王歌》，其中有“降魔大戟缩在手，倚天长剑横诸绅”之句，圆觉洞的毗沙门天王则将三叉戟和倚天剑交与两侧武士（图 3-24）。

同样题材与类似布局可见于大足北山第 5 号龛，大足的天王为立像，且雕饰更加繁丽。若与巴蜀五代造像进行横向比较，可将主尊天王与成都前蜀永陵（即王建墓）的王建像相较，两侧武将则可与王建之皇后墓出土武将比较，造型风格皆十分类似。

十六罗汉

蜀中僧人贯休以善画罗汉著称，《益州名画录》记其“画罗汉十六帧，庞眉大目者，朵颐隆鼻者，倚松石者，坐山水者，胡貌梵相，曲尽其态。或问之，云休自梦中所睹尔”。圆觉洞五代诸龛中最兴盛的题材即十六罗汉，第 33、39、40、63、69 等五座龛均为此题材，其中第 39、40 号龛为上下相叠的两座十六罗汉龛。五龛造像布局基本一致，正壁居中位置大多雕一佛、二弟子、二菩萨，两侧分上下两层雕十六罗汉，由正壁转至侧壁。其中，第 33、39、69 号龛中，佛与菩萨之组合为释迦、文殊（骑狮）与普贤（骑象）；而第 40、63 号龛中则为阿弥陀佛、观音与大势至，即“西方三圣”。

以上五龛中，以第 40 号龛规模为最大，且各像题记保存较完整，可以作为诸龛之代表。正壁中央下部有高坛，坛上造一佛、二弟子、二菩萨五尊像，两侧分上下两层造十六罗汉像。左、右二菩萨皆为倚坐姿（右侧菩萨头部犹存，惜风化严重），分别有“势至”“观音”题记。十六罗汉皆有题记并注明供养人姓名，大多可

图 3 - 25
圆觉洞第 39、40 号十六罗汉龛（上下双龛）全景。王南 摄

辨，由此可知十六罗汉排列顺序为：上层雕第一至第八尊者，下层雕第九至第十六尊者，每层皆从龛内左侧壁开始，至正壁再到右侧壁结束，估计其余诸龛亦同此。可惜此龛诸像除右侧菩萨之外，头部全残。

第 39 号龛位于 40 号龛正上方，正壁中部雕高坛，坛上造一佛、二弟子、二菩萨（分别为骑狮文殊与骑象普贤），两侧分上下层雕十六罗汉像，正壁每层四尊，左右壁每层二尊。所有造像皆正襟危坐，较呆板，不及 40 号龛罗汉之姿势各异，不过胜在有几尊菩萨、罗汉头部尚存。

第 39、40 两龛正好构成圆觉洞十六罗汉龛的两大类型。此外，二龛上下相叠，龛口尺寸存在精确的比例关系：第 40 号龛高二米，宽三点四七米；第 39 号龛高一点四三米，宽二点四二米。二者的高宽比均接近三比五——可知两龛的正立面为两个相似长方形；不仅如此，40 号龛的高、宽分别为 39 号龛高、宽的根号二倍，面积则为后者的二倍。综上可知，第 39、40 二龛应为同一批匠师统一规划设计的结果（图 3-25）。[22]

此外，第 63 号龛尚存一完整罗汉和一组较清晰浮雕故事图，第 33 号龛左侧上层第二尊罗汉座前雕乌龟等诸多细节皆颇富趣味。第 69 号龛风化病害在诸龛中最严重，但又是唯一留有珍贵雕凿纪年的一龛，其正壁下方题记《灵居山新镌一佛二菩萨十六罗汉龛记》有“武成二年”“门师法住供养”“门师体儒供养”等字样。其中，前蜀武成二年（909 年）为龛像雕凿年代；而“体儒”之名还出现在第 22 号龛[23]题记中，该题记内容有雕凿时间——“大蜀天汉元年”；主人与匠师——“院主僧体儒，镌造都料勾从本”。综上可知，体儒应为五代时期圆觉洞重要僧人，一度出任住持，南岩异彩纷呈的五代窟龛，除了已知的第 22、69 号龛之外，或许还有一些龛像由他主持雕凿。而出现在 22 号龛题记中的镌造都料勾从本，同时还出现在庵堂寺第 10 号龛前蜀天复七年（907 年）题记中，该龛为大悲观音题材，造像风格与圆觉洞第 21、26 号龛均极为接近（惜被当代妆彩破坏），加之 21、22 号龛位置紧邻，因此圆觉洞的大悲观音龛亦颇有可能为勾从本及其匠师团队镌造。

四

十炼苦行创密宗

前文所述圆觉洞的五代窟龛中有不少密宗题材，如大悲观音、毗沙门天王、军荼利明王等。但安岳最富四川密宗色彩的石窟，则非毗卢洞莫属。毗卢洞位于安岳县城东南五十公里石羊镇油坪村塔子山（旧名龙归山）上。现存主要窟龛五座（另有若干空窟龛），造像四百六十五躯，碑文题记三十二处。

大型龛像“柳本尊十炼图”（下文简称“十炼图”）与紫竹观音龛，为安岳石窟中两大顶尖杰作。此外，毗卢洞造像题材还包括柳本尊三身像、华严三圣、千佛小圆龛、八难观音、玉皇大帝等。与柳本尊相关的四川密宗内容，为毗卢洞龛像的最重要主题。

毗卢洞所存多处碑刻、题记，为探讨其窟龛造像年代，尤其是“十炼图”龛与紫竹观音龛的年代提供了宝贵线索——尽管这两件杰作均未留下确切雕凿年代的记录。其中，紫竹观音龛右侧壁明万历三十九年（1611 年）《观音殿新竖万年灯记》有云：“闻自唐代有西人柳本尊者，为诸众生开示觉悟梯航。勒大士像于毗卢山之右……”有学者据此认为紫竹观音龛为毗卢洞最早雕凿，年代约为唐末五代，不过由紫竹观音造像风格判断，或为北宋作品（详见后文）。第 2 号窟幽居洞右侧壁清咸丰六年（1856 年）《重装水井殿大佛三尊金身碑记》称“厥山龙归，厥寺毗卢。爰考邑乘，创自宋初”。清乾隆《安岳县志》记“龙归毗卢寺，治石羊镇，宋时建”，与幽居洞题记颇吻合。许多学者皆据此认为“十炼图”龛为宋初开凿。[1] 最重要的是，“十炼图”龛题记内容中出现了“宋神宗皇帝熙宁年敕赐”柳本尊在弥蒙所创道场“寿圣本尊院”名号的描述，[2] 由此可以明确断定毗卢洞“十炼图”龛的创建年代不会早于宋神宗熙宁末年（1077年），因为“神宗”乃是庙号（即帝王在庙中被祭祀时的名号），但其具体雕凿时间依然无法确定。

不少学者认为“十炼图”龛为北宋作品，而大足宝顶山几乎同样构图的“十炼图”龛雕凿于南宋淳熙年间（1174–1189年），后者应是对前者的模仿。但是也有学者持恰恰相反的意见，认为毗卢洞“十炼图”是仿造大足“十炼图”的作品。[3] 还有学者认为毗卢洞“十炼图”与大足“十炼图”年代接近，皆为南宋作品。[4] 以上争议，为本已十分神秘的柳本尊及其所创密教又添加了一重神秘色彩，亦为安岳石窟造像中一大难解公案。

本尊十炼

毗卢洞第1号龛即“十炼图”大型群像龛，从今天的景区入口刚踏入数步，此龛便于右手边乍现，予人一种扑面迎来、目不暇给之感。特别是由于龛前一块天然巨岩的阻挡，令观者与“十炼图”龛的距离近在咫尺，更有一种几十尊造像排山倒海而来的压迫之势。

此龛高五点四三米（取正壁中央高度），宽十四点二米，[5] 雕刻柳本尊以居士身份经过“十炼”最终修行成佛的历程，为大型“连环画”式叙事雕像群，在安岳石窟中为独一无二的题材，并与大足宝顶山大佛湾第21号龛“十炼图”遥相呼应。中央主尊为毗卢遮那佛（此即毗卢洞名称之来由），其左右两侧分上下两层刻“十炼”场景：上层刻第一炼至第六炼，主尊右侧，由远及近分别为第一、三、五炼；主尊左侧，由远及近分别为第二、四、六炼；下层刻第七至第十炼，同样是右侧由远及近为第七、九炼，左侧由远及近为第八、十炼（图4-1）。每一炼场景中，除中心人物柳本尊之外，还有一些附属造像，包括佛、菩萨、天王、明王以及与“十炼”情节相关的世俗人物。上层六尊柳本尊造像下方皆有长方形榜题，内刻“十炼”的具体内容，成为考证全组造像及了解四川密宗（由于奉柳本尊为教主，因此有学者直接称之为“柳教”）的珍贵文献史料。下层左右两端雕武将、差吏各两尊，二差吏靠内，二武将镇守龛之两端。

下面逐一细览“十炼图”的丰富内容。

中央毗卢遮那佛之整体造型与华严洞主尊极其接近，从宝冠、衣饰到手印皆近似，连尺寸都几乎完全相同。华严洞与毗卢洞皆属石羊镇，位置毗邻，两尊毗卢佛极有可能为同一时期（乃至同一派匠师）作品。然而，毗卢洞与华严洞主尊的最大不同在于，其面部并未依照佛像的一般制式雕刻，而是与左右两旁“十炼图”中的柳本尊（作居士状）之相貌相同——这一重要设计，充分点明了“十炼图”龛所要表现的柳本尊修道成佛的主旨（图4-2）。第六炼（即“炼心”）的题记中有一段文字，恰可作为该主题的最佳注脚：

图 4 - 1
毗卢洞“柳本尊十炼图”。

图 4-2
毗卢洞“十炼图”主尊与柳本尊相貌比较。左：毗卢洞主尊头部；右：第九炼柳本尊头部。徐浩洋 摄

“大藏佛言：‘本尊是毗卢遮那佛，观见众生受大苦恼，于大唐大中九年六月十五日，于嘉州龙游县玉津镇天池坝显法身出现世间，修诸苦行，转大法轮。’”

此题记已明言柳本尊即毗卢遮那佛，且写明柳本尊的出生时间与地点，是关于柳本尊的重要文献史料。此外，主尊的宝冠上方，刻有一座八边形（或六边形）攒尖顶单层小塔，塔顶放出两道毫光伸向龛顶，塔身正面开一拱形龛，龛内刻一尊坐像，露顶，卷发（惜面目风化严重），穿交领大袖服，结禅定印——这正是柳本尊造像，与第二炼、第七炼中的柳本尊像如出一辙，进一步强化了此龛主题。主尊基座下方雕二武将托座，仅露上身，皆瞠目咧嘴，孔武有力，此种处理亦可在成都前蜀永陵以及安岳圆觉洞五代大悲观音等龛像（详见前文）中见到。

图 4-3
毗卢洞"十炼图"第一炼：炼指。
徐浩洋 摄

上层右侧最靠外一组为第一炼——炼指。据题记可知，讲述的主要情节是柳本尊于唐光启二年（886 年）"偶见人多疫疾"，于是在自宅的道场中"炼左手第二指一节，供养诸佛，誓救苦恼众生"，这一举动感动了圣贤，指引他道"汝当西去，遇弥即住，遇汉即回"。柳本尊作居士打扮，头戴平顶四方巾，身着交领宽袖衫（十炼中除第二、七炼之外，其余皆同此），结跏趺坐，右手抚膝，左手平置胸前，食指第一节上刻一团火苗，表现"炼指"场面（图 4-3）。柳氏的十指皆极为纤细修长，手指甲尤其细长，远过常人。值得注意的是柳本尊面容安详，双目微闭，嘴角略带微笑，似乎毫不以火焚手指为苦，这是"十炼"场景的共同特点，并不刻意渲染十炼苦行之痛苦情状。还有一个十分有趣的细节，柳氏左手与身体之间由一大团火苗相连，既表现了炼指的主题，同时又保证了手的结构稳固，十分巧妙。这一手法在多座柳本尊像中均有运用，整个造像群的手部均保存较佳，与此匠心独运密不可分。柳本尊右侧雕柳树一株，主干上部凸出一团大瘿，恰是对龛顶题记中所言"本尊教主者，始自嘉州城北有柳生瘿，久而乃出婴儿"的表现。柳树右侧刻一立佛（右半身严重残损），面朝"炼指"的柳本尊，应即题记中所云指引本尊的"圣贤"。

上层左侧最靠外一组为第二炼——立雪。讲述柳本尊于光启二年（886年）十一月游峨眉山瞻礼普贤时，“遇大雪弥漫，千山浩白”，于是在峰顶大雪中凝然端坐（效仿释迦牟尼雪山六年修行成道），最终“感普贤菩萨现身证明”。此处的柳本尊脱帽露顶，留短发（微卷），凝然端坐，与大足宝顶山小佛湾《唐柳本尊传》碑（南宋摹刻）所云“居士露立雪中凡一昼夜，俨然无变色”[6] 相符。柳氏背后刻出层峦叠嶂、林木茂密，示意峨眉山景。其左侧刻普贤菩萨立像（与第一炼立佛左右遥对），其衣饰、造型颇类圆觉洞北宋观音大像，右腿侧山岩后露出白象前半身，可惜白象之长鼻中断，余下部分若一尖嘴状，原长鼻之端头仍残留山岩之上，清晰可辨（图4-4）。

图4-4
毗卢洞“十炼图”第二炼：立雪。
徐浩洋 摄

上层右侧中间组为第三炼——炼踝。讲述柳本尊久坐峨眉，忽有一僧谓之曰：“居士止此山中有何利益，不如往九州十县救疗病苦众生。”于是他离开峨眉山，于天复[7] 二年（902年）正月十八日，“将檀香一两为一炷，于左脚踝上烧炼，供养诸佛，愿共一切众生举足下足皆遇道场，永不践邪谄之地。感四天王为作证明”。此处柳本尊回复居士装，双手合十胸前，左踝冒起一团火苗。身后左右两侧分上下两层雕刻四大天王，颇威武雄壮。下层右天王托塔，左天王执金刚杵；上层右天王拄剑，左天王拄斧，左天王大袖随风飘举，极富动势（图 4-5）。

上层左侧中间一组为第四炼——剜眼。讲述柳本尊至汉州，忽忆起圣贤曾言“遇弥即住，遇汉即回”（见第一炼），于是赴弥蒙。一日汉州（今广汉）刺史赵君差人来请施舍眼睛，称是用作药剂，柳本尊以戒刀剜眼付与来人，“殊无难色，感金刚藏菩萨顶上现身”。赵君看到柳本尊所舍之眼，惊叹曰：“真善知识也！”于是投身忏悔。时为天复三年（903 年）七月三日。柳本尊像右手执戒刀剜右眼，左手执一巾帕准备接眼，确是“殊无难色”。仔细观察可以发现，其左眼微睁，而正要被剜去的右眼紧闭，戒刀已至眼帘，刻画入微（图 4-6）。戒刀背面亦雕成类似火焰或云朵状纹饰，起固定支撑作用。柳本尊左下方刻一小吏（仅刻上半身），仰望本尊，双手托盘从旁接眼，情状生动。左上方刻金刚藏菩萨，造型与普贤

图 4-5
毗卢洞“十炼图”第三炼：炼踝。
徐浩洋 摄

图 4-6
毗卢洞“十炼图”第四炼：剜眼。
徐浩洋 摄

菩萨接近，宝冠中央有小化佛，惜菩萨面庞下部残。

图 4-7
毗卢洞“十炼图”第五炼：割耳。
徐浩洋 摄

上层右侧最内一组为第五炼——割耳。讲述柳本尊前往金堂、金水等地行化救病，并于天复四年（904 年）二月十四日午时，“割耳供养诸佛，感浮丘大圣顶上现身，以为证明”。此时柳本尊右眼已眇，左手执左耳，右手执刀正欲割耳，左小臂全露在外，衣袖皆撸至大臂，动作自然逼真（图 4-7）。右侧上方雕浮丘大圣，戴头盔，环眼圆睁，帔帛绕肩，左臂高举一蛇。据大足宝顶山小佛湾《唐柳本尊传》碑文，此处证明者为“深沙神现身空中”，[8] 可知浮丘大圣应即密教护法神“深沙神”——胡适、李小荣等学者均认为深沙神乃是《西游记》中沙僧的原型。[9]

上层左侧最内一组为第六炼——炼心。讲述柳本尊于天复五年（905 年）七月三日，“以香臈（蜡）烛一条炼心，供养诸佛，发菩提心……令一切众生永断烦恼。感大轮明王现身证明”。柳本尊右目眇、左耳残（之后各炼均同），呈向左侧身倚坐之态，左臂轻靠椅背，手中执一串念珠（部分残），右膝跷起，右手自然垂于膝头（亦有小火苗与膝盖相连），心口一团火苗熊熊燃烧——其轻松自如之姿，与心口烈焰形成鲜明对比（图 4-8）。柳本尊身后左侧刻大轮明王立像，红发倒竖，怒目圆睁，脸下部残，六臂，中二臂抱拳于胸前，上二臂分持金刚轮及经夹，下二臂右手持剑，左手残（似执金刚杵），一道长帔帛绕两肩，随风飘举，其勇武造型恰与第五炼“割耳”右侧浮丘大圣呼应（图 4-9）。柳氏右侧刻一立佛，与前引题记中“大藏佛言：本尊是毗卢遮那佛”一段相对应。

下层右侧靠外一组为第七炼——炼顶。讲述柳本尊于天复五年（905 年）七月十五日以蜡烛炼顶，效仿释迦鹊巢顶相、大光明王舍头布施，“感文殊菩萨顶上现身，为作证明”。与第二炼立雪类似，此处柳本尊脱帽露顶、呈卷发造型，头顶一朵火苗，左手托一经书于胸前，右手抚膝。柳本尊右下方有一半身像，右手执刀置于脑后，左手扶冠（？），有学者认为这是表现“大光明王舍头布施”，但也有学者认为这是表现第九炼题记中所述丘绍夫妇的二

图 4 - 8
毗卢洞“十炼图”第六炼：炼心。
徐浩洋 摄
图 4 - 9
第六炼柳本尊左侧大轮明王立像局部。

女削发，而大光明王则是位于柳本尊头部上方山石中凶神恶煞者。究竟孰是，犹待进一步考证。柳本尊右侧刻文殊菩萨立像，造型与普贤、金刚藏菩萨类似，手执莲花靠于右肩，莲秆及右手均残；左足边露出青狮头部，对着本尊张口吐舌。文殊右侧还有护法守护碑一通（图 4-10）。

下层左侧靠外一组为第八炼——舍臂。讲述柳本尊于天复五年（905 年），在“成都玉津坊道场内，截下一只左臂，经四十八刀方断，刀刀发愿，誓救众生，以应阿弥陁（陀）佛四十八愿，顶上百千天乐不鼓自鸣”，当地官吏谢洪将此事向蜀王表奏，“蜀王叹异，遣使褒奖”。柳本尊左臂衣袖高高撩起，露出臂膀，右手执

图 4 - 10
毗卢洞“十炼图”第七炼：炼顶。
徐浩洋 摄

图 4-11
毗卢洞"十炼图"第八炼：舍臂。
袁进钊 摄

刀正向左臂砍去……头部上方锣、鼓等诸般乐器飘浮空中，以示"百千天乐不鼓自鸣"。其右侧刻一立佛，表示"以应阿弥陁（陀）佛四十八愿"。左侧立一名文官，身着典型宋代官服，手执香炉，态度恭谨，应是向蜀王表奏的谢洪。文官下方又有一官吏半身像，横眉怒目、神情蛮横（与上部文官对照鲜明），左手执旗，右手高举圣旨，应是蜀王使者（图 4-11）。

第七炼"炼顶"和第八炼"舍臂"之柳本尊下方，各有一文官半身像，皆手持笏板，呈对称之姿，王家祐推测二者分别为柳本尊弟子杨直京与汉州太守赵君（见第四炼"剜眼"），可备一说。

下层右侧靠内一组为第九炼——炼阴。讲述的是天复五年（905 年）十二月中旬，马头巷丘绍得病身死，其家人向柳本尊求救，"合家发愿，若得再生，剪发斉（齐）眉，终身给侍。本尊具大悲心，以香水洒之，丘绍立甦。于是丘绍夫妇、二女俱来侍奉，以报恩德，不离左右"。同年闰十二月十五日，"本尊用蜡布裹阴，经一昼夜烧炼，以示绝欲，感天降七宝盖，祥云瑞雾，捧拥而来。本界腾奏，蜀王叹服"。"炼阴"场景中，柳本尊与"炼心"一幕类似，采取了舒服自在的右侧斜倚之姿，右臂倚靠枕上，右膝跷起，从两腿间隐隐有火苗升起，以示炼阴——通过这一悠闲放松的姿势，

图 4 - 12
毗卢洞“十炼图”第九炼：炼阴。
图 4 - 13
第十炼场景下部托臂侍女，应是丘绍夫妇的二女之一。
徐浩洋 摄

遮挡了不宜表现的内容，极具巧思。在“十炼”场景中，以此尊面部表情和身体姿态最轻松自如，微笑的嘴角，自然下垂的衣角、衣带及右手轻执的靠枕系带，均增添了整尊造像的松弛感，与“十炼”苦行形成极富戏剧性的反差（图 4-12）。柳本尊头顶上方雕七宝盖、祥云瑞雾。其左侧刻一妇人立像（位于毗卢佛右侧），与毗卢佛左侧一男子立像构成一对，有学者推测此二人为丘绍夫妇，[10] 为报恩而侍奉于柳本尊（亦即毗卢佛）左右。柳本尊右下方刻一侍女，短发（与第二炼立雪的柳本尊类似），手捧托盘，内盛柳本尊左耳（与割耳相关联）；与之对称位置上，在第十炼场景下部也刻有一同样造型侍女，手中托盘盛柳本尊左臂（与舍臂相关联）——此二人应是丘绍夫妇的二女，皆作半身像，其重要特征是剪发齐眉，二像皆笑容可掬，左侧一像气韵尤为生动，为整组龛像中最具亲和力的人物，二女之笑容大大化解了手托残耳、断臂的恐怖气氛，是极其成功的艺术处理（图 4-13）。柳本尊右侧刻一文官立像，留长髯，手持笏板，与第八炼中的谢洪构成呼应，应是题记中所提到的向蜀王上奏者。

下层左侧靠内一组为第十炼——炼膝。讲述蜀王钦仰柳本尊日久，诏问曰："卿修何道，自号本尊？卿禀何灵，救于百姓？"本尊对曰："予精修日炼，誓求无漏无为之果，专持大轮五部秘咒，救度众生。"于天复六年（906年）正月十八日，"烧炼两膝，供养诸佛，发愿与一切众生龙华三屷（会），同得相见"。最后一炼的柳本尊，目眇、耳残，左侧衣袖低垂，袖内空空如也，双膝裸露，各燃火苗。在其右侧刻多层佛塔一座（下部隐于云中），各层檐下皆刻垂幔华绳，上部三层塔身正面皆有一圆龛，龛内各刻一坐佛，共计上、中、下三佛，[11] 应是象征"龙华三会"，指弥勒菩萨于龙华树下成道的三会说法，源出弥勒降生思想（图4-14）。

图4-14
毗卢洞"十炼图"第十炼：炼膝。徐浩洋 摄
图4-15
毗卢洞"十炼图"龛左侧差吏，留有卷曲胡须。徐浩洋 摄

图 4 - 16
毗卢洞“十炼图”右壁武将像。

最后来看位于龛两端的二差吏及二武将。差吏打扮颇似京剧中的武松，左右差吏皆望向中央主尊方向，双目圆睁极尽夸张，眼珠几乎要瞪出眼眶，双手交叠于胸前作托物状，其中左差吏带有卷曲的胡子，气韵更胜右差吏一筹（图 4-15）。二武将皆高约二点七米，雄浑有力、气宇轩昂，气势之威严为安岳同类题材之冠。二将皆微侧首望向龛外，转头方向正与差吏相反。左将头戴兽头兜鍪，浓眉倒竖，瞠目咧嘴，身穿锁纹甲，右手执剑，左手握住右臂。右将戴头盔，瞪目抿唇，装束略同左将，右手拄着一把板斧、手按斧头，左手同样按在右臂之上（图 4-16）。二将本已威风凛凛，加之盔带、帔帛及袍袖若迎风飘舞飞动，更增二人渊渟岳峙之概，镇守于龛之两端，令全龛构图凝重沉稳。

构图匠心

“十炼图”龛在整体构图上，左右呼应，十分耐人寻味。比如，位于主尊右下方的第九“炼阴”和位于主尊左上方的第六“炼心”中，柳本尊皆采取侧倚之姿，且二者呈“镜像”之状，而又一高一低，避免了完全对称，十分巧妙，这两尊像在全龛造像中也起到了重要的“活跃气氛”的作用，与其他诸炼中正襟危坐的柳本尊构成对比。再如，第二“立雪”与第七“炼顶”之柳本尊皆脱帽露顶，二者又是一在左上、一在右下构成呼应。又如，第四“剜眼”、第五“割耳”、第八“舍臂”，皆有比较剧烈的动态，三者相互呼应，二在左（一上一下）、一在右上；另外三炼即“炼指”“炼踝”“炼膝”则相对平静，二在右上、一在左下，亦相呼应。附属造像同样左右呼应，如第一炼立佛与第二炼普贤，左侧大轮明王与右侧浮丘大圣，主尊两侧丘绍夫妇，左右两侧向蜀王上奏的文官，阿弥陀佛与文殊，最下层半身像中左右托座力士，剪发齐眉的一对侍女，一对执笏文官，蜀王使者与大光明王，二差吏与二武将，乃至于主尊左侧佛塔与右侧七宝盖，不一而足。

综观全龛布局，以中央主尊为中轴，两侧均匀分布“十炼”情节，奇数在右，偶数在左，十个场面涉及的数十尊造像秩序井然，人物大致呈均衡构图，但又不严格对称，左右照应、动静交替，形成丰富变化的节奏与韵律，构图既富于整体感又充满微妙的变化，实乃中国石窟龛像中的大手笔杰作。

通过对此龛造像群的测绘分析，可以进一步了解宋代不知名大匠经营此龛的匠心所在。与华严洞类似，“十炼图”复杂无比的造像群，同样在“经营位置”方面运用了一尺[12]见方的网格进行设计控制。全龛总高（从龛内地面至龛顶）十八格，即十八尺；总宽四十七至四十八格（龛左右壁形状略不规则），中轴线左侧宽二十四格，右侧宽二十三格强。中央主尊坐高九格（九尺），宽六格（六尺），高宽比为三比二，与华严洞主尊完全相同。主尊下部基座高五格（五尺），故主尊通高（冠顶至地面）十四格（十四尺）。主尊基座的顶面，同时也是下层第七至第十炼场景的底部，由此至龛顶共十三格（十三尺），被平均分为上下两段，每段高六格半（即六尺五寸），上层刻第一至六炼，下层刻第七至十炼；最下面高五格（五尺）的空间刻诸半身像——上、中、下三层的划分一目了然。在水平方向上，每两炼的故事情节之间，主人公柳本尊的间距皆在六格左右（有时达到六格半），故事画面分布均匀（图 4-17）。

除中央主尊之外，各不同造像的尺度也在网格的精密控制之中。各正襟危坐的柳本尊，皆高五格（五尺），高宽比三比二（与主尊同）；炼心、炼阴两尊斜倚的柳本尊，高宽皆为五格（五尺）。两侧差吏皆高八格（八尺），武将皆高九格（九尺）。各半身像中，大光明王、二侍女高约五格（五尺），二文官及蜀王使者高约四格（四尺），二抬基座力士高约三格（三尺）（图 4-18）。

与华严洞类似，“十炼图”龛正壁同样微微呈弧形，一众造像对观者略呈环抱之势，酷似今天的电影大屏幕，从中可见安岳古代大匠对于视觉艺术之独到匠心。

综上可知，即便如“十炼图”这般人物众多、情节复杂，令人目不暇给的大规模造像群，古代安岳的能工巧匠，同样是巧妙运用一尺方格对其进行整体把握，甚至应是提前绘有带比例尺、方格网的“小样”，从而保证全组造像整体和谐的艺术效果，又是一个古代石窟造像中“经营位置”的绝佳实例。

与安岳“十炼图”堪称姊妹篇的杰作，是大足宝顶山大佛湾第

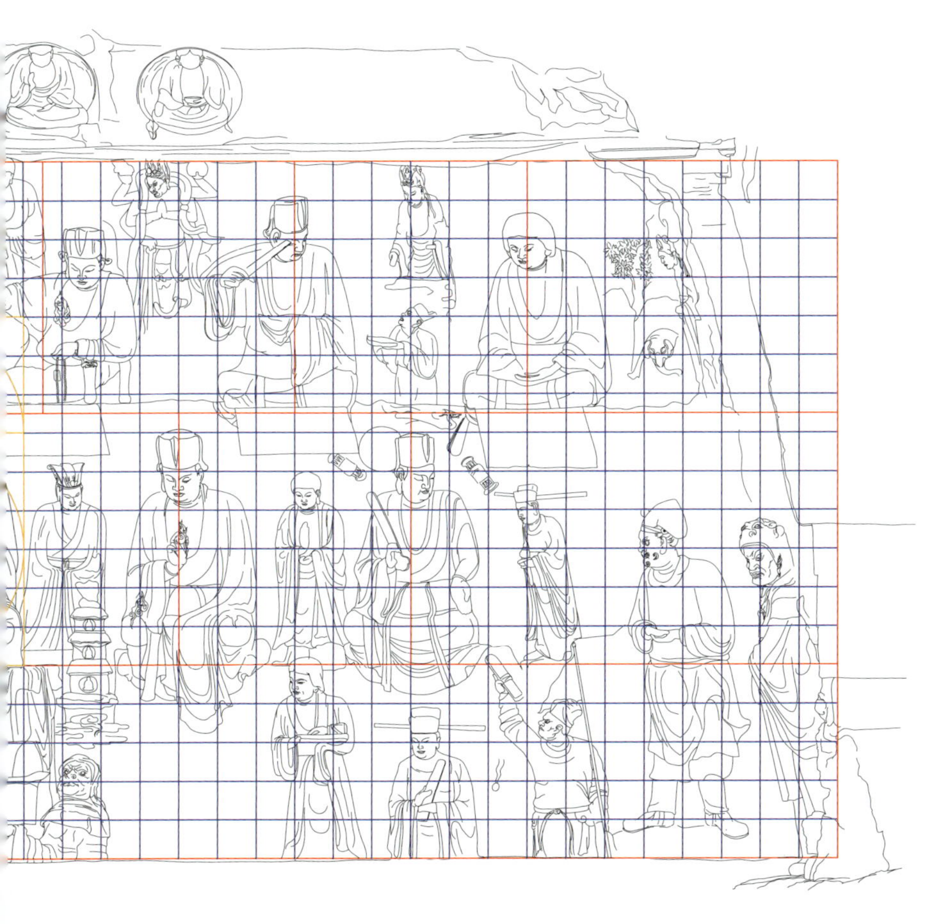

图 4 - 17

毗卢洞“十炼图”正立面“经营位置”分析图（图中蓝线方格网为一宋尺见方）。

王南 绘；底图由冯棣、冷婕 等测量，高靖、袁进钊 等绘

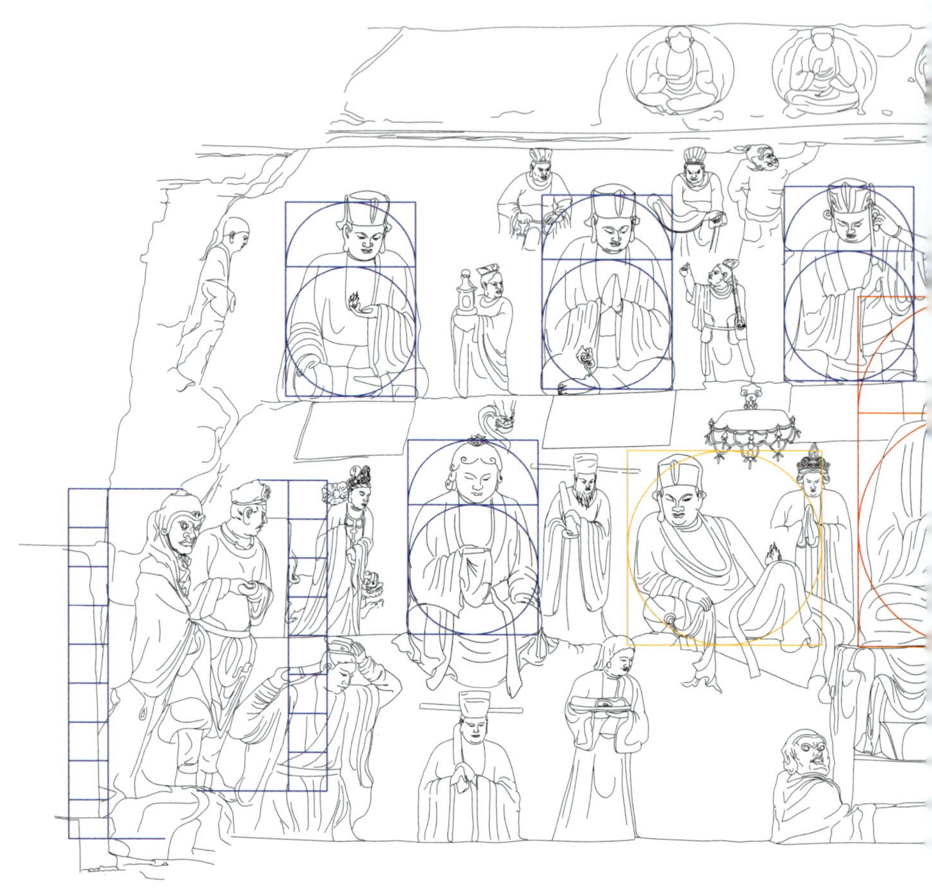

图 4 - 18

毗卢洞"十炼图"主要造像比例、尺度分析图（图中蓝线方格网为一宋尺见方）。

王南 绘；底图由冯棣、冷婕 等测量，高靖、袁进钊 等绘

图 4 - 19
大足宝顶山大佛湾第21号龛“柳本尊十炼图”全景。袁牧 摄

21号龛“十炼图”。[13] 大足“十炼图”龛规模更大，高十四点六米，宽二十五点四米，深七点五米。其与安岳最大的差别是直接以柳本尊居士像作为中央主尊，取代了毗卢遮那佛，同时毗卢佛成为柳本尊所戴方巾中央的化佛，恰与安岳“十炼图”的设计相反，更加强化了对柳本尊的尊崇（图 4-19）。另一个细节上的差异是，安岳的柳本尊居士面目丰颐，不蓄须，而大足的柳本尊（包括中央主尊和“十炼”的主人公），衣饰虽与安岳接近，但面容清癯，留三绺长须，呈现出与安岳柳本尊大相径庭的形象特征。此外，大足“十炼图”的位置经营亦略有别于安岳：“十炼”画面集中在最上层，奇数在右、偶数在左，略显拥挤，不如安岳分作上下两层疏朗而富于变化；中层刻一众弟子、侍从全身像，数量略多于安岳，但亦不及安岳下层人物半身像更具创造性；[14] 下层原计划刻十大明王，此为安岳没有的全新设计，惜最终未能完工（学者推测或因蒙古入侵而中辍）；龛两端亦无二武将及二差吏。龛顶中央书“唐瑜伽部主揔

（总）持王”，龛额五方佛圆龛之外侧，又添四菩萨圆龛，共计九座圆龛。[15] 总体看来，大足“十炼图”龛与安岳有颇多相似之处，尤其各炼人物造型大同小异，题记内容也多数重复（仅比安岳减少几段文字），个别人物样式几乎原样复制，但是总体构图的位置经营还是发生了较多变化，主尊则发生了根本性的改变。

由于安岳与大足这两处“十炼图”内容十分接近，有论者认为二者雕凿时间接近，甚至有人认为二者或为同一批匠师作品。但从两处“十炼图”造像的造型比例来看，还是可以清楚地看出二者的显著差别（正如安岳华严洞和大足宝顶山圆觉洞菩萨造像的差别一样）：大足“十炼图”造像的头部比例明显大于安岳的同类作品。以柳本尊居士像为例，安岳“十炼图”中，柳本尊头高（含方巾）与坐高之比接近一比三，而大足“十炼图”中柳本尊头高（含方巾）与坐高之比则接近二比五。不仅柳本尊如此，佛、菩萨以及一般人物造像，大足造像的头部比例，均明显大于安岳造像。此

图 4 - 20

安岳与大足造像头身比例比较。自左至右：①安岳毗卢洞第九炼柳本尊像；②大足宝顶山大佛湾第 21 号龛柳本尊主像；③安岳华严洞威德自在菩萨像；④大足宝顶山大佛湾第 21 号龛菩萨像。

（①③）徐浩洋 摄 （②④）袁牧 摄

外，菩萨头冠的高度也明显大于面部高度，而在安岳造像中二者大致相等。因此单以两地造像头身比例论，安岳造像比例得当，而大足造像则略嫌头重脚轻（图 4-20）。[16] 笔者据此初步推测，头身比例更加和谐的安岳毗卢洞“十炼图”（包括华严洞造像）为北宋作品；而大足宝顶山“十炼图”（包括圆觉洞造像）应是南宋时模仿前者之作——当然目前也仅能做推测，犹待未来深入考证。[17] 大足“十炼图”造像，不仅造型比例不及安岳，整体气韵与和谐之感亦逊安岳作品一筹；在宝顶山造像群中，其艺术水准亦不算杰出。

异体奇字

除“十炼图”及其榜题之外，毗卢洞第 1 号龛尚有题记多处。据文献记载，龛顶中央刻有“毗卢庵”三个大字，今依稀可辨。

上部龛额内容亦颇丰富。中央雕五座圆龛，内刻五尊坐佛，依据大足小佛湾《唐柳本尊传》碑文可推知，此为密宗金刚界五方佛，中央为大日如来佛（亦即毗卢遮那佛），两侧分别为东方阿閦佛、西方阿弥陀佛、南方宝生佛、北方不空成就佛。中央三尊佛为

图 4 - 21
毗卢洞“十炼图”龛额圆龛坐佛像。
徐浩洋 摄

螺发，最外侧两尊佛皆为卷发，颇似“十炼图”中柳本尊造型。各坐佛衣角自圆龛下方溢出左右两片，打破圆龛边界之局限，颇生动，为安岳此类龛像之共同特色（图 4-21）。

五佛龛两侧刻有两组题记及对联，形式对称工整：最外侧为大字，左为“天长地久”，右为“国泰民安”；向内为中等字体，左为“菩萨因中誓愿”，右为“显扬护国降魔 ”；再内为小字体，左为“定果熏修真秘密”，右为“正心莫作等闲看”——此二句引自宋太宗《佛牙赞》一诗。最内侧为题记，字体最小。左题记曰：“本尊教主者，始自嘉州城北有柳生瘿，久而乃出婴儿，邑都吏收养。父没，继其职，以柳为氏。审详斯义，岂在今之操修？自凡入圣，即法身也。梵语‘毗卢遮那’，华言‘遍一切处’，或云‘种种光明’，或云‘处处清净’，或云‘不可思议法’，或云‘不可思议境界’，乃至多种义理，不可穷尽。”

此则题记述柳本尊由柳树瘿而生，遂以柳为姓，并强调其为毗卢遮那佛之化身。右题记曰：“又本尊贤圣者，本自无为，超过诸有，名本尊也。有大菩萨名金罡藏，了悟本尊无为妙理，修菩萨行，已超十埊（地），常游十方，助佛扬化，愍苦众生。来入浊世，隐菩萨相，现凡夫身。入红尘里，转大法轮，因名本尊教主为号也。”

上文又将柳本尊与金罡（刚）藏菩萨联系在一起。不论毗卢遮那佛还是金刚藏菩萨，皆出现在“十炼图”造像之中，龛额题记与龛中造像上下相应。

从“十炼”题记与龛额题记的字迹来判断，二者显然出自同一人手笔，其书法挺秀，或为当地名儒或高僧之笔。[18] 最引人瞩目的是，文中使用了大量异体字或通假字，比如：“大”经常写作上面一个“不”下面一个“小”；“圣”常写作“聖”或者“𡌵”；“宝”写作“瑶”；“会”写作“屷”；“齐”写作“斉”；“摄”写作“挕”；“蜡”写作“臈”；“时”写作“旹”；“总”写作“摠”，等等。此外，还常使用古体字，或者一些特殊写法，如：“本”常写作上面一个“木”下面一个“フ”；“四”写作两个“二”上下相叠；“五”写作一个“二”与一个“三”上下相叠；“膝”写作月字旁一个“来”；“一”写作“弌”去掉下面一横；“法”写作三点水加一个“缶”（有时“缶”字无撇）；“无”写作上面一横，中间一个“从”，下面一个“工”，等等。文中甚至还出现了几个“武周新字”（即武周时期创造的新汉字，亦称则天新字、武后新字等），如：“天”写作“兲”；“地”写作“埊”；“月”写作“𠥱”；“年”写作“𠡦”；“正”写作“𠙺”。

以上种种，令人不禁觉得这位书写题记者，似乎有几分卖弄才学之意，又有点与观者做文字游戏之感——甚至令人联想到大般若洞顶用一正一倒两个“人”字组成“化”字之古体——似乎当地文人墨客格外偏爱古体字、异体字。在欣赏“十炼图”造型艺术之余，细读题记，辨认这些对今人来说已十分生僻的异体字、古体字，乃至使用奇特写法的文字，倒也不亦乐乎。特别是这些奇字，与此龛所描绘的密宗苦行修炼种种颇显怪诞的事迹，倒是极为契合。

值得一提的是，南宋范成大曾在《桂海虞衡志》中记述了当时桂林一带流行“俗字”的情况，与安岳倒是异曲同工：例如将“矮”字写作上“不”下“长”；“稳”字写作“门”内一个“坐”，表示稳坐门中；“奀”（音恩）字，则指人瘦弱，等等。范成大总结称“边远俗陋，牒诉券约专用土俗书，桂林诸邑皆然”。[19]

川中密教

本尊三身

毗卢洞各窟龛之中，与“十炼图”龛关系最密切的是第2号窟。该窟紧靠“十炼图”龛右侧，岩额刻篆书“宝岩”二字，故称“宝岩殿”。因窟内有水井，亦称“水井殿”。又因窟内碑文中有“因井得名，实属幽居；洞镌三佛，庄严安舒”之句，故又名“幽居洞”，一窟而三名。窟口左右刻楹联曰：“惟有吾师金骨在，曾经百炼色长新。”此联书法凝重端严，文字引自宋仁宗的《佛牙赞》诗，正与“十炼图”龛额所引宋太宗《佛牙赞》诗相呼应，且二者内容均涉及“炼”，与“十炼图”龛主旨相符。耐人寻味的是，大足宝顶山大佛湾“大方便佛报恩经变”龛主尊下部，便刻有宋太宗、仁宗、真宗三位皇帝的“三圣御制佛牙赞”碑，且两侧所刻对联与幽居洞对联内容全同，字迹也一模一样，不知孰先孰后，抑或用同一摹本同时凿刻？又是一待解之谜。

“幽居洞”为长方形平顶窟，据《安岳毗卢洞石窟调查研究》（1994）一文称，窟高四点五米，宽五点八米，深三米，约合高十五尺，宽约十九尺，深十尺。正壁三尊主像，从左至右依次为柳本

图 4 - 22
毗卢洞“幽居洞”柳本尊三身像，从左到右依次为柳本尊、菩萨、佛。王南 摄

尊、一菩萨、一佛，应是展现柳本尊由居士修成菩萨，进而修炼成佛的历程，可称为“柳本尊三身像”，这在佛教造像仪轨中属极为特殊的布置，尤其中央主尊为菩萨，佛反而屈居其侧。三尊造像均结跏趺坐于带须弥座的莲台之上。左侧柳本尊像，免冠，留着标志性的卷发，左袖空空，但未刻画眇一目、残一耳等细节。关于柳本尊标志性的卷发，有学者据毗卢洞紫竹观音龛题记猜测其为“西人”，而王家祐则认为这是当地“巴獠”特有的发型，此卷发造型在安岳、大足皆多次出现，值得深入探究。中央菩萨头戴宝冠，无螺发，饰华美璎珞，《安岳毗卢洞石窟调查研究》一文称之为毗卢遮那佛，显然不成立。三尊造像面容极为肖似，似乎也进一步证明其所表现的是柳本尊修道之不同阶段。中央菩萨的须弥座束腰处雕刻双狮滚绣球，其中右侧一狮呈倒爬姿态，充满世俗情趣。三座须弥座下方所刻壶门之弧线皆优美生动（图 4-22）。

三尊像两侧刻二侍女立像。侍女之发型、衣饰，皆与“十炼图”龛下部半身侍女（即丘绍二女）极相似，二女面向中央菩萨，一托宝塔，一似托断手与残耳。两侧壁上刻供养人（？）各二，左壁为男性，右壁为女性，皆立于云端，带有头光。二女供养人下方有清咸丰六年[20]（1856年）《重装水井殿大佛三尊金身碑记》，为毗卢洞重要历史文献。

柳氏其人

作为四川密宗教主的柳本尊，其身份颇为神秘。截至目前所知，其造像仅出现在四川安岳与大足两地，安岳有毗卢洞、华严洞、茗山寺、塔坡等处，大足则有宝顶山、普圣庙、陈家岩等处。虽有造像多处，但柳本尊真可谓名不见经传，不但在正史中无记载，而且流传至今的佛道典籍、笔记小说等古书中，均无其生平及传教活动记录。关于柳本尊及其所创密宗，除了安岳、大足两地的窟龛造像之外，最重要的文字资料仅为以下三种：安岳毗卢洞“十炼图”龛题记、大足宝顶山大佛湾“十炼图”龛题记和大足宝顶山小佛湾毗卢庵《唐柳本尊传》碑。此外，王象之《舆地纪胜》、清嘉庆《汉州志》等地方志中对柳本尊亦有零星记载，均为只言片语。

《唐柳本尊传》碑，一般认为是赵智凤（大足宝顶山石窟群的营建者，柳本尊教派传人）于南宋淳熙至淳祐年间（1174–1252年）所立。该碑为复刻，据碑文可知，原碑为南宋绍兴十年（1140年）四川眉州青神县中岩寺释祖觉（即华严祖觉禅师，1087–1150年）

所撰《唐柳居士传》碑，[21] 由王直清刻石，初立于四川弥蒙（濛）寿圣院的柳本尊墓左侧，但早已湮没无存。大足这通由赵智凤复刻的《唐柳本尊传》碑，碑文共计二千七百九十六字，已十分漫漶，难于释读。清道光年间刘喜海首录此碑，刊于《金石苑》一书中。当代学者依据《金石苑》所刊碑文，结合 1945 年以来各时期拓片，以及安岳、大足"十炼图"题记，对碑文进行了释读和校补。将碑文与安岳、大足两处"十炼图"题记（三者既有相同亦有互异之处）相互参看，依稀可见柳本尊生平之雪泥鸿爪。

首先，据《唐柳本尊传》碑文可知，柳本尊原名"居直"。各文献大都称其从柳树瘿中所生（愈增其神秘色彩），故以柳为姓。

其次，关于其生卒年，碑文与"十炼图"题记相悖。碑文载，柳本尊卒于唐天复七年（907 年）七月十四日，又云其"享年六十四"，据此可推知柳氏生于唐会昌三年（843 年，依周岁记）或会昌四年（844 年，依虚岁记）。然而据毗卢洞"十炼图"题记，柳本尊生于唐大中九年（855 年）六月十五日，卒于天福三年（938 年）七月十四日，终年八十四岁（此处乃取虚岁），生、卒皆与碑文不合。不过，毗卢洞"十炼图"题记在时间记录上自相矛盾或可疑处甚多，比如记载柳本尊于天福三年（938 年，即第五炼时）已圆寂，但又于第六至第十炼复活，继续修炼、布道及济世救人，至第十炼时已是天福六年（941 年），因此至少其所记卒年不可信。此外，已有诸多学者指出，毗卢洞"十炼图"及大足"十炼图"题记中的年号"天福"应该是"天复"之误，因为"天福"乃后晋年号，四川其时为后蜀（亦称孟蜀），描述史实不大可能使用后晋年号；而

“天复”为唐昭宗年号，唐亡之后，前蜀的建立者王建曾继续使用该年号，直至天复七年（907 年），因此“十炼图”题记中多处“天福”年号应为“天复”——《唐柳本尊传》碑中即有“天复”年号，为重要旁证。[22] 鉴于“十炼图”题记出现上述纰漏，柳氏卒年或以碑文所记较为可靠，即唐天复七年（907 年）；而以碑文所记享年六十四岁推测，其生年应为唐会昌三年或四年（843 或 844 年）。若依“十炼图”题记，则其生年为唐大中九年（855 年）。[23]

关于其出生地，各文献皆称柳本尊为嘉州（今四川乐山）人。毗卢洞“十炼图”题记称柳本尊“于大唐大中九年六月十五日，于嘉州龙游县玉津镇天池坝显法身出现世间”。据南宋王象之《舆地纪胜》“嘉定府”卷载，嘉州“天池院，在古玉津县东天池堤，中院有观音化柳居士，门前有一井，尝剜眼舍于井，俗人目痛者，取水洗之即愈”。可知南宋时，柳本尊出生地尚有其纪念造像，惜今已无迹可寻。

此外，各文献均记柳本尊主要传道之地为弥蒙（或作弥濛），学者多根据南宋嘉熙年间（1237–1240 年）昌州军事判官席存著为赵智凤所作题铭，[24] 推测弥蒙（濛）即弥牟，此地名至今犹存。其实除了大足题铭之外，考察古代文献可知，弥蒙（濛）应指弥濛水，即濛江（今四川彭州市东北之濛阳河）。《元和郡县图志》卷三十一“濛阳县”载：“弥濛水，在县南二百五十步。”《读史方舆纪要》卷六十七“彭县”载：“濛江，在县东，亦曰弥濛水，源出九陇山，至濛阳故县南，合于沱江。”可知弥蒙（濛）应指唐宋时彭州濛阳县附近，与今弥牟、广汉等地邻近。

综上所述，结合“十炼图”之题记可知：柳本尊为晚唐至五代初人，生于嘉州（今乐山），主要传法地区在川西一带，由嘉州（今乐山）、峨眉山、成都至弥蒙（今彭州、弥牟附近）、汉州（今广汉）等地。

又据碑文可知，柳本尊两大主要弟子及继承人为袁承贵与杨直京。但真正将柳本尊及其所创密宗教派发扬光大的人物，是比他晚生三百余年的“隔代继承人”——赵智凤（1159–？）。赵氏为南宋昌州（今大足）人，据记载，他“五岁入山，持念经咒；十有六年，西往弥牟。复回山修建本尊殿，传授柳本尊法旨。遂名其山曰宝鼎”，[25] 可知他二十一岁西赴弥牟学法，一心传承柳本尊教义，返回故乡后苦心经营大足宝顶山石窟群，终于成就今日所见之皇皇伟观。

柳本尊及其教派长期活动的川西地区，今天已无任何关于其人其教的蛛丝马迹。尽管据文献记载，弥蒙曾有寿圣本尊院作为其传法的大本营，嘉州天池院亦曾有观音化柳居士像，但今皆无迹可寻。然而大足、安岳两地有关柳本尊及其开创密教的窟龛造像却蔚为大观，为中国石窟后期之重要杰作，这与赵智凤继承柳本尊教义并将之发扬光大有着直接关系。

鉴于佛教官方文献对柳本尊教派缺乏记载，有学者推测此密教或许未能进入四川佛教之主流。但无论如何，柳、赵教派却在安岳、大足两地留下辉煌灿烂的石窟艺术。这些窟龛造像保存较好，故事性强，是中国佛教密宗的重要史料。中国密宗由唐代“开元三大士”即金刚智、善无畏和不空创建，世称“唐密”。因唐武宗“会昌灭法”，“唐密”几成绝响。然而唐末以降，四川密宗却不绝如缕，尤其柳本尊、赵智凤教派，成为唐末、五代及两宋在四川地区颇为盛行的密宗教派。丁明夷在《川密：四川石窟体系的发展轨迹》（2016）一文中细述四川密宗与石窟之密切关联，指出“密教入川，与四川原有文化、民族、地域诸因素结合，实现了自唐密向川密的蜕变”，而柳本尊是“唐密蜕变为川密的关键性代表人物”，[26] 赵智凤则是“川密最后完成集大成者”。

最后略论柳本尊“十炼”苦行在佛教教义方面的内涵。李静杰等学者研究指出，[27]“十炼”之中，有一类属于“烧炼”修行（炼指、炼踝、炼心、炼顶、炼阴、炼膝），源于《法华经》思想。《法华经》卷六《药王菩萨本事品》中对燃身、燃臂、燃指（趾）均有涉及，属于舍身布施，为大乘菩萨修行之道。南北朝以来的佛教僧传中，有关比丘僧尼燃指、炼顶的记载不在少数。而另一类是“割舍”身体的修炼行为（剜眼、割耳、舍臂），则与《华严经》的割舍布施思想密切关联，安岳“十炼图”第六炼题记中出现的“广大如法界，究竟如虚空”直接出自《华严经·十回向品》。僧传中剜眼、割耳、舍臂的记录同样不乏实例。实际上，佛教本生故事中，类似的舍身布施更是不胜枚举，最著名者如舍身饲虎、割肉贸鸽、快目王施眼本生等，中国石窟中此类题材长盛不衰。至于第二炼“立雪”，则与六度修行中的“禅定”“精进”较接近。司马光《资治通鉴》卷二百九十二记，后周世宗显德二年（955年）五月，“禁僧俗舍身、断手足、炼指、挂灯、带钳之类幻惑流俗者”；与之类似，《宋史》卷二十《徽宗本纪 二》记，大观四年（1110年）二月，“禁燃顶、炼臂、刺血、断指"——以上记录皆从侧面证明此类苦行修炼在五代、北宋时期之盛行。

圆龛千佛

第5号千佛洞，实为一平面呈"凹"字形的摩崖龛，正壁和左右壁皆留有连续孔洞（正壁高、侧壁低），应为旧有木构窟檐卯口。该龛上方现建有带四方天井的高耸屋顶，对其加以保护（图4-23）。

沿正壁和左右侧壁建有一周"凹"字形的基坛，正壁一大龛（进深较浅），造一佛二菩萨，皆结跏趺坐于莲台之上，二菩萨结禅定印，主尊右臂残，手印不详。三像均面目清秀，菩萨衣饰接近宋式但较简单，右侧菩萨宝冠中央有化佛，左侧菩萨面部及宝冠皆残。三像总体较宋代造像（如"十炼图"或华严洞诸像）要略显僵硬，当然仍属佳作。从造像组合上看，有学者（如王家祐、白中培等）认为是西方三圣，即阿弥陀佛、观音和大势至；有学者（如胡文和、黄夏等）则认为是华严三圣，即毗卢佛、文殊和普贤。鉴于大足宝顶山大佛湾第5号龛为华严三圣与满壁圆龛小佛之组合（本龛亦有大量圆龛小佛），此处为华严三圣之可能性颇高；不过其中央主尊未戴宝冠，与安岳其他毗卢佛（如华严洞、“十炼图”、塔坡等）相去甚远，犹待考证。中央主尊左、右两侧下部各雕一圆龛，内各刻一弟子，结跏趺坐于莲座上。其中右侧圆龛中坐像下伏有一兽，龛外右侧刻锡杖一柄，应为地藏菩萨，该兽应为“谛听”（如圆觉洞所见）。左、右侧壁有二弟子立像及十八罗汉像，风格与三主尊差异显著，且皆为可移动之圆雕造像，学者大多推测其为他处搬运至此。

正壁龛额书“佛文普庇”四个大字，饱满有力。学者黄复据“佛文普庇”四字，推测正壁三像为佛与文殊、普贤二菩萨，故三者合为华严三圣，可备一说。四大字左侧书“信士彭正魁敬”，而四大字正上方书有一个“献”字，应是跟在左侧“敬”字之后，合而

图4-23
毗卢洞“千佛洞”正壁华严三圣全景。
袁进钊 摄

为“信士彭正魁敬献”；四大字右侧书“……十一年……卯岁秋谷旦”，惜年号已残损无存。但由此题记可推知，该年号之“某十一年”的干支为“某卯”，据此查唐朝以降各朝代年号加以验证：唐、宋皆无符合者；元至正十一年（1351 年）为辛卯年；明永乐二十一年（1423 年）为癸卯年，万历三十一年（1603 年）亦为癸卯年——由于毗卢洞观音堂存有明万历三十九年（1611 年）《观音殿新竖万年灯记》，故此处极可能为明万历三十一年（当然亦不排除元至正和明永乐之可能性）。由此重要年代题记可知，此窟主要造像及小圆龛千佛（已有学者考证千佛为明万历时作品，详见下文）或皆为明万历时期雕凿；三主像颇有宋风，但艺术造诣又明显不及“十炼图”或华严洞宋代造像，抑或是经明代修补而犹存宋风者？此前学者多未注意正壁龛额这处重要年代题记，故将此龛造像年代，或断为唐末（如王家祐），或断为北宋（如胡文和），或断为清（如《安岳毗卢洞石窟调查研究》作者）。

比之三尊主像，此龛最引人注目且极饶趣味者，乃是所谓的“千佛”。三主像下部基坛与左、右侧壁基坛壁面（左侧还延伸至龛口侧壁），雕有圆龛小佛像三百一十六尊；此外左壁基坛上方还有一单独小圆龛及一造像半成品，共计三百一十七龛小佛，此龛因而得名“千佛洞”。正面基坛刻三行圆龛，侧面基坛刻四行，左侧龛口壁面刻七行，每龛直径二十四厘米左右，略有差别，龛口最上方刻五大圆龛，直径约为其余诸龛之二倍，其内或为五方佛，一如“十炼图”龛额所刻。除毗卢洞之外，此类圆形龛像还出现在安岳茗山寺、孔雀洞、塔坡，大足宝顶山大小佛湾等处，值得注意。

这三百余尊小佛像的雕刻风格、手法大致相同，脸部表情和蔼可亲，皆呈圆脸世俗人物模样，整体看来具有极其强烈的世俗化特征。佛像发型、动作等极其丰富，就发式论，包括高髻式、戴风帽式、卷发式（类似柳本尊）、螺发式等，其中数量最多的是高髻式，而柳式卷发，在毗卢洞这处柳本尊道场显得特别具有标志性。佛像姿态更是多种多样，有结禅定印的螺髻释迦，有呈游戏坐作侧耳倾听状的比丘——其中右侧基坛最外侧一龛中小佛，整个身躯全部倾斜，头外腿内，仿佛打坐中睡着歪倒一般，妙趣横生（图4-24）；正壁主尊正下方也有一佛呈此倾斜打盹姿态，不知是哪个淘气工匠的灵感。此外，还有二佛并坐龛、三佛并坐龛，右壁还出现类似善财童子的造像。各小佛手中往往还有持物，或为佛教绘画中常见的法具（如八宝等），或为佛经中有特殊含义的动植物等，不一而足。每尊小佛像圆龛中都刻有姓名，部分风化、损毁，难以辨别，但仍有二百余姓名可识别，有的是法号，更多为俗人姓名，应为供养人名。正壁基坛右下方小佛像间有题记称“信士曾显迎、王氏，捐银三两装小佛十尊”，可知信众可捐资镌刻或妆彩小佛。据学者研究，此龛的供养人名字也大量出现在第6龛观音堂（即紫竹观音龛）的明万历碑记之中——故此龛千佛应为明万历年间所刻。[28]

图 4 - 24
毗卢洞“千佛洞”圆龛小佛像。

紫竹观音

即使仅有“十炼图”一龛，毗卢洞也足以成为安岳乃至四川石窟中一大杰作。然而毗卢洞的精彩远不止于上述窟龛，第6号紫竹观音龛（亦称观音堂）的绝世风采，将毗卢洞造像的整体水准推向一个更加卓越的艺术境界。

此龛位于毗卢洞尽头，独处一隅，龛高五点一米，宽七点四米，深一点八五米。主尊紫竹观音，因背景中所刻竹子得名，实际上是一尊水月观音造像。据张彦远《历代名画记》可知，水月观音这一经典佛教造像题材，乃是唐代大画家周昉所创，“衣裳劲简，彩色柔丽，菩萨端严，妙创水月之体”；“胜光寺……塔东南院，周昉画‘水月观自在菩萨’掩障，菩萨圆光及竹，并是刘整成色”。所谓“水月观自在菩萨”，即水月观音，因所绘观音菩萨作观水中月之状而得名；在绘画作品中水月观音常居于一巨大圆光中央，更突显水月之意境。白居易曾为周昉的水月观音画像写过一首《画水月菩萨赞》，更令水月观音声名远播：“净渌水上，虚白光中，一睹其相，万缘皆空。弟子居易，誓心归依，生生劫劫，长为我师。”

周昉所绘水月观音图今早已不存，但甘肃敦煌莫高窟、瓜州榆林窟等石窟尚存五代至西夏时期的水月观音壁画数十幅，大英博物馆、法国吉美博物馆均藏有敦煌五代《水月观音图》绢画，北京法海寺尚存明代水月观音壁画。此外，许多著名石窟、佛寺，乃至中外各大博物馆中，还有大批石刻、彩塑、木雕乃至铜铸水月观音像，蔚为大观，实为佛教美术史上一绝美之“大家族”。

毗卢洞紫竹观音在这个杰作如林的大家族中，堪称令人惊艳的一员，可作为石刻水月观音之典范。紫竹观音通高二点七米（九尺，与“十炼图”主尊等高），头高零点五九米（约二尺）；高居岩壁上方，左脚底距离地面二点二米，居高临下俯瞰前来朝拜的芸芸众生——当然也俯瞰着雕刻匠师未加表现、予以留白的水中月。观音呈“游戏坐”姿势，坐于一块凸出岩壁的山石之上，左腿下垂，左足轻踏一莲花，右腿翘起，足踩山石座上，左臂支撑着身体，右臂轻松搭在右膝之上，上身略前倾，微微颔首下视，此为大多数水月观音像之标准姿势，[29] 整个身体姿态极为轻松自在，不愧为观自在菩萨（图 4-25、图 4-26）。

此尊观音的造型、服饰兼具唐宋之特征。宝冠高耸，透雕繁丽华美之卷草纹饰，中央刻云端坐佛，极似华严洞各圆觉菩萨头冠样式。柳眉星目，高鼻小口，亦为典型宋风，比之华严洞诸菩萨更显清瘦婉约。然而其衣着却一反安岳宋代菩萨着佛衣之惯例，仅披云肩，袒露双臂及上身绝大部分，精丽的 X 形长璎珞贯穿全身（而不是像圆觉洞、华严洞宋代菩萨那样为裙遮去一大截），更近于唐代菩萨衣饰。但身体修长，双臂纤细，又不若唐代菩萨丰满端严。因而整体看来，此尊观音身材、面容、头冠皆宋风扑面，唯有衣饰颇类唐风，比之宋代菩萨的衣着要“清凉”不少。[30] 或许雕刻匠师

图 4 - 25
毗卢洞紫竹观音左侧面

图 4 - 26
毗卢洞紫竹观音正面全景。

认为这样处理更适合呈游戏坐姿、逍遥自在的水月观音？观者不妨闭目想象，一尊身穿宽袍广袖佛衣的观音菩萨，呈游戏坐姿居山岩之上，似乎的确缺少几分飘逸出世之感。

紫竹观音的环境刻画十分成功。一如水月观音经典绘画“粉本”[31]（如榆林窟第 2 号窟西壁南侧水月观音壁画），紫竹观音被塑造成身处山岩、竹木环绕之中，临水望月。观音有圆形头光，桃尖形身光，身光顶部向上一路延伸至龛顶，周边饰以火焰纹（以白色勾勒，轮廓异常醒目）。结合身光雕刻竹林，所有竹子皆作剔地起突的高浮雕，极富立体感，并且竹子也随身光向前弯曲、延至龛顶，便如随风摇曳一般——最精彩的是于观音头部左侧刻一飞鸟，双翅舒展，长尾翘起，营造出风动幽篁、惊起飞鸟之意境，清雅绝伦。上述优美意境也是宋代花鸟画高度发达（著名花鸟画大家黄荃、黄居寀父子皆居蜀地）的体现。观音右侧山石上，刻修长的蓝紫色净瓶一只，内插杨柳枝，亦是水月观音的“标配”。观音头部右上方，于龛顶浅刻祥云朵朵及一轮明月，呈薄云遮月之状，意境尤美。榆林窟第2号窟水月观音壁画中，观音背景同样是山石、竹丛、祥云，且绘有飞鸟一对，极富生气，毗卢洞紫竹观音身后景物之刻画，与之各擅胜场。

此尊观音的成功塑造，有赖于大量精彩的细节处理，值得细细品味。

首先是观音的后脑勺、脖子、背之上部，与身后壁面彻底分开（安岳其他窟龛造像，为稳固计，头部大多与后壁相连，因此不宜从侧面欣赏），而用高耸的发髻、宝冠与窟顶相连，以保稳固——这样一来，从侧面（尤其是左侧）欣赏时，观音上身前倾、低头望月的侧影极其动人，犹胜正面。如果不是大胆掏空脑后与壁面之间的石头，则完全不可能实现可供一百八十度观赏，且侧面更胜正面的精彩艺术效果。

其次是观音身上帔帛、璎珞、裙摆的高度写实化，大大增强了整尊造像的飘逸气质。特别是缠绕、悬挂于右臂的帔帛，线条蜿蜒流畅，既增添了观音的优美风姿，更重要的是有助于稳固搭在右膝上的纤纤右臂。右膝附近的处理最称精妙：右臂轻靠膝头，帔帛搭在大腿上，长璎珞套于小腿处，又轻轻掠过帔帛表面——被璎珞勒住的小腿处之裙裤，因受力而起褶皱的衣纹，刻画入微，简直有如对照模特写生而成——诚乃巨匠之手笔也（图4-27）！宋代

4-27
卢洞紫竹观音像局部。
浩洋 摄

雕刻匠师写实的功力由此可见一斑。瓔珞从上身到小腿之间过渡的一段，直接凌空，此段瓔珞不同于其他贴身瓔珞，后者有所依凭，不论多么复杂繁丽，皆是单一的浮雕功夫（剔地起突）；这段凌空飞悬的瓔珞却完全是三维立体的造型，加之纤细而脆弱，还须在上面刻出精丽的纹饰，稍有不慎，一旦刻断即无可挽回，实在是对匠师的大考验。匠人为了避免这段瓔珞从中断绝，巧妙地在其中部设计了一根小分支（如一垂绳状），下垂之后正好支撑在大腿上，不露痕迹地增加了结构的稳定性。不妨大胆推测，匠人应是先在石头表面刻好此段瓔珞，再凿空下部多余石块并留好支撑的一段垂绳，最后细琢加工。此尊菩萨通体予人轻盈、飘逸之感，与上述各处镂空、通透的细节处理密切相关。观音系一条群青色长腰带，在腰部打结，博带飘飘然下垂，随风拂过观音足畔之莲花、兰草，潇洒脱俗。

另外，观音的石座亦颇为与众不同，上面覆盖一层若棕榈叶（或蒲葵叶）般条纹状席垫，[32] 更添自然野趣。画面最下方是亭亭莲叶和一对莲花，暗示了一池碧波，为整个场景增添了一派清幽静谧之感。对比绘画与雕刻，水月观音绘画中，水中月可以直接表现，而且往往将观音罩在一个巨大的圆光之中，以强化镜花水月之意境；而在三维的雕刻艺术中，圆光固然要被迫取消，就连作为主题的水中月，也只能作象征性表现。在紫竹观音龛中，菩萨低眉颔首、足踩莲花莲叶当然是一种暗示，更妙的手笔则是“紫竹”——此龛中的竹子未刻成常见的绿竹，而刻紫竹，观音身周的山石、莲叶、莲花、净瓶等统统笼罩在如夜幕般的深色之中，唯有竹叶竹枝泛着淡蓝紫色之微光，恰如月光凝照下，抑或是水中月光反照下之竹林意韵。[33] 就这样，安岳这位大匠以其绝妙的构思，完成了雕刻“水月”的主旨，同时令此尊水月观音得到“紫竹观音”这个独一无二的名号（见图 4-26）。

前文曾言，华严洞十圆觉菩萨皆为十足“神品”，而靠近龛口两尊菩萨因其潇洒闲适之态，或可称作“逸品”。将“逸品”与“神品”并举，本为《益州名画录》作者黄休复之重要创见，用四川古代画论家之观点，来品评四川雕刻匠师的杰作，应属合宜。依此标准审视毗卢洞紫竹观音，此像气韵娴雅，超逸尘表，于自然之中得大自在，颇有遗世独立之感，非逸品莫属。其实，此尊观音早在古时已备受推崇，龛右壁明万历三十九年（1611 年）《观音殿新竖万年灯记》云：“闻自唐代有西人柳本尊者，为诸众生开示觉悟梯航。勒大士像于毗卢山之右：森严神妙，有动静语默之机；紫竹飞篁，有风晴雨露之态，诚人间稀有者。”[34] 清咸丰五年（1855 年）《重贴观音金身并装彩诸佛殿宇弁言》亦称：“阖寺佛像，无不精妍；其最著者，惟观音庵。栩栩欲活，飘飘诚仙；即之生敬，望之俨然。”

拯救八难

紫竹观音左、右两侧岩壁刻“观音救八难”浮雕连环画（不少学者认为是明清补刻），表现观音菩萨救众生脱离苦难之情节。此乃《法华经·观世音菩萨普门品》变相，主旨即经中所云：“若有无量百千万亿众生，受诸苦恼，闻是观世音菩萨，一心称名，观世音菩萨即时观其音声，皆得解脱。”《观世音菩萨普门品》正文叙述观音救济火难、水难、罗刹难、刀杖难、恶鬼难、枷锁难、怨贼难，凡有七难，重说偈在简要复述正文内容基础上，增加堕须弥峰难、堕金刚山难、咒诅毒药难、雷电难等内容。世人若念诵“观世音菩萨”名号，则以上诸难皆能获得解救。表现“观音救八难”的壁画、浮雕等作品，常常以观音为中心，两侧各布置四难场景，合为八难。据齐庆媛《安岳毗卢洞石窟浮雕观音救难图像分析》（2023）一文考证，紫竹观音龛两侧各存有二难场景，

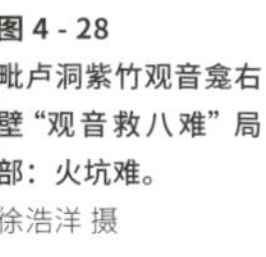

图 4 - 28
毗卢洞紫竹观音龛右壁“观音救八难”局部：火坑难。
徐浩洋 摄

合为四难。

紫竹观音右侧自上而下分别刻“火坑难”“刀杖难”二场景，明显有木骨泥塑的修补痕迹。各场景中世俗人物如官员、差吏、平民等，皆生动有趣，而场景之间不刻意分隔，背景过渡自然（图4-28）。二场景左侧刻上、中、下三尊观音像：上面一尊结跏趺坐于云端，左手托钵，右手残；中为立像，左手持净瓶，右手执杨柳枝；下者结跏趺坐于方台。诸像造型皆近宋式，宝冠高耸，中刻化佛，着佛衣、饰璎珞。此壁面刻清乾隆四十八年（1783年）彩妆题记，可知此组雕刻的雕凿时间应不晚于该年。

紫竹观音左侧“四难”，原作因岩壁坍塌不存，重修时以方石垒砌左壁，并补刻“雷电难”“毒药难”二场景。上部“雷电难”场景中，风伯戴虎头帽，执风口袋；雷神（雷震子）展双翅，执斧；电母执双镜；雨师驾一巨兽（龙？）张口吐水，下有一人撑伞避雨。二难场景右侧同样刻上中下三观音，造诣不及右壁，最下部一尊刻工尤劣。

此外，紫竹观音正下方刻有一骑兽(虎？)男子，二菩萨立像，最底部似为山石等场景，尚未完成，不知为何题材。

五

金刚怒目护千佛

千佛寨，唐代称栖岩寺，清代更名千佛寺，位于安岳县城西北八点五公里岳城街道贾岛村大云山上。《舆地纪胜》"普州"卷载："大云山，在铁山门外二里许，上为栖岩寺，唐李洞'读易洞'在焉。"[1]据统计，千佛寨现存窟龛一百零五个，造像三千零六十一躯，另有摩崖塔七座，造像数量为安岳之冠，造像高三米以上者达十四尊。造像题材包括释迦说法图、弥勒说法图、药师经变、西方三圣、大悲观音、千佛、数珠手观音等。千佛寨尤其胜在有大批盛唐造像杰作，乃其精华所在，既有金刚怒目之威武，亦有菩萨低眉之曼妙，更有颇为罕见的大型"药师经变"龛。

需要特别指出的是，千佛寨的窟龛编号较为混乱，已发表的各类文章中，有许多编号无法对应，且与现场所见窟龛上直接用白漆所写的编号亦复不同。为避免混乱，同时帮助读者在现场辨认，本书在叙述时主要采取唐承义《千佛寨摩崖造像》（1989）一文中的编号；当唐文编号与现场白漆所标号数不同时，则在唐文编号后面加括号，在其中标明"白字第XX号"；如所提及的窟龛在唐文中无编号时，则直接称"白字第XX号"。希望千佛寨这一安岳石窟的大宝库，能够早日发表翔实的考古报告及准确统一的窟龛编号。

共计百余座窟龛环绕山崖一周布置，山巅则立有古寨（一说为古庙），加之约有八座窟龛均刻有千佛，"千佛寨"遂由此得名。环山各主要窟龛之朝向颇有整体规划之感：据现场实测，古寨大门坐西朝东，白字第1号千佛龛朝南，第96号"药师经变"龛朝东（略偏北），第24号（白字第8号）"西方三圣"大龛朝西（微偏南），

图 5 - 1
千佛寨白字第 10 号龛右壁外侧供养人像。

第 56 号大龛朝正西南方，第 48 号龛朝西——尤其是规模最宏伟、内容极具代表性的 24、56、96 号三大龛，皆有十分端正的朝向，应是精细选址规划（古代称“堪舆”）的结果。可惜千佛寨窟龛群较为精确的总平面图目前尚未发表，故无法深入分析。

千佛寨窟龛与周遭自然环境融为一体：环绕山崖之山道间，古木参天，阴翳蔽日，遒劲的古藤盘绕于岩壁窟龛之间（图 5-1），第 32 号龛旁有一巨藤，更是横跨山径与谷中大树相连，蔚为奇观。山巅古寨的石砌拱门门额刻“佛寨圣境”四字，其下长长的石阶与阶畔呈不对称布置的半圆形水池，形成颇富画意之构图。

千佛寨现存唐碑数通及历代题记二十六则，据题记可知唐开元年间至南宋庆元年间的四百余年，为千佛寨开龛造像的鼎盛时期。

如前文所言，第 54 号唐碑（此碑碑首双龙造型矫健）曾存有“普州刺史韦忠”字样，故学者推测其为唐开元十年（722 年）普州刺史韦忠所立《唐西岩禅师受戒序》碑。千佛寨现存最可靠且最早的开龛造像题记位于第 37 号三世佛龛（白字第 17 号）与第 38 号（白字第 18 号）三观音龛之间岩壁上，题记中出现了高僧玄应与供养人黎令宾之名，与圆觉洞第 71 号龛题记相呼应，且此题记年代明确为开元二十年（732 年）。如今该题记中部已严重漫漶，亟待保护（图 5-2）。值得一提的是，乾隆《安岳县

图 5 - 2
千佛寨第 37、38 号龛之间玄应题记。
冯棣 摄

志》称“栖岩寺，唐开元僧元庄建，岩壁石像千余”；道光《安岳县志》所收《培修栖岩寺记》亦称“治西五里许，有大云山，山水环拱胜甲一乡，上有古刹，考通志作栖霞寺，旧县志作栖云寺，为唐开元僧元应所建”——综上可知，乾隆县志中的“元庄”，应为“元应”之误，而道光县志中的唐开元僧“元应”，极有可能就是开元二十年题记中的“玄应”（或因清代避康熙帝玄烨之讳而改元应）。玄应为唐开元间栖岩寺的高僧（题记中称“上座”），且在卧佛院、圆觉洞亦参与窟龛营建。

金刚怒目

第 50、51 号龛为一对唐代双龛，保存较好，是安岳盛唐“说法图”龛中之极品。二龛大小相若，比邻而居，龛底部距离地面约四至五米，须抬头瞻仰。过去有学者认为二龛主尊分别为释迦、弥勒，也有学者认为二者皆为释迦，从水平视角观察，其实两龛主尊皆为弥勒：其中第 50 号龛（即左龛）主尊保存较第 51 号龛（即右龛）完整，能清晰看出主尊呈倚坐姿，确为弥勒无疑；第 51 号龛主

图 5 - 3
千佛寨第 50、51 号双龛正面全景，内容均为“弥勒说法图”。
冯棣 摄

尊腿部残损严重，由地面仰望颇似结跏趺坐之释迦，但从高处正面仔细观察，其下垂双腿之残痕犹存，与左龛同为弥勒——故此二龛为一组“孪生”弥勒说法龛，且共用一长方形外龛（图 5-3）。

二龛皆为平顶龛，进深颇浅，带有桃尖形龛楣，龛沿上刻有对称的五朵六瓣花饰。主尊的头光皆为内圆、外桃尖形，且在内外两圈之间同样刻五朵六瓣花饰。以上皆为安岳唐龛特征。龛之高、宽基本相等，龛口正立面呈抹圆角的正方形。龛内刻一佛、二弟子、二菩萨，龛口两侧对称刻二金刚力士。二弟子分别立于正壁与左右侧壁转折处，二菩萨对立于二侧壁，弟子和菩萨身后刻“天龙八部”（皆半身像），每侧壁四尊。这个由一佛、二弟子、二菩萨、二金刚和天龙八部组成的说法图“团队”十分典型，几乎成为千佛寨乃至安岳唐代说法图龛的标准配置。

主尊弥勒高肉髻、螺发，面部丰阔，宝相端严，倚坐，施无畏印，衣纹流畅，典型盛唐风格，可与卧佛院涅槃大龛中释迦临终说法图相互参看，而千佛寨第38号龛唐开元年间题记亦可作为旁证。主尊身后两侧各刻一棵树，以象征弥勒于龙华树下的三会说法（所谓“龙华三会”）；[2] 头光顶部刻一华盖，饰以精美华绳、璎珞。二龛之胁侍菩萨皆可作为盛唐菩萨之标准模特，详见后文。

第51号龛左壁四尊天龙八部保存颇佳。由外向内第二尊为阿修罗，三头六臂（刻出四臂），上二臂分执规、矩，下二臂分执日、月——此亦为安岳阿修罗的重要特色，或许由广元唐代石窟传入。此阿修罗未刻成卧佛院涅槃龛中凶神恶煞、丑怪之容，而是类似菩萨模样，据佛经称阿修罗为男则奇丑，为女则绝美，此处取后者。阿修罗右侧一尊头戴虎头帽，可与卧佛院涅槃龛中戴虎头兜鍪者比较，不过千佛寨这尊毫无威武气概，仿佛戴虎头帽的孩童，应为乾闼婆（图5-4）。右壁最外侧凶神恶煞、脖缠大蛇者应为大蟒蛇神摩睺罗伽；由外向内第三尊头顶刻龙，应为龙众。最内一尊为天众，右手将右耳垂拉至胸间，似专注于听佛说法（川渝大耳至胸天众颇多，用手拽耳

图5-4
千佛寨第51号龛左壁近景。冯棣 摄

者少之又少）。第 50 号龛左壁阿修罗与第 51 号龛位于同一位置，已严重风化，而戴虎头帽者则转移到右壁由外向内第三尊，其外侧分别为龙众、摩睺罗伽，可知天龙八部的位置颇为灵活机动。

尽管二龛中的佛、弟子、菩萨和天龙八部刻画不失精彩生动，但最出彩的角色却非金刚力士莫属——特别是由于观者只能仰望二龛，本来位居龛门之外、地位不高的护法金刚，反而一下子来到画面最前方，十分“抢戏”（图 5-5）。各金刚皆高约一米，身体呈极夸张的“三弯式”（亦即通常所说的 S 形）造型，转头、拧腰、送胯，双腿叉开，位于支撑腿一侧的一臂举起，五指戟张，另一臂下垂，攥紧铁拳，整个身体产生极剧烈之动势。梳高发髻，双眉倒竖，圆睁双目——“金刚怒目”被匠师表现得淋漓尽致，大得异乎寻常的一双眼珠子几乎像要掉出来一般，[3] 嘴部或紧抿或龇牙，形象威猛。上身裸露，遒劲之肌肉作一个个团块状，下身着裙，双腿强有力的肌肉线条，透过薄裙清晰可见。裙摆向外伸腿一侧作随风招展状，更增其勇武气概。头后部有圆形头光，且有两根发带左右飘起，一条长帔帛在两肩及双臂之间飞舞缠绕，烘托得整尊金刚孔武雄强、不可一世。此类金刚特征鲜明至极，一望而知为唐代作品，应有大量“粉本”流传各地。从安岳范围来看，各唐代窟龛门前皆可见到；从更大范围看，由河南洛阳龙门石窟（特别是奉先寺卢舍那大佛龛），到山西太原天龙山石窟，再到四川广元、巴中等地，大批唐代金刚力士，皆有以上明显特征，诚为一大家族。

此二龛的四尊金刚中，第 51 龛右金刚已严重风化残损，第 50 龛左金刚下身残毁较重，而站在一起的中央两尊金刚保存极佳，而

图 5-5
千佛寨第 50、51 号双龛外侧二金刚。

且由于并排而立，距离极近，二像举起的两臂，手肘和小拇指几乎贴在一起。最妙的是，二像姿势宛如镜像（第 51 龛左金刚三弯式造型更加夸张），一双唇紧闭，一张口龇牙，除此些微分别之外，仿佛一对孪生兄弟，让人不禁想起《西游记》中的奔波儿灞和灞波儿奔——二者虽是金刚怒目，却产生一股莫名喜感。安岳的金刚，以卧佛院涅槃大龛卧佛足部一尊最具慷慨悲歌之气概，而以千佛寨这对孪生金刚力士最叫人过目难忘（见图 5-3、图 5-4）。

令人颇为担忧的是，如今一道横向大裂缝横贯二龛，从第 50 号龛左金刚腰部，循着二龛内外，一直裂到第 51 号龛右壁菩萨胸前，所经造像皆被拦腰或拦胸截断（第 50 号龛尤甚，裂缝已过一指宽）；不仅如此，第 51 龛又有一道纵向裂缝从龛楣一直贯穿到主尊左侧，并与横缝交汇。各缝虽已加修补，然而这对异常精美的盛唐双龛仍是亟待维护修缮。

据统计，千佛寨共有二十一座此类说法龛，规模、布局皆较为接近，大多为唐代所造；现存唐、五代金刚力士四十二尊，蔚为大观。安岳宋代窟龛造像之中，金刚力士这一经典形象逐渐淡出了舞台，金刚如林的千佛寨，亦可谓其大放异彩之地。

保存尚佳者还有：第 55 号龛右侧金刚，保存完好，艺术造诣毫不亚于上述二龛，极可能出自同一批匠师之手，惜对称一尊已几乎风化殆尽（此龛主尊及右菩萨面部遭后世改刻，拙劣不堪，形同儿戏）；第 19 号龛（白字第 4 号）二金刚头残，执金刚杵；第 20 号龛（白字第 5 号）左侧金刚虽颇风化，但气势不凡，如蕴含无穷力量；白字第 36 号金刚身体尚完整，右壁天龙八部保存亦佳。白字第 10 号龛外右侧壁有清道光六年（1826 年）“补修千佛岩神像”题记，该龛金刚肌肉已严重退化，身体臃肿，小肚凸出，表情温和，远不逮其盛唐先祖之勇武。倒是题记下的供养人造像颇为可爱而富有神韵（见图 5-1）。

与千佛寨第 51、52 龛类似的盛唐说法龛，还有安岳木鱼山石窟[4]第 K9 及第 K13 号龛，估计时代接近（图 5-6）。另外，木鱼山第 K7 号龛右侧金刚浑身肌肉如

图 5 - 6
木鱼山第 K9 号龛。

层层块垒，双手皆攥拳，戴项圈，长裙及踝，头光刻作雕饰复杂的法轮状，不及前述金刚勇武，而装饰更丰富，为金刚力士颇特殊之样式（见图 5-14）。[5]

菩萨低眉

第 56 号龛为千佛寨大龛之一，据《千佛寨摩崖造像》（1989）一文数据，[6] 此龛宽六点四米，高六米（原龛顶已坍圮）。正壁刻一佛、二菩萨立像，[7] 左右侧壁对立二菩萨立像，略低于正壁菩萨。右侧壁上部刻三尊菩萨，左侧壁上方风化破损极重，已无造像。原正、侧壁主像之后应满布千佛，现仅正壁右侧及右侧壁存有一部分（图 5-7）。[8]

5-7
佛寨第 56 号龛近景。
南 摄

主尊高逾四米，风化极其严重，腰部以下尤甚，仅腰部以上、右臂以及部分左臂留存大致形状。左右二菩萨高三点五米，其中左菩萨风化最为严重，仅略具轮廓。右菩萨和左、右侧壁二菩萨保存相对较好（不过身体下部尤其膝部以下皆已风化），为三尊典型的唐代菩萨大像。

三菩萨像皆束高发髻，戴圆筒状高宝冠（冠高与面部高大致相等），雕刻华丽，其中右侧小菩萨宝冠中饰以六瓣团花，一如头光中花饰造型。面部丰润秀美，低眉颔首，一如唐代绘画或陶俑中的侍女。长发在耳畔梳成盘绕三周的卷曲发辫，又散作数绺长发披于肩头。正壁左右二大菩萨还戴有精美的长耳饰，冠两侧缯带双垂。上身着云肩，斜披络腋，赤裸双臂和上身大部，身上饰以复杂繁丽的长璎珞，戴臂钏、腕钏等华饰。身姿婀娜，呈极微妙含蓄的“三弯式”造型（远不及金刚明显），小腹微微前凸。下身穿裙，并有长长的帔帛在肩、臂、身躯间缠绕，更添飘逸。三菩萨中以左侧壁一尊保存最佳，尤其头部几乎完好，宝冠和衣饰中隐隐存有蓝色彩绘痕迹，可作为安岳盛唐菩萨之代表作（图 5-8）。第 50、51 号龛各胁侍菩萨与之造型、神韵皆极相似，可谓其具体而微者（见图 5-3、图 5-4）。

如果将千佛寨唐代菩萨与华严洞或圆觉洞宋代菩萨作一比较，安岳唐宋菩萨造型、气质之巨大变化，即可一目了然。

图 5 - 8
千佛寨第 56 号龛左侧壁外侧菩萨局部。

药师经变

第96号龛呈现的是安岳石窟中最完整的“药师经变”主题。据实测，该龛高三点九米、宽五点零五米、深约二米（取最深处）。中央主尊为药师佛，两侧各刻四尊菩萨立像，合为八大菩萨，下部刻十二药叉神将。八大菩萨两侧，右侧刻“九横死”，左侧刻“十二大愿”，皆为带情节的连环画式浮雕（图5-9）。以上内容均依据《药师琉璃光如来本愿功德经》（下文简称《药师经》，以唐三藏玄奘译本最为通行）。龛右侧壁遍刻千佛，左侧壁已坍塌无存。

药师佛，全称“药师琉璃光如来”，是佛经中所谓“东方净琉璃世界”[9]的教主——金庸《射雕英雄传》中的东邪黄药师，即用此典。此龛朝向正东，应是精心选址的结果。药师佛结跏趺坐于须弥座上，坐高九十四厘米，总宽（取两膝间距）六十七厘米，高宽比值约为根号二，为经典比例。腹部有一“十”字形结带，值得注意（千佛寨白字第37号龛主尊与此相同），其含义待考。两侧各雕娑罗树一株，顶部刻有雕饰精美的华盖，华盖两侧各刻一身衣袂飘飘的小飞天，皆呈匍匐之姿跪于祥云之上。药师佛典型造型为手托药钵，或手执锡杖，可惜此龛主佛（及部分菩萨）面部及手均毁于“文革”时期，无从知晓其原始造型。

图 5-9
千佛寨第 96 号“药师佛经变”龛。
王南 摄

药师佛与八大菩萨的造像组合，出自《药师经》经文：“若闻世尊药师琉璃光如来名号，临命终时，有八大菩萨，其名曰：文殊师利菩萨、观世音菩萨、得大势菩萨、无尽意菩萨、宝檀华菩萨、药王菩萨、药上菩萨、弥勒菩萨。是八大菩萨乘空而来，示其道路，即于彼界种种杂色众宝华中，自然化生。”

此龛八大菩萨身姿婀娜曼妙，比之安岳其他菩萨，这八尊菩萨身材显得尤其高挑，简直给人八头身甚至九头身的感觉——不过经笔者团队实测验核，实为七头身。但由于八菩萨足底至地面约二点二米，高高在上，因仰视而产生的透视效果，令其头部比例缩小，故有八、九头身之感，俨然八位当代超模，在壁面上一字排开，极富气势与美感。八菩萨不唯身材高挑，其面部表情也一反菩萨惯常之低眉颔首、娴静端凝，而是下巴微扬，秀眉略抬，小嘴轻撇，颇有几分高傲之感，极富个性——尤以左侧最外一尊，右侧最外及由外向内第三尊特别明显，此三尊菩萨不仅面部表情极富个性，身体的三弯式（S形）动态亦较其他各尊菩萨更加鲜明，为安岳诸菩萨中最摩登、最有性格者，实乃创作此龛造像的匠师独特个性之写照（图 5-10）。

图 5 - 10
千佛寨第 96 号龛正壁左侧四菩萨。
徐浩洋 摄

八大菩萨的装束仍为典型唐代样式，只是未戴雕刻华丽的高宝冠，代之以低矮花鬘，但身上璎珞、帔帛依旧华美动人，其X形长璎珞在腹部交叉，左右两股分别在双腿膝盖以下呈U形悬垂——前文提到的紫竹观音亦佩戴此类璎珞，当呈游戏坐、一腿跷起时，原本悬垂于膝下的璎珞便自然而然勒住裙裤，匠师观察细腻，表现极为精准。八大菩萨中，仅主尊右侧由外向内第二尊身穿佛衣，与众不同，或为弥勒菩萨（以此象征其为未来佛？）。

胡文和认为此龛为中唐作品，唐承义则认为系五代或北宋之作。而若就菩萨造型（特别是衣饰）、气质而论，其为唐代之可能性更高。

药师佛和八大菩萨下部刻十二药叉大将，惜风化严重，仅余

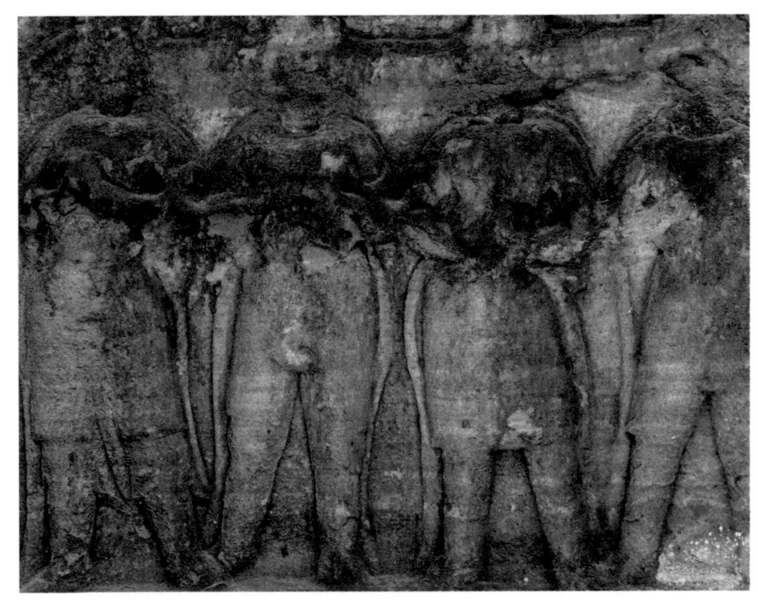

图 5-11
千佛寨第 96 号龛下部左侧神将。

依稀轮廓，无法一睹其详（图 5-11）。据《药师经》，十二药叉大将分别为宫毗罗、伐折罗、迷企罗、安底罗、頞你罗、珊底罗、因达罗、皮夷罗、摩虎罗、真达罗、招杜罗与毗羯罗大将，此十二大将，一一各有七千药叉以为眷属。

八大菩萨左右分别为连环画式的“十二大愿”与“九横死”，皆出自《药师经》义。

先看“十二大愿”。药师佛为菩萨时曾“发十二大愿，令诸有情，所求皆得”。此十二大愿概略言之，第一：愿成佛之后自身光明炽燃、照耀世界，且令众生如此无异；第二：愿成佛之后身如琉璃、内外明彻，幽冥众生，悉蒙开晓；第三：令众生皆得无尽受用之物，而无匮乏；第四：众生中行邪道者，悉令安住菩提道中；第五：令众修行者皆具“三聚戒”；第六：愿丑陋顽愚、盲聋喑哑、挛躄背偻、白癞癫狂等种种病苦者，皆得端正黠慧、无诸疾苦；第七：愿无医无药、无亲无家、贫穷多苦者，得以众病悉除、家属资具、悉皆丰足；第八：令女人愿舍弃女身者，皆得转女成男；第九：愿众生能解脱一切外道缠缚，修习诸菩萨行；第十：愿因犯王法入牢狱、当刑戮或受诸种灾难凌辱者，皆得解脱一切忧苦；第十一：愿为饥渴、求食而造诸恶业者，得以饱足其身；第十二：愿贫穷无衣、为寒暑所苦者，得以丰衣。

左侧画面即对应十二大愿，原本每幅画面均有榜题，惜现已全部风化剥蚀，无法辨认。而画面内容同样极漫漶（尤其是外侧），仅能依稀辨认有一佛二菩萨于佛坛、三人并坐手捧物、二小儿玩乐等，另据学者辨认，还有痴人、盲人拄棍、驼背、女人、家庭和睦等场景，仅约略可与十二大愿中某些内容对应（图 5-12）。

再看“九横死”。据《药师经》，九种“横死”分别为，第一：入于地狱，无有出期；第二：被王法所诛戮；第三：因耽淫嗜酒、放逸无度而为非人夺其精气；第四：火焚；第五：水溺；第六：为恶兽所啖；第七：堕山崖；第八：为毒药、厌祷、咒诅、起尸鬼等所害；第九：饥渴而死。众生凡礼敬药师佛者，可免除以上恶果。

右侧所刻“九横死”画面内容保存较左侧略佳，其中遇虎与毒蛇、遭刑戮、斗殴等几组场景较为明显，但依然无法与经文所述一一对应（图 5-13）。尽管此龛连环画所刻内容大多难以辨认，但却并不妨碍观者欣赏这些小巧的浮雕作品，那些高仅盈寸的人物、

图 5-12
千佛寨第 96 号龛
“十二大愿”局部。

图 5 - 13
千佛寨第 96 号龛
“九横死”局部。

动物，仅略加斧凿，形象朴拙，但亦颇为生动可爱，且动态、构图均自由无拘，充满世俗情趣，恰可作为饱赏八大菩萨等杰作之后的轻松调剂。

“药师经变”为佛教艺术的经典题材。《益州名画录》载，画家赵忠义曾在成都中寺六祖院旁绘“药师经变相”，今早已无存。在佛教造像中，药师佛与其他造像有多种组合模式，包括：一、独立药师佛（如安岳净慧岩第3号龛）；二、双尊组合，如药师佛与释迦、阿弥陀佛、地藏、观音、文殊等之组合；三、三尊组合，如药师佛与观音、地藏菩萨，或与日光、月光菩萨（合称“东方三圣”），或与药王、药上菩萨等；四、五尊组合，如药师佛与日光、月光、药王、药上四菩萨；五、最复杂的构图当然是“药师经变”，如千佛寨96号龛这般药师佛与八大菩萨、十二药叉大将、十二大愿、九横死的组合，在石窟造像中属极其隆重的构图。

安岳木鱼山石窟第K15龛，是又一处颇具规模的“药师经变”，约雕凿于唐末五代时期。龛为外方内圆拱形双层龛，外龛高、宽皆近二米。内龛龛楣及两侧龛面雕十二个方框（上、左、右各四个），方框内刻“十二大愿”场景（图5-15）。内龛设“凹”字形坛，正壁刻药师佛、二弟子及日光、月光二菩萨，药师佛头顶同样刻宝盖及二身飞天。宝盖上部为八角形伞盖（中央饰以金刚杵），中部为盛开的莲花，下部为华绳。二飞天身姿窈窕，刻功犹在千佛寨之上。左、右侧壁刻八大菩萨，每壁四尊，分作上下两层，下面两尊坐莲台，上面两尊坐于弯曲婀娜的莲茎所托莲台之上，构图优美。左壁内侧刻锡杖，由一云端神将所持；右壁内侧刻莲蕾，亦由一神将护持，极漫漶。锡杖与莲蕾皆为药师佛之重要象征，有时直接持于药师佛手中，有时由胁侍护持。“凹”字形坛下部正中刻香炉（已风化），左右各刻六药叉大将半身像或跪像，合为十二药叉大将，亦风化严重。此龛构图可与千佛寨第96号龛互相参看，各具特色。可惜残损处多经当代修补，材料用水泥，粗糙拙劣，尤其主尊螺发如一枚枚尖锥，而菩萨头部常被修成佛头，不伦不类，令人不忍卒睹（木鱼山多座窟龛皆然），是文化遗产修复之反面典型，令人扼腕。

安岳以外，药师佛与“药师经变”的实例亦为数不少。如夹江千佛崖第150号龛“药师经变”（不晚于中唐）、大足北山“药师

图 5 - 14
木鱼山石刻造像。

图 5 - 15
木鱼山第 K15 号“药师经变”龛全景。
王南 摄

经变”六龛等。敦煌壁画中亦多此题材，其中莫高窟第 148 窟（盛唐）主室东壁“药师经变”，为一宏大壮伟场面，系莫高窟此类作品中尺寸最大者，主体画面左右两侧绘制十二大愿、九横死，分别由上而下排列在两侧纵轴之中。美国纽约大都会博物馆藏有山西洪洞广胜寺元代大殿的巨幅“药师经变”壁画，中央主尊药师佛，左、右胁侍菩萨分别手持药钵和锡杖，八大菩萨、十二药叉神将分居两侧，无比壮观，摄人心魄，此皇皇巨作是唐代药师经变的元代余音。

西方三圣

第 24 号（白字第 8 号）为西方三圣龛，规模宏壮，为千佛寨又一巨制（图 5-16）。据傅成金、唐承义《四川安岳石刻普查简报》（1993）称，龛高六点六米，宽五点三米。据此前学者调查记录，[10] 龛右侧壁下半部曾存有唐天宝四年（745 年）造像题记，残文曰："……药师琉璃光佛一龛，右清信女弟子申□□愿为亡人□□□□者失地□□。天宝四载九月二十三日表（裱？）装迄就设

图 5-16
千佛寨第 24 号龛西方三圣局部。

斋□□□。”

龛左壁则残存南宋绍熙三年（1192年）重修造像题记一则云：“……作大佛事，福报将来，良可知矣。时皇宋绍熙三年岁次壬子七月初八日建，日役一十三（五?）人，至当月二十八日工毕。住山了诠奉命题。郡人攻镌文琈，男师锡、师窸奉令重修中尊长寿王如来，并记。”[11]

综合以上两则唐、宋题记，胡文和推测此龛唐天宝时为药师佛题材，南宋绍熙时改刻为目前所见西方三圣龛。[12]其中左侧壁南宋题记尤其珍贵，记载了安岳文氏家族的文琈及其子文师锡、文师窸曾参与此龛主尊之重修，该题记至今仍历历在目，[13]而唐天宝题记已难觅踪影。

现存正壁三尊像为宋代改刻，共同立于一座带半穹顶的大龛中，三像皆有桃尖形头光，延伸至半穹顶中。主尊阿弥陀佛，高四点八米；左为观音菩萨（宝冠残，但仍可见化佛下部云朵及莲座），右为大势至菩萨，二像均高三点一米。值得注意的是，左侧观音菩萨披云肩，上身大部分裸露，衣饰较近唐代菩萨（如第50、51、56号龛等），而大势至菩萨身着佛衣，宽袍大袖，饰以璎珞，右肩存莲蕾、莲叶，二菩萨宝冠虽上部皆残，但仍看得出接近华严洞、茗山寺宋代菩萨宝冠，因此二者明显带有唐宋过渡时期之特点，与龛中同时存有唐（天宝）宋（绍熙）题记颇能契合。主尊佩戴腕钏，也是安岳唐代佛像不常见的做法，反倒与华严洞主尊类似，与南宋重修主尊题记吻合。三像身材匀称，小腹微凸，与茗山寺宋代大像近似。唯各像之面部，明显历经多次修补，状若浮肿，双眼尤甚，远

图 5 - 17
千佛寨第 24 号龛右侧壁上部“说法图”。
徐浩洋 摄

不复安岳其他宋代造像之优雅风采，尤足叹息（图 5-18、图 5-19）。然而由菩萨宝冠、各像衣纹之雕刻技艺，仍可推知造像原本水准。

龛之左右侧壁皆部分坍塌，故此龛若完整未损时，应可算作真正意义的石窟。右侧壁刻有上、中、下三龛。上方为“说法图”（外侧坍塌），现存中央主佛及其左侧一弟子、一菩萨、一金刚，余皆塌毁，但据对称构图可知原为典型的一佛、二弟子、二菩萨、二金刚组合，宛然唐风，一如第 50、51 号双窟各像，其中菩萨尤美，且保存极好，或为题记中所云唐天宝四年（745 年）原作（图 5-17）。中龛为一佛、二菩萨，略不及上龛精美，保存亦不佳，菩萨头皆残。下龛内容、风格均与中龛同，然三像头皆不存。此龛之下复有一凹龛，内刻一立像于莲台之上，惜风化难辨。

左侧壁上部也存一唐龛，为一佛及左侧一菩萨、右侧二菩萨

图 5 - 18
千佛寨第 24 号龛左侧观音菩萨像。

图 5 - 19
千佛寨第 24 号龛主尊阿弥陀佛像。

（图 5-20）。主尊基座下方浮雕三尊胡跪供养人，颇生动可人。供养人下方壁面即珍贵的南宋重修题记。最右侧菩萨足畔还有一身小供养人像，其实位于正壁左上方，留着卷发。此龛颇多风化残损处，不及对面右侧壁上方盛唐龛保存得好。左侧壁下部外侧刻一身菩萨立像，上部内侧刻一善财童子，恰位于正壁观音之左上方，与观音形成构图上之呼应。善财童子下方刻一立像（或为龙女），严重风化不可辨。左右两侧构图不对称，或为历代改刻之结果。

图 5-20
千佛寨第 24 号龛左侧壁上部龛像。
徐浩洋 摄

莲上千佛

除上述几座雄伟大龛及精致小龛之外，千佛寨尚有众多饶有趣味、值得驻足的题材。于古藤环抱、意境幽谧的山径中徜徉，仰观俯察高低散布的诸龛像，亦不失为赏心乐事。

千佛寨以“千佛”为名，多处窟龛皆壁刻千佛，除了前述第56、96号大龛中常见的千佛之外，还有一种独特样式：表现为一系列宛转升起的莲花上有千佛化现，有学者研究称其属于“无上大神变”题材。[14]典型者如千佛寨第1号龛（约唐末五代），三壁皆分上下五层刻莲花上之千佛，现今最下一层不存，上四层犹存一百一十五尊佛。再如白字第48号龛，正壁刻一佛二菩萨，两侧各刻十三身莲上佛。类似的造像模式还能在卧佛院第31号龛、木鱼山的所谓“五十三佛”造像中见到。白字第50号龛则是由此种千佛与右侧壁二弟子、左侧壁一弟子、一菩萨（？）构成的特殊组合。[15]

白字第14号龛为“数珠手观音”题材。观音身材修长匀称，着袈裟，右手搭于左腕，双手齐握念珠，因而得名。惜此像一方面风化严重，更可惜的是面部为当代补刻，水平低劣，令人遗憾。安岳净慧岩第15号龛“数珠手观音”有准确年代题记，为南宋绍兴二十一年（1151年）造，且匠师为文氏家族的文仲璋及其子文琇，该像原本造型、神韵俱佳，惜亦为当代妆彩破坏。同类题材以大足最多，艺术造诣亦最高。

白字第22号龛为弥勒说法图，左侧壁刻五菩萨，其中之一为地藏，右壁刻五菩萨（？），门外刻二力士（？）。[16]其中地藏菩萨神采奕奕（惜面右部残），乃安岳同类题材中神品。龛沿两侧各刻一道经幡随风飘荡，分书“增福德茂”“续惠命基”，字迹较拙劣。

千佛寨中最神秘难懂的，是一些多佛、多菩萨并立的题材。如白字第13号龛，正壁刻七尊佛与菩萨相互交替之立像，各像均真人大小，从右至左依次为：菩萨 - 佛 - 菩萨 - 菩萨 - 佛 - 菩萨 - 佛；左侧壁刻一尊立佛，原来或许有右侧壁，已坍毁不存（图5-21）。其中，诸佛与菩萨皆戴宝冠，不知为何种特殊组合。抑或所有穿佛衣者皆为菩萨（一如第96号龛八大菩萨中着佛衣者），则合而为八大菩萨？目前仅能存疑。各像身材修长，上身后仰，小腹前突，或为五代作品。又如白字第47号龛，龛中由右至左分别刻：菩萨坐像 - 大悲观音立像 - 菩萨立像 - 佛立像 - 佛立像 - 菩萨立像 - 菩萨坐像，同样复杂难识。[17]

图5-21
千佛寨白字第13号龛佛、菩萨交替排列。
王南 摄

大悲观音亦为千佛寨常见内容，共计四龛，惜风化厉害，保存皆不及卧佛院、圆觉洞，但其位于高高低低岩壁之上，阴翳掩蔽、藤蔓缠绕之间，千臂如莲花绽放，别有一股神秘意韵。

六

孔雀展翅载明王

与前文谈到的一系列鸿篇巨制相比，孔雀洞在安岳石窟中宛如一则清新的小品。现存主要窟龛造像仅有孔雀明王一龛，孔雀洞之名即由此而得。孔雀明王龛正对大门，龛前建一座亭状龛檐，飞檐翼角，造型不俗，屋顶垂兽的位置分别雕孙悟空与猪八戒，颇富趣味；二檐柱柱础四隅雕成莲蕾，亦颇精致。此龛由于曾长期充作当地一户人家的厨房，经年累月，被烟火熏得一龛造像黑黢黢一片，所幸也因此得以免遭其他自然或人为之破坏，造像外形保持尚佳，只是俨然成为一尊黑孔雀明王。

孔雀明王龛北侧有一大龛，据吴觉非《四川安岳县的石刻》（1956）一文介绍，上层佛像为唐代作品，惜该文无照片展示彼时留存状况，现状各像皆为当代改刻及妆彩，伧俗不堪。现在的孔雀洞文管员正是当年住户，对于孔雀明王龛及周边造像皆如数家珍，总是热情地给各地来的游人讲解。

孔雀明王龛坐西朝东，对面正对一小丘，烟树葱茏。龛之右侧，野地中尚存一尊坐像残躯，据其流畅精丽之衣纹，犹可辨原本雕刻之精，加之遍体苔痕斑斑，更添几分禅意。再向右不远处即为农舍、菜圃及树丛，几株大树枝干皆覆满青苔，景致入画。

沿孔雀洞左侧山道拾阶而上，可达一座乡村小寺，大雄宝殿前竟然建有一座牛棚，颇富野趣。第二进院，于大雄宝殿与三清殿（似乎此寺亦是佛道共处）之间伫立一座高耸的八角三层石塔——经目塔，此塔为安岳石构古塔之佳作，因塔身檐柱刻佛经目录而得名。塔二层北面两根檐柱上刻有楹联“惟有吾师金骨在，曾经百炼色长新”，与毗卢洞“幽居洞”楹联遥相呼应。各层檐下大多刻四圆龛，内雕小坐佛，又令人想起毗卢洞诸圆龛小佛像。此外，塔柱上所刻经目中上百个“经”字，使用了多种不同写法，包括异体字，亦与毗卢洞“十炼图”题记异曲同工，耐人寻味。

孔雀明王

孔雀明王龛为平顶龛，平面近半圆形，龛高四点零七米，宽三点三米，进深一点七七米。正壁居中为主尊孔雀明王，左右两侧分上下两层造像，上层左右分立四天人、六天人，下层左右各立一神将。右侧壁上层为四神将与阿修罗战斗场面，据大足宝顶山大佛湾第 13 号孔雀明王龛同类题材题记可知，应称作“天胜阿修罗”，下层为明清刊刻题记；左壁完全坍塌，据大足孔雀明王龛推测，应为比丘被蛇咬之情节（出自《孔雀明王经》，图 6-1）。

孔雀明王结跏趺坐于孔雀王所驮莲台之上，为典型安岳宋代菩萨造型，头戴高宝冠，身披佛衣，胸前饰璎珞。宝冠不仅雕刻精丽，一如华严洞圆觉菩萨，更精彩的是两侧各雕有一朵写实牡丹花，一如塔坡毗卢佛之华冠，冠中央为莲花座上之坐佛。面目虽全

图 6 - 1
孔雀明王龛主尊全景。

被熏黑，但依然能看出其低眉垂目，宝相端严，与华严洞圆觉菩萨的甲组面庞十分接近；唯头部比例较大，略接近大足圆觉洞诸菩萨。孔雀明王共计四臂，左边第一手置于小腹前，手持长茎莲花，莲茎蜿蜒，并带一片浑圆的荷叶；第二手置于左膝头，手中托一果盘，内盛桃形果实；右边第一手举至胸前，惜该手已残；第二手置于右膝，手执梵夹。各手指均纤细且指甲极为细长，与毗卢洞柳本尊之手如出一辙。

以上造型应是依据唐代密宗创始人之一——不空所译《佛说大孔雀明王画像坛场仪轨》雕造，该经文有云："……佛母大孔雀明王菩萨，头向东方，白色，著白缯轻衣。头冠、璎珞、耳珰、臂钏种种庄严。乘金色孔雀王，结跏趺坐白莲华上或青绿花上，住慈悲相。有四臂：右边第一手执开敷莲华，第二手持俱缘果；左边第一手当心掌持吉祥果，第二手执三五茎孔雀尾。"

由是可知，安岳孔雀明王与不空所译造像仪轨大致吻合，但亦略有变化。最明显的是左右手所持之物互换了位置——大足现存孔雀明王诸例则与安岳正好相反，更符合造像仪轨（详见后文）。

依据上述仪轨以及与安岳孔雀明王形制最为接近的大足宝顶山孔雀明王可以推知，此尊明王残损之右手中应持孔雀尾翎。另外一个明显的变化，即明王手中的梵夹（即夹在佛经外的封夹），应是安岳、大足地区的“新发明”，代替了造像仪轨中略显重复的俱缘果和吉祥果之一，于是大足-安岳造像系统的孔雀明王，四手中大多执莲花、果实（吉祥果或俱缘果）、孔雀尾翎和梵夹。

孔雀明王的另一类造像仪轨，依据义净所译《佛说大孔雀咒王经》，该经记孔雀明王“于莲华上立或于金座上立”，“右边一手持柚子，一手执莲华，左边一手持吉祥果，一手执孔雀尾三茎”。此外，在梵、藏佛教仪轨中，孔雀明王可为一面二臂、三面六臂、三面八臂等造型。安岳这尊孔雀明王显然据不空所译仪轨略加变化而成——只是仪轨中明言孔雀明王“白色，著白缯轻衣”，且“乘金色孔雀王，结跏趺坐白莲华上或青绿花上”，何等之脱俗绝尘，可惜安岳这尊明王（包括孔雀王及莲座）通体皆被人间烟火气沾染成乌黑一片，恰与经文背道而驰，令人啼笑皆非。

顾盼东南

再来看孔雀明王像的另一主角——孔雀王。孔雀王被刻成极其写实的孔雀造型，其最特别之处在于未刻出下半身及双腿，而是刻作展翅飞翔之状，双翅以下即为龛内地面（仅有一极矮之台座承托），其两侧壁面遍刻祥云，造成孔雀载着明王翱翔云际之感，构思极富创意，与大足其他各孔雀明王造像（除宝顶山大佛湾第155龛之外）以及敦煌壁画中诸像，皆不相同。后者多将孔雀雕刻或绘制成全身立像，双腿直立，双翅或平展或下垂，有时还塑造成开屏之态，但不论何种姿态，皆不及安岳孔雀飞翔载明王之造型来得浪漫而富于想象力。安岳孔雀洞与宝顶山大佛湾两处孔雀明王之构图为同一模式，与别处皆异，应属孔雀明王图式的一大创新（图6-2）。

除了整体构思，孔雀王造像的细节也十分精彩。首先依照经文仪轨，孔雀明王面朝东方，因此整个窟龛、明王身体及孔雀王身躯皆为东向——然而最妙的是，孔雀的头部却微向右偏，一双炯炯有神、熠熠生光的双目，全神贯注望向东南，似乎要载着明王向东南方（亦即大足方向）飞去，不但一改头朝前方的刻板构图，且颇具"孔雀东南飞"之美妙诗意。

图 6 - 2
孔雀明王龛孔雀，作侧首展翅状。

孔雀造型高度逼真，从中可见宋代写实花鸟画之影子。颈部正面刻疏朗的波浪纹，头部、颈部背面、背部及双翅皆刻优美的孔雀翎纹。双翅在与正壁接触之处自然停止，融入云纹之中，仿佛穿云而出之感。

左右两侧作为孔雀明王背景的造像，均位于云端，更增强了孔雀明王腾云驾雾的效果。正壁上层，左侧云端立四天人，其中最内侧一神将向主尊拱手施礼，右侧云端分两排立六天人，大部分头残，仅前排居中者保存较完整，手托果盘，躬身向主尊行礼。正壁下层，左右云头各立一护法神将，皆戴头盔，身上帔帛随风飘举，俱向主尊行拱手礼（图 6-3）。右侧壁上层最为精彩，展现“天胜阿修罗”之激烈战斗场面，与正壁主尊及诸天人、神将之庄重形成反差。内侧刻四天将立于云头：上部二将一抱石作投掷状，一持矛刺出；下部二将一张弓搭箭，一执旗而立。外侧与四将对敌者即阿修罗，三面六臂，三面均凶狠猛恶，六手分持日、月、羂索、宝剑、三叉戟等——匠师将内侧四将置于较高位置，居高临下攻击阿修罗，而阿修罗不仅居于下首，而且身体已近龛缘，显得尽处下风，仿佛下一刻就将被逐出龛外，这巧妙的构图安排，强化了“天胜阿修罗”的主题（图 6-4）。

左壁已全塌毁，但据大足宝顶山孔雀明王龛可推测，与“天胜阿修罗”情节相对之处，多半为“比丘被蛇咬”情节，出自《孔雀明王经》，经文核心内容由“比丘被蛇咬”和“孔雀王本生”两个故事组成，叙述比丘莎底（Savati，或意译为吉祥）劈柴时被蛇咬伤，中毒倒地，阿难为之求助于佛陀，佛陀遂说往昔作金曜孔雀王时曾被

图 6 - 3
孔雀明王龛正壁护法神将像局部。

图 6-4
孔雀明王龛右侧壁上部“天胜阿修罗”场景。

网所缚，后持念孔雀王陀罗尼而获救之事，并宣称孔雀明王有大威力，可祈雨祈晴、去毒治病、驱除鬼祟、求子、延寿、止兵戈等。[1]孔雀明王信仰在民间广为流行，应与经文所述孔雀明王之上述威力相关。

据《益州名画录》《宣和画谱》《南宋馆阁续录》等文献记载，唐宋时期孔雀明王图像颇为流行，曾经绘制孔雀明王像的著名画家包括吴道子、卢楞迦、翟琰、姚思元、杜倪、曹仲元、王维、张南本等，可惜上述画家的孔雀明王作品皆无幸存者。除了安岳这尊孔雀明王造像之外，敦煌与巴蜀（特别是大足）还有一批同题材作品，前者为壁画，后者为石刻。[2]

敦煌共有八铺孔雀明王壁画，包括五代时期三铺（莫高窟第205、208窟，瓜州榆林窟第33窟）、宋代五铺（莫高窟第133、165、169、431、456窟）。其中，莫高窟第205、208窟甬道上方孔雀明王均一面四臂，分持孔雀尾翎、莲花、莲蕾及果实。莫高窟第133、165、169窟及瓜州榆林窟第33窟孔雀明王皆一面二臂，左手执孔雀尾翎，右手施与愿印。莫高窟第431、456窟孔雀明王则为一面六臂。

巴蜀地区孔雀明王造像主要集中在大足，除大足北山佛湾第155窟刻于北宋末年外，石门山第8窟、北山多宝塔第36龛、玉滩第2龛及宝顶山大佛湾第13龛皆为南宋作品。大足北山佛湾第155窟（北宋靖康元年即1126年）以孔雀明王像为中心柱，左、右、

图 6-5
大足石门山第 8 号窟孔雀明王像。
袁牧 摄

后三壁布列千佛，形制接近中心柱窟，在四川石窟中比较少见。大足石门山第 8 窟形制与上例类似，明王与孔雀造型均极其瘦高，别具一格（图 6-5）。玉滩第 2 龛（约南宋绍兴年间）孔雀明王为一面二臂，与蜀地其余诸例皆不同。大足宝顶山大佛湾第 13 号龛与安岳作品最为接近：正壁居中为孔雀明王，头戴七佛冠，冠中间为一立佛，两侧共六尊坐佛，四臂持物与安岳内容一致，仅左右互换位置；两侧分两层刻天人、随侍、修行者等；左上隅为比丘被蛇咬场面，右上隅为一乘孔雀人物以及持“天胜修罗”旌旗之神将；龛内底部浮雕龙、蛇、龟等动物。此外，四川遂宁龙居寺存有晚唐孔雀明王龛，为目前所知仅存的唐代实例。中国营造学社 1939 年考察乐山龙泓寺摩崖石刻时曾拍摄一龛立佛与孔雀明王的组合，惜今

图 6 - 6
中国营造学社拍摄的乐山龙泓寺孔雀明王像旧影（1939 年）。
清华大学中国营造学社纪念馆藏

已不存（图 6-6）。

由于巴蜀地区大量孔雀明王造像皆出现在安岳、大足两地，而此二处又是柳本尊造像集中雕凿的区域，故有学者认为蜀地的孔雀明王信仰（本属密宗）或许与柳本尊所创之四川密教有所关联。

七 佛道共享自然妙

在安岳各主要石窟中，玄妙观最远离城镇喧嚣。由于地处偏僻，游人罕至，意境幽绝，若单就与自然之交融而论，在安岳当推第一。

造访玄妙观，沿途的田园风光极富诗情画意，仿佛欣赏正剧之前一出悠长美妙的序幕。玄妙观位于安岳县城西北二十五公里的鸳大镇玄庙村集圣山北面山腰，地名“巷子湾”。由县城一路经由高速、国道等各级道路之后，还要驱车走过许多蜿蜒逶迤的乡间或田间小路，有时满路曝晒着金灿灿的玉米。途经一处处田园、池塘，车窗之外，一时是“绿树村边合”，一时是“白水塘边白鹭飞”。冬日里来时，田边几株高树萧疏恬淡，仿若倪云林画意；金秋时节再访，沿路盛开的斑茅花，形如芦苇而色作淡粉，宛如团团粉雾，比之宋人花卉图更富自然野趣。车行至道路尽头，泊车于民宅院前小平台上，再沿一条土路登上小山，一路曲折盘旋，经过一片玉米地、一片墓园，最后来到一座竹林掩映中安岳典型的石柱木构瓦屋跟前，那便是寻访玄妙观的最重要地标，而绿竹下的篱笆中养着的几只大白鹅，又是确认此处农舍的标志。竹林、村舍、群鹅，俨然一幅田园山居图，就只差陶渊明或者孟浩然端酒出来相迎了。沿着农舍旁的山道继续上行数十步，这处山间秘境便映入眼帘。

环石凿龛

玄妙观的精华是唐代造像二十六龛，沿着一块天然巨石（当地称“石包”）的一周呈环形分布。这些唐代龛像道、佛兼备，包括道教龛七座，佛教龛六座，以及最富特色的“佛道合龛”九座，此外还有碑刻四龛。整个石包构成一个佛道共享、融合的小世界，是盛唐时代安岳佛、道二教关系的真实写照。石包上另有三座清代龛。此外，尚有两龛清代造像及一龛当代造像位于此石包东侧十余米的另一石包，故玄妙观总计三十二龛，据统计有大小造像一千二百九十三躯。

这块天然大石包略呈不规则五边形，中部宽十七米，最高处达七点四米，周长四十六米，南高北低，有石板路环绕石包一周。由于地势南高北低，石壁反而是北侧壁面最高，布置一组大龛；南侧壁面仅高二点五米，密布小龛。一周壁面均留有较密集孔洞，应系历代龛前木构建筑所遗。玄妙观龛像从石包东北面“老君岩”的老君龛编为第 1 号，然后沿逆时针方向依次编号：北壁为第 2–5 号；西面分作南北两段，北段为 6、7 二龛，南段为 8–13 龛；南壁为 14–19 龛；东壁分上、下两层，上层位置靠南，分布第 20–22 龛，下层靠北，分布第 23–26 龛和第 1 龛，如此构成一周环状布局。玄妙

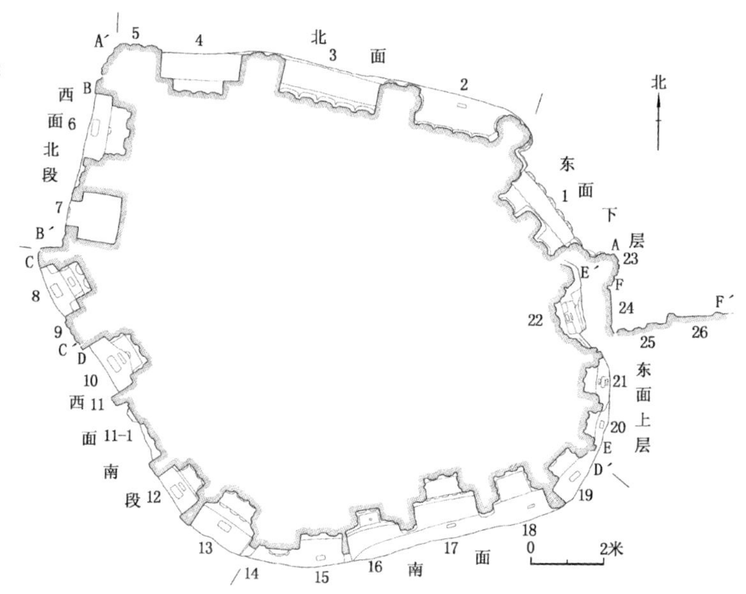

图 7-1
玄妙观大石包平面图。
四川大学历史文化学院考古学系 等（2020）

观大石包，与千佛寨、茗山寺等环山一周布置的窟龛群相比，便如同一个袖珍模型，在安岳石窟中属于十分小巧可人的类型，足堪玩味（图 7-1）。

有趣的是，此二十余龛环绕石包一周的布局，颇有几分依照八卦方位布局的意味：其中，第 24 号龛唐碑，即记载玄妙观龛像营造经过的《启大唐御立集圣山玄妙观胜境碑》朝向正东，属于八卦的“震”位；第 1 号老君龛朝向东北，艮位；第 2–4 号为统一规划的大型三联龛（道教龛），朝向正北，坎位；第 5 号转角金刚力士（包括与之比邻的“救苦天尊乘九龙”）、第 6 号佛道合龛及第 7 号（空龛）朝向西北，乾位——尤其值得注意的是位于乾位的救苦天尊乘着九条龙，数字九在《周易》中正是乾的象征，而周易乾卦爻辞更是与龙密切相关（所谓潜龙勿用、见龙在田、或跃在渊、飞龙在天、见群龙无首、亢龙有悔等）；第8–11号龛包括佛道合龛、佛教龛，朝西（略偏南），兑位；第12–15号龛均为佛教龛，朝西南，坤位；第16–18号龛为又一组统一规划的三联龛，皆为佛道合龛，朝南（略偏东），离位；第19–21号龛均为佛道合龛，朝向东南，巽位；第22号龛为佛教龛，位于24号龛唐碑的正上方，同样朝东——如此构成周而复始的布局，不知是否为玄妙观龛像群原始规划的意旨所在？鉴于此处是安岳乃至中国最重要的道教摩崖龛像群之一，依八卦方位布局亦属合理。

如今，第1号老君龛前建有当代木构龛檐加以保护，柱础颇古雅；第2–4号大型三联龛亦有文保用房加以维护，文保用房前接新建大殿，内奉当代造像，水准与盛唐造像相去甚远。石包西、南、东南三面完全与自然融合，周围小径、台阶上皆遍生绿苔，令玄妙观一派“苔痕上阶绿”之清幽意境，亦道亦佛，充满自然妙韵。沿第19、20号龛间的几步石级可登上石包之顶，顶上现存四十余处柱洞，多为圆形，少数方形，推测系石包顶部历代建筑遗痕。由石顶俯瞰周遭田园山水，颇赏心悦目：东西两侧皆为农田，北望空阔，南侧则为玄庙村小学旧址，现已废弃，其前身则是清代云龙书院（1949年以后改建为小学），北侧紧贴石包为文保用房及新建大殿绵延之屋瓦。据当地老乡回忆，民国时玄妙观尚存七重殿宇，道士数十名，民国末年道士四散，观亦衰颓，至1950年代以前，石包顶尚存八角亭一座。

玄妙观龛像有着颇为清晰可证的开凿年代记录，十分难得。首先，第 14 号龛唐碑的碑文中有“开元十八年五月廿五日同邑人李玄则”字样。[1] 其次，第 24 号龛《启大唐御立集圣山玄妙观胜境碑》中，更有供养人左识相父子、道士李玄则共同主持开凿“天龛”“王宫龛”“救苦天尊乘九龙”等龛像的记录，且明确记载自唐开元十八年（730 年）七月兴工，至天宝七年（748 年）八月完工，弥足珍贵。此外，第 11 号龛内还有“大中十四年”（860 年）的年代记录。据《舆地纪胜》可知，南宋时安岳县仍存有《唐老君应见碑》《唐紫极宫碑》等重要道教碑刻，可作为唐代安岳道教繁荣之证，然而这些碑刻今已不存。于是玄妙观碑刻，尤其是《启大唐御立集圣山玄妙观胜境碑》，成为关于玄妙观及安岳道教珍贵的原始文献。

综上可知，玄妙观唐代龛像多雕凿于唐玄宗开元、天宝年间，亦有成于晚唐者，可作为安岳唐代龛像（尤其是道教龛像）重要的“标准器”。

然而最足痛惜的是，玄妙观虽地处偏远，却不幸在“文革”时期遭受严重破坏：北面第 3、4 号龛受损最为严重，主要造像多被利斧凿毁，仅存轮廓，残躯上斧痕斑斑，且斧凿标语口号犹历历在目；其余各龛造像之头、臂等亦多遭凿毁，大多伤痕累累——而今见之，仍能想象昔日破坏时之惨烈情境。同样是刀、斧、凿、锤等器，在安岳古代匠师手中，成就了鬼斧神工的艺术杰作，而在盲目的文化遗产破坏者手中，则令这些古人心血之作遍体鳞伤，实在引人深思。

玄妙老君

第 1 号老君龛为双重龛，内龛起一坛，于坛上设像。正壁刻一老君二真人，左右侧壁各刻一女真。真人、女真身后仿照佛教天龙八部，左右各刻五尊护法，合计十护法，有学者认为此十身像加上老君左右二真人，合而为“十二时神”（图 7-2）。

图 7 - 2
玄妙观第 1 号龛。

图 7-3 玄妙观第 17 号龛老君像局部。袁进钊 摄

主尊太上老君盘坐于莲座上，座底部刻四身狮子，通座高二点零四米（约合唐代七尺），有桃尖形头光，内饰两圈莲瓣，头戴莲花冠，绾桃形髻，三绺长髯垂至胸前。腹前刻一凭几，双手置凭几上，执麈尾。可惜老君像经当代妆彩，色彩艳丽过度，红唇黑眸，甚至眼神向右侧斜瞟，颇富喜感，不复唐代造像之凝肃庄严。从胡文和《四川道教佛教石窟艺术》（1994）一书的老照片（图版二十）中，犹能见到早年被妆彩破坏之前的老君容颜。如欲揣想唐代老君像风采，亦可对照内龛口外左侧真人像或第 17 号龛老君像（图 7-3）。

左右二真人立于莲座上，二像皆高一点五米（约合五尺），有圆形头光（类似佛教窟龛中的弟子），戴莲花冠，绾桃形髻，左侧真人双手执笏板于胸前，右侧真人双手笼袖中置胸前。左右侧壁立二女真，二像均高一点六五米（约合五尺五寸），头光造型与老君同，面部均残，戴雕刻精美卷草纹之高宝冠，但无菩萨冠中化佛及披肩长发，身穿宽袍大袖之双领道袍，内着交领衣，饰 X 形长璎珞，帔帛在下身形成两道 U 形纹，整体造型乍一看酷似宋代菩萨，然足部翘头履残痕鲜明，非跣足。背景中各护法仿照佛教之天龙八部，左侧壁有戴虎头帽者，左边最外侧为执剑神将，与之相对，右边最外侧为执戟神将。龛口立一对小像，或为金童玉女，高零点九六米（合三尺二寸），手执莲花，花叶一直延伸至身体上方成为背景装饰，十分秀美，唐徐彦伯《幸白鹿观应制》云“金童擎紫药，玉女献青莲”，与此意境相仿（图 7-4）。小像莲座下各雕一卧狮，朝向龛外，回首相望，有趣的是二狮鬃毛一卷一直。

图 7-4
玄妙观第 1 号龛内龛口左右侧金童玉女立像。
袁进钊 摄

内龛门外左右两侧分别刻二真人与一天王、一力士，左文右武，符合中国传统。[2] 天王高发髻，发带向上飘起，横眉怒目一如佛教金刚力士，但不似后者那样赤裸上身、下身着裙，而是全副铠甲，胸前为唐代典型的明光铠，左手叉腰、右手持剑，站姿不及金刚之三弯式有表现力，略呆板。天王之旁，于外龛右侧壁刻一力士，虽已严重残损，仍可看出俨然便是佛教金刚力士的翻版。天王、力士上方刻二身小真人。内龛门外左侧刻一真人，保存较好，三缕长须，仙风道骨，双手执如意。外龛左侧壁亦刻一真人，无胡须。二真人上方又刻四身小真人，最外侧一身已残，几不可辨。天

图 7-5
玄妙观第 1 号龛外女真像。

图 7-6
玄妙观第 1 号龛外龛下部十二女真像。
袁进钊 摄

王、力士分别高一点五五米、一点五米，约合五尺；二真人分别高一点七米、一点八米，约合六尺。各小真人约高零点九至零点九五米，约合三尺。

内龛龛楣雕刻一排坐像，共十三身，面部均残，造型如真人，皆高约零点二九米（约合一尺）。内龛基坛正面雕十二身坐像，均结跏趺坐于覆莲上，头部残，三绺长髯垂胸，高约零点二七米（约合九寸）。

外龛下部一字排开雕十二身女真立于莲座，各像高约一点五米（合五尺）。左起第一、二身位于外龛左侧壁，第三至十一身位于正壁，第十二身已溢出本龛范围，位于第 24 号龛内。均有桃尖形头光，造型接近龛内女真，惜面部皆残（图 7-5、图 7-6）。

众真人、女真、天王、力士一同拱卫老君，全龛造像总数（不含狮子）恰为六十四尊，合于八卦之数（然外龛左右侧壁上方真人数不等，不知右侧壁是否残毁不全）。而全龛造像高度由七尺老君

图 7 - 7
玄妙观第 23、23-1、24 号龛全景。
袁进钊 摄

直至九寸小坐像，等级清晰、主次分明。综观此龛，内、外龛布局秩序井然，为安岳盛唐道教龛之大手笔杰作。

老君龛右侧岩壁上书“老君岩”三个大字（编为第 23 龛），书法颇庄重大气。其下方为三真人立像龛（编号第 23-1 龛），像高三十六厘米，合一尺二寸。再下方则是珍贵唐碑《启大唐御立集圣山玄妙观胜境碑》（图 7-7）。

三龛骈列

玄妙观第 2–4 号龛分布在石包北面一道颇为平整高敞的岩壁之上，东西横亘约十三米，是统一规划设计的并联式三龛，为安岳道教龛像中规模最宏伟、内容最丰富者。学者推测，此三龛皆为《启大唐御立集圣山玄妙观胜境碑》所记，由道教徒左识相为超度

图 7-8
玄妙观第 3 号龛全景

其亡父母而开凿。

中央为第 3 号龛，正壁前设一矮坛，坛上造五主尊立于莲座上，各像高一点六二米（合五尺五寸），惜造像全被破坏，遍体凿痕。学者陈云依据《黄箓五老斋仪》推测此为五老像，即东方青灵始老九炁天君、南方丹灵真老三炁天君、西方皓灵素老七炁天君、北方黑灵玄元五炁天君、中央黄灵皇老一炁天君；造像主左识相开凿五老龛，应是为了使父母如《黄箓五老斋仪》所言“亡者生天，见存获福”，可备一说（图 7-8）。[3]

坛正面雕二十四身小真人立像，高仅零点二二米（约合七寸）。左、右侧壁各雕七排小像，结跏趺坐于台座上，像高零点二一米（合七寸），左壁上方六排各四身，底部一排六身，共三十身；右壁各排均四身，共二十八身。龛口外左右两侧各雕一天王立像，造型勇武，与第 1 号老君龛天王接近，左天王执戟，右天王执双头小三叉戟。

右侧为第 2 号龛，龛内环三壁造四天尊、二真人及二女真。四天尊皆留三绺长须，手执如意或麈尾，高一点八米（合六尺），陈云据《太上黄箓斋仪》《上清灵宝大法》等典籍推测此四尊像为“四司”，即司命、司禄、司功、司杀的四位仙官。龛口外左侧刻一执剑天王（图 7-9），右侧刻天王二身，靠内者执双头小三叉戟，靠外者执短棍（该像已转入东壁北端，并被今日文物保护用房的外墙隔在屋外）。

左侧为第 4 号龛，为外方内拱形双层龛，诸造像皆被毁，仅存轮廓。内龛龛楣及两侧龛面刻卷草纹，其上雕坐像，龛楣七身，两侧龛面各四身，均结跏趺坐于圆台之上。两侧龛面底部各雕一狮子立于山形座上。内龛造三主尊结跏趺坐于圆台上，不少学者推测此三尊造像为道教三清。三主尊身后刻一高坛，其上立二真人、二女真。坛两端各雕一身小型立像，应为金童玉女。内龛底部下方雕四个壸门，其内各雕伎乐一身，中央两身立姿，外侧两身坐姿。外龛龛口外左右两侧各雕一天王踩小鬼，小鬼保存状况为三龛中最佳，右天王拄剑（图 7-10），左天王执短棍。

各天王平均高约一点六米（合五尺五寸）。高髻，发带飘舞，披明光铠，第 4 号龛二天王两块胸甲内雕人面纹，形式颇为独特。诸天王皆有兽头护膊，有的还兼有兽头护膝。众天王一字排开，列阵于各龛两侧，使得原本骈列之三联龛更加气势如虹。

第 4 号龛左天王的左侧，雕一真人立于仰莲座上，头部及双臂残，最独特的是莲座下雕刻九龙，各伸出 S 形之头、颈，中央一

图 7 - 9
玄妙观第 2、3 号龛间天王像。

图 7 - 10
玄妙观第 3、4 号龛间天王像。

身朝正前方，左右各四身朝向两侧，呈对称分布。据《启大唐御立集圣山玄妙观胜境碑》中“救苦天尊乘九龙”之重要记载，可知此尊真人应为太乙救苦天尊，[4]可引渡受苦亡魂往生，有学者认为这是现存最早的救苦天尊造像（图 7-11）。救苦天尊头部左右侧各雕一像结跏趺坐于覆莲上。令人担忧的是，该处文保用房的一堵砖墙直接砌筑在救苦天尊下半身和九龙基座之上，不仅令这尊重要造像无法观赏，更直接对造像构成破坏。

图 7 - 11
玄妙观第 4、5 号龛局部：中央为“救苦天尊乘九龙”，左侧为第 5 号龛金刚，右侧为第 4 号龛天王。
刘长久（1997）

救苦天尊左侧，于石包北壁与西壁转角处，雕金刚力士一尊，现编号为第 5 龛（图 7-12）。此尊金刚宛然唐风，与卧佛院、千佛寨等处金刚如出一辙。其面部、右臂及双小腿颇残损，但丝毫不影响其生动气韵与威猛无俦之气概——尤其此像正处在壁面转折处，高踞于近二米的台座之上，身前空地又极其促狭，观者只能在文保用房西墙外小径上仰望之，于是产生剧烈的透视效果，双腿尤显修长有力，贴体飞扬的裙摆更增其威武。2022 年盛夏的一个黄昏，笔者一行沿石包西侧小径北行，至西北角转折处乍见此力士，红砂岩雕造的盛唐金刚力士在夕照中光芒四射，雄强劲健，气势无匹。

图 7 - 12
玄妙观第 5 号龛金刚力士像。

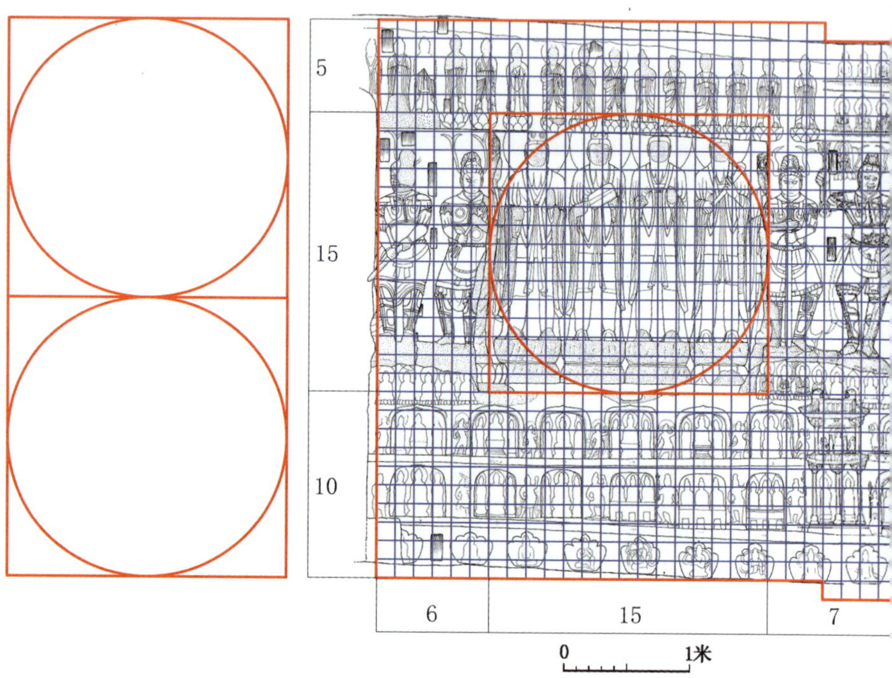
5
15
10
6
15
7
0
1米

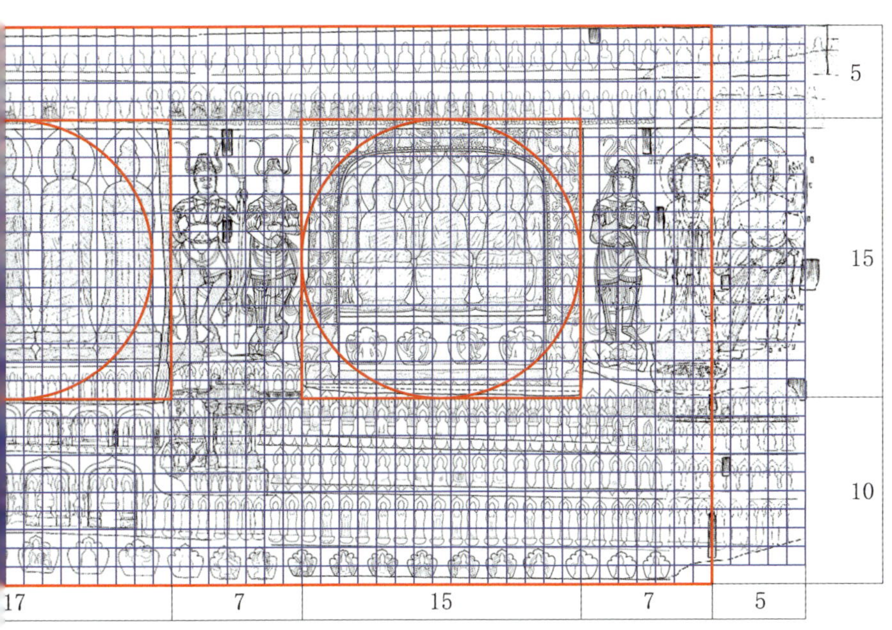

图 7 - 13

玄妙观第 2、3、4 号三联龛“经营位置”分析图（图中蓝线网格为唐代半尺见方）。

王南 绘（底图）四川大学历史文化学院考古学系等（2020）

三联龛外的壁面上，刻满各类造像，题材、形式皆丰富之极。

中央第 3 号龛顶上方凹槽内刻两排坐像，很像佛教窟龛中的千佛。下排坐像可见桃尖形头光。龛下方壁面刻两排小拱形龛，上排七龛，下排五龛，下排有尖拱形龛楣。各龛之间分别刻一力士或一天王。上排七龛均造一主尊、二胁侍；下排左侧两龛造一主尊、二真人，右侧三龛造一主尊、二女真。每座小龛自成一体，若慢慢逐一端详，亦不乏趣味。二排小龛左右，与第 2、4 号龛之间，各雕一楼阁、一殿堂，雕刻细腻，为安岳石窟中建筑题材之杰作，将于后文详述。

第 2 号龛顶上方雕十五身立像，头部均残，最右侧数尊转向东壁北端。龛下方壁面刻两排拱形小龛，每排六个，上排小龛有尖拱形龛楣。各龛之间同样立力士或天王。上排六龛均造一老君（或天尊）、二女真，下排左侧三龛造三主尊，右侧三龛造一老君（或天尊）、二真人。

第 4 号龛顶上方与第 3 号龛一样刻两排坐像，且二者连成一气。龛下方分三排造像，均若千佛，最上一排又分前、后两排交错刻小坐像。此外，在三龛所处壁面最底部与地面交界处，为一条连续装饰带，满刻壸门数十座，内刻造型各异的伎乐，这条壸门装饰带将三座内容各异的大龛连成一体。

此组并联三龛，内容丰富，大小造像无虑数百，但在整体规划布局上有条不紊，有着十分讲究的位置经营。如果取唐代一尺为二十九点五厘米，用半尺（即十四点七五厘米）见方的网格覆盖在实测立面图上，就能清楚地看出，三联龛之整体布局皆在半尺网格的控制之中（图 7-13）。三龛所在壁面总高三十格（即十五尺），其中，左右两侧的第 2、4 两龛，高、宽皆为十五格（七尺五寸）——由于二龛龛顶高度略高于龛口，故从立面图上看，高度略小于宽度，实际上根据实测数据，二者相等；[5] 中央第 3 号龛高十五格（七尺五寸），宽十七格（八尺五寸）；三龛下沿至地面高度为十格（五尺），上沿至顶部高度为五格（二尺五寸）；第 3 号龛左右两侧四身天王所在壁面各宽七格（三尺五寸）；第 2 号龛右侧二天王所在壁面宽六格（三尺），第 4 号龛左侧天王、救苦天尊所在壁面宽七格（三尺五寸），金刚所在壁面宽五格（二尺五寸，已转向西北）。甚至大龛外的小龛，也在这一网格精确控制之中，比如第 2 号龛下部两层小龛和一层壶门，从上到下分别高四格、三格、三格；第 3 号龛下部则变化为三格、四格、三格；第 4 号龛下部则细分作三格、二格、三格、二格。

由以上“经营位置”的分析中可知：设计的关键是令三座大龛的高度皆为十五格，也是整个壁面总高（三十格）的一半；左右二龛的宽度也同此数值，中央大龛则加宽至十七格，最终形成左右对称、主次分明的布局。前文曾分析指出，华严洞与毗卢洞“十炼图”龛均使用一尺网格进行控制，二者之整体规模及造像尺寸皆大于玄妙观三联龛。而在玄妙观这个实例中，由于造像尺度小且分布密集，于是匠人使用了半尺（即五寸）网格进行更加细腻的规划控制，但是运用方格网从事位置经营的基本设计方法，与前二例别无二致。

佛道共处

佛道合龛为玄妙观一大特色，共计达九龛之多。其中，一老君（或天尊）、一佛、一真人、一弟子、一女真、一菩萨、二力士的组合最为常见，共计六龛（第6、8、16、19–21龛）；在此基础上，于菩萨和女真外侧再加两尊小胁侍（金童玉女？）的组合，共计二龛（第10、18龛）；一老君、一佛、二真人、三弟子、二胁侍、一女真、一菩萨的组合，仅一龛（第17龛）。

第6号龛位于石包西面北端，紧邻第5号龛转角金刚，保存状况相对较佳（当然仍颇多残损）。此龛为外方内拱形双层龛，造像及壁面有后世妆彩，色彩明艳。内龛有尖拱形龛楣，龛楣及两侧龛面饰以卷草纹，纹饰中穿插坐像十身，呈对称分布，均结跏趺坐于盛放的莲花座上。

内龛环三壁造一天尊、一佛、一真人、一弟子、一女真、一菩萨，龛口外侧左右各刻一力士。佛教造像皆在右，道教造像皆居左，二者各享一半空间，平分秋色、和睦无间，为唐代安岳佛道二教共处的真实写照（见图0-3）。

天尊与佛居中，二像均坐于束腰仰莲座上。值得注意的是，二座的束腰正面绘制由四正、四维（即东 - 西、南 - 北、东南 - 西北、

东北 - 西南）线条和色块构成的“米”字形装饰。天尊造型一如其他道教龛，佛则身着袒右式袈裟，戴项圈（中央垂下一道“十”字形挂件），二像头均残。弟子与真人、菩萨与女真造型均颇接近，跣足与穿履依然是简单的辨析方法。二金刚则完全相同，属于佛道共享之形象。

图 7 - 14
玄妙观第 6 号龛局部，二主尊之间刻阿修罗。徐浩洋 摄

此龛中最有特色的内容是，在天尊与佛身后（即龛之正中央）刻类似天龙八部中阿修罗的护法神一身，三头六臂，双手合十于胸前，另外四手分执日月、规矩（图 7-14）。此外，弟子、菩萨以及真人、女真身后，各雕四身护法神（一如天龙八部），加上佛与天尊之间的三头六臂护法神，共计九尊。将三头六臂护法神置于正壁中央，是玄妙观佛道合龛的重要创造，在其左右分别布置佛道二教诸像，更加强化了龛像构图的对称性。佛身后最内侧一尊为大蟒蛇神，即摩睺罗伽；第二身戴虎头帽，虎爪搭于双肩，应为乾闼婆；第三身戴鱼形冠，应为摩羯鱼（我们在安岳仅发现此处一例）；第四身神将头上刻龙，应为龙众。天尊身后四护法难以辨认。

佛之身躯两侧雕“六拏具”（与卧佛院第 62 龛相同），最下雕二童子各骑于兽背，兽首朝向外侧，前腿抬起作腾空状，中部雕二

图 7-15
玄妙观第 16、17、18 号三联龛。

摩羯吞兽，兽向外侧作奔跑状，兽背上各立一大鹏鸟，回首相望（此组合多出现于川渝地区）。“六拏具”的介入，令全龛的重心又微微向佛教造像这半边偏移，耐人寻味。

内龛底部下方，中央雕一身跪姿力士，双手托一圆形香炉于头顶。力士两侧各雕一身供养人，其身后各雕一狮相向而立，狮子身后分别雕三或二身供养人立像。外龛左、右侧壁各开上下三排小龛，参差布置，内刻天尊、菩萨或供养人等，内容颇丰富。龛外上下左右雕有十四排坐像，状若千佛，其中最上方一排系由北面第 3 号龛延伸而来。

玄妙观规模最大的一组佛道合龛当属第 16、17、18 号龛，位于石包南壁东段，构成一组并联三龛，与北壁第 2、3、4 三龛南北呼应（图 7-15）。第 16 号龛与 6 号龛大同小异，所不同者在于：中央佛、道主尊的基座不再各自独立，而是直接连成一体，二主尊相邻的膝盖直接相抵，真是促膝而坐，愈发亲密无间，二者后部无三头六臂护法神（转移至右侧壁弟子身后）；此外，内龛口无卷草纹，而是采用安岳唐龛常用的五朵花饰。第 17 号龛为玄妙观最特殊的组合模式，内龛正壁一佛一老君，老君面部保存完好，十分难得

（见图 7-3）。右侧壁刻三尊大弟子一尊小胁侍（玉女）；左侧壁刻二真人一尊小胁侍（几乎无存，或为金童），龛口外左右刻一女真一菩萨。第 18 号龛则是在 16 号龛基础上，在女真和菩萨外侧各加刻一尊小胁侍即金童玉女立像。17 号龛外龛口左右两侧，各刻一尊女真倚坐大像，进一步强化了 17 号龛的中心地位。综合观之，此三龛造像组合各不相同，穷尽了玄妙观佛道合龛的布局模式，可谓集大成的杰作。

图 7 - 16
玄妙观第 11、11-1、11-2 号龛。王南 摄

石包上还有佛教造像六龛。第 12、13、22 号龛皆为典型的“说法图”，其中 13 号龛主尊为倚坐之弥勒，内龛卷草纹饰甚是华美流畅；22 号龛主尊亦为弥勒，二金刚皆已剥蚀难辨。第 15 号龛为二菩萨立像组合。第 11 号龛则为一碑、一弟子、一菩萨（或女真）、四天王之特殊构图，菩萨（或女真）右侧竖刻题记一则，内有“大中十四年”（即 860 年）的年代记录。右侧石碑碑身雕作上宽下窄，产生有趣的透视变形效果。四天王龛分别向上、向右打破其余二龛，年代应较晚；该龛下部刻三座壶门，内雕异兽（图 7-16）。

第 7 龛为一空龛，内供当代造像，原始作用不明。龛口左右各刻一身玉女（？），衣裙下摆刻出随风斜飞的几缕飘带，颇饶趣味。

石刻净土

第 2、3 号龛之间二天王正下方，刻二层楼阁一座，可视为盛唐木结构楼阁建筑的石刻模型（图 7-17）。楼阁下部为台基，下层面阔两间（楼阁面阔两间的实物，现已无存），二层面阔一间。一层立柱有柱础，且柱础分为下方上圆两层，应是取“天圆地方”的象征意义。柱头上承“一斗三升”式斗栱（由一个大斗、一道横栱和三个小斗组成），在云冈、龙门等石窟中皆十分常见。柱间无阑额联系，不符合结构原理，主要是为了避让两开间中的两尊女真像极其高耸的桃尖形头光，建筑结构的合理性让位于造像，因为这毕竟只是浮雕建筑，不存在真正的结构安全问题。斗栱之上雕出一层屋檐，屋瓦俱全，虽然残损，犹能依稀辨别瓦当、滴水等造型。二层无平坐（即由斗栱支撑的阳台），显然是雕刻匠师刻意简化了现实中复杂的结构。二层左右立柱同样承托“一斗三升”式斗栱，且立柱之间有阑额，但此阑额位于柱头上方，而不是像真实留存的唐代木构建筑（如山西五台山佛光寺东大殿）那样位于柱头之间，背后原因值得探析。重要的是在两组“柱头铺作”（北宋《营造法式》对柱头斗栱的称谓）之间雕刻了“补间铺作”，形式是唐代壁画

图 7-17
玄妙观第 2、3 号龛之间所刻盛唐风格楼阁建筑龛。袁进钊 摄
图 7-18
玄妙观第 3、4 号龛之间所刻盛唐风格殿堂建筑龛。王南 摄

中常见的“人”字栱承托小斗，唐风宛然，这是中国现存唐代木构遗存中均未出现的构件（见图 7-17），在这座有明确雕造年代（唐开元至天宝年间）的石刻建筑中出现，显得弥足珍贵，与现存唐代壁画正可相互参证。上层正中刻一拱形龛，内刻一主尊坐像、二胁侍真人，龛外左右刻二身力士。屋顶为歇山顶，屋脊、屋瓦皆雕刻细腻，尤其富有妙趣的是，将正脊两端的鸱尾雕作两个相对而望的鸟首，二鸟口中还各衔铃铎一枚，这一造型倒是与陕西蒲城唐玄宗泰陵出土的端部带有鸟首的鸱尾异曲同工。

第 3、4 号龛之间的天王下方则刻殿堂（或亭）一座。下部为一高台基，台基正面刻八尊坐像。殿身面阔仅一间，柱础处刻二兽，立柱、斗栱与前述楼阁同，同样无阑额。屋顶为歇山顶，特征一如楼阁。殿身内雕一拱形龛，内刻二并坐主尊，两侧刻二胁侍真人，环龛刻十一身坐像，坐于带有蜿蜒莲茎的莲台之上。龛下部刻三身立像（图 7-18）。以上两座阁、殿（亭）本身，又是内容丰富的小造像龛，属于典型的建筑形龛。

玄妙观这一阁一殿是安岳盛唐石刻建筑的代表。此外，在木鱼山和灵游院两处石窟的唐末五代净土变相龛中，还有更为精彩的石刻仿木建筑之表现。

木鱼山第 K18 号龛为安岳极具代表性的“观无量寿经变”龛，呈现了宏伟壮阔的“西方净土”场景。此龛为方形双层龛，内龛平面略呈马蹄形，高、宽均约二点五米，深一点六米。龛楣上方雕三朵祥云，祥云内各存九身佛像。两侧龛面各雕八个长方形格，每格内雕一幅场景，合为“十六观”。所谓“十六观”，出自《观无量寿经》，乃是往生极乐世界所要进行的十六种观想，分别为：日想观、水想观、地想观、宝树观、八功德水想观（宝池观）、宝楼观、华座观、像观、真身观、观世音观、大势至观、普观、杂想观、上辈观、中辈观、下辈观。“观无量寿经变”在敦煌莫高窟壁画中也十分常见，通常是主体画面表现西方净土世界的浩大场面，两侧则以十六幅小连环画表现“十六观”。

内龛正壁刻三主尊结跏趺坐于莲台上，现存造像均为当代水泥补塑，拙劣之至，前文已言及。此龛所存石刻楼阁建筑精美繁丽，为安岳之最。主尊上方刻一华盖，华盖之上雕一座二层楼阁立于云端，楼阁之二层雕出平坐（即阳台），比玄妙观更具建筑真实感，除立柱、斗栱、屋瓦之外，还刻出门窗、栏杆等细节。

东西两侧壁各刻二层楼阁一座，高一点八五米（约合六尺），

图 7 - 19
木鱼山第 K18 号龛右侧壁楼阁全景。
徐浩洋 摄

高大华美，其写实程度犹在正壁楼阁之上（图 7-19）。下为庄严隆重的三重台基，一层面阔五间（左壁楼阁似为三间），明间刻大门，次间刻直棂窗，为唐代建筑典型特征，可见于五台山佛光寺东大殿。大门半掩，刻出一人微探半身出门，为中国古代墓葬、佛塔雕刻中经久不衰的题材（图 7-20）。柱间施以阑额，柱头承栌斗，由栌斗中垂直伸出一跳华栱（此为玄妙观所无），华栱之上再承“一斗三升”，比玄妙观更富有三维空间效果，亦更接近真实建筑。一层屋檐之上，为斗栱承托的平坐，平坐上安栏杆一周，还有凭栏眺望的人物造像，平坐内侧有圆拱形飞桥与正壁相连，桥头立有经幢、佛塔等，宛如大同下华严寺薄伽教藏殿经藏中的天宫楼阁。二层面阔三间，斗栱与一层同，在各柱头铺作之间，还隐隐浮雕出补间铺作，残存红色彩绘。屋檐保存较好处还可看到刻出的椽子一排，亦为玄妙观所无。屋顶为歇山顶，脊、瓦俱全，特别值得注意的是，正脊两端已非玄妙观所见的鸱尾，而是后世多见的鸱吻——下部刻兽首咬住正脊两端（“吻”之名由此而来），上部仍作尾状，但尾端刻作鹰嘴状，十分独特。从玄妙观的鸱尾到木鱼山的鸱吻，倒是可以清晰地看到盛唐至晚唐五代屋脊构件的形制变化，与辽代独乐寺山门处于过渡阶段的鸱尾（吻）颇有异曲同工之妙。[6]

龛顶中央雕一朵盛开的莲花，外围饰卷草纹，莲花周围雕诸般乐器浮于祥云上，皆系飘带，与各华美楼阁共同营造出极乐净土之氛围，恰如《观无量寿经》所云，“其楼阁中，有无量诸天，作天伎乐。又有乐器，悬处虚空，如天宝幢，不鼓自鸣”。

灵游院第 7 号龛与上例极其类似，其内龛高二点三七米，宽二

图 7-20
木鱼山第 K18 号龛右壁楼阁一层局部。徐浩洋 摄
图 7-21
灵游院第 7 号龛左侧壁楼阁及塔、幢，正壁菩萨身光后探出半身胁侍菩萨。王南 摄

点五二米，深一点七米，尺度亦与木鱼山几乎相同。正壁中央造西方三圣，中为结跏趺坐之阿弥陀佛，左右分别为倚坐的观音与大势至，佛左右刻二弟子。二菩萨外侧分别刻一身胁侍菩萨，二胁侍菩萨皆从观音或大势至身光之后探出半边身子，为颇为少见而趣味盎然的设计。

除了主尊上方楼阁之外，最壮伟的建筑依旧是左右侧壁中所立楼阁（图 7-21）。二阁上下皆面阔三间，比木鱼山简略一些，一层斗栱仅为“一斗三升”，二层斗栱华栱出跳一如木鱼山，屋顶细节也近于木鱼山，可知二者时代应较接近，均为唐末五代作品。楼阁两侧各立一经幢，内侧或为经幢式塔，外侧经幢尤其写实，可与卧佛院四室一厅刻经窟所刻五代经幢对照。楼阁外侧复有二层飞廊与阁相接，廊上及楼阁一层台基、二层平坐之上，皆有大量造

像，热闹非常，简直犹如彼时寺院中大法会或者庙会之场景。左右楼阁上空云端刻普贤、文殊二菩萨相对。正壁主尊和左右壁楼阁下方为层层阶台，下为莲池和莲花化生童子等，表现《观无量寿经》中所云七宝池、八功德水等。

五代时期“观无量寿经变”实例还有安岳庵堂寺第 21 号大龛，场面亦颇可观，除典型的“十六观”“未生怨”题材之外，还于龛顶增刻两只仙鹤，随天女乐伎翩翩飞舞，意境不凡，惜新绘妆彩庸俗刺眼，又毁一佳作。

鉴于四川境内唐、五代木构建筑早已片瓦无存，这些刻在石窟中的该时期木构建筑形象便显得弥足珍贵，它们与四川的大量汉阙、崖墓一起，构成四川早期木构建筑演变的珍贵实例。

八　巨匠犹叹造化工

茗山寺，亦名虎头寺，位于安岳县城东南六十公里石羊镇民乐村附近的虎头山巅，东面毗邻重庆大足区。[1] 据《四川安岳县茗山寺石窟调查简报》（2015）称现存十二龛，其中较完整之造像龛六座，分别为第1号毗卢佛与东岳大帝并坐龛、第2号观音与大势至菩萨并坐龛、第3号文殊菩萨立像龛、第5号毗卢佛立像龛、第8号观音与大势至并立龛及第12号十一神将龛。另有碑刻十二通、题记十一则、石塔残迹一处。主要窟龛的开凿时间在北宋后期至南宋前期之间。

茗山寺众窟龛环虎头山顶一周岩壁布列，宛如围绕一个直径约六十至七十米的超大型“石包”，各窟龛选址朝向颇有考量：第1号毗卢佛与东岳大帝并坐龛，朝正西；第2号观音与大势至并坐龛，朝正西；第8号观音、大势至并立龛，朝正东；第3号文殊立像龛，北偏西十一度；第5号毗卢遮那佛龛，北偏东二十一度。其中，第2、8号龛皆为观音、大势至龛，一朝西、一朝东，二者之间如果连接一条东西方向的轴线，恰好经过山巅茗山寺主庭院。第3号文殊龛在山岩西北隅，第5号毗卢遮那佛龛则居山岩北面（微偏东），且与山岩南面的山门恰可构成一条南北向的轴线，与上述东西轴线交汇于茗山寺主庭院。各大菩萨大致围绕第5号毗卢遮那佛龛以及山巅的茗山寺呈对称分布。以上布局显然是精心选址规划的结果。如果说前文对华严洞、毗卢洞“十炼图”、玄妙观三联龛各处窟龛造像的分析，是在探讨单组窟龛造像群的“经营位置”，那么茗山寺各窟龛在位置、方向上的总体规划布局，则是在更大尺度范围内“经营位置”的典型实例。[2]

茗山寺造像的一大特点是大像云集，尤其多菩萨大像，主要造像之高度皆在三米以上：第 5 号龛毗卢遮那佛高六点一米（头高一点四米）；第 8 号龛观音、大势至菩萨立像皆高五点一米（头高一点一米）；第 3 号龛文殊菩萨高五米（头高一点一米）；第 2 号龛观音、大势至菩萨坐像含基座通高四点二米（头高一点二米）；第 1 号龛毗卢遮那佛含基座通高三点六米（头高一点一米），东岳大帝微低于毗卢佛。[3]

沿着山径逐渐走近茗山寺时，观者很快会见到迎面一座与古刹及山林极不相称的三层楼房，采用中央加两翼的对称式构图，其通体用粉红和米黄二色瓷砖加以装饰，辅以少量深红和天蓝色瓷砖——俨然山村版“布达佩斯大饭店”的既视感，予人以浓郁的超现实主义视觉冲击。实际上这是当代修建的茗山寺山门。

与之形成强烈对比的是踏入山门的一瞬间，茗山寺大殿映入眼帘。此殿虽然不是古迹（建于 1980 年代），不过是运用当地民居十分常见的方形石柱、石板墙和木屋架、青瓦顶造成的一组不对称构图的殿宇，然而其高低错落的轮廓，富有节奏感的石柱和高下参差的石板壁，尤其是石柱之间那些直接运用天然弯曲细木材（仿佛山西元代木构中常用的天然木料）构成的充满画意的“变形”效果，特别是在木构架之

图 8-1
茗山寺主体建筑群外观
王南 摄

间白墙的衬托之下，更如用毛笔绘成一般——此种形象在张择端《清明上河图》中亦多处可见——加上整组殿宇同院中十几株瘦高挺秀的松树（有着倪瓒所钟爱的意韵）配合绝妙，俨然便是一幅宋元人的山林萧寺图卷在眼前展开（图 8-1）。

经过一座小巧的重檐歇山顶、带八字照壁的门屋，进到大殿所在的内院，大殿偏在观者左手边，其余各面环以廊庑。大殿内部，同样是在规整的方形石柱上，以大量不规则弯曲细木材搭起轻巧的构架。最妙之处是在重檐歇山顶的上、下檐之间，用极其廉价的塑料板围成一圈“高侧窗”，竟为大殿带来了西方大教堂式的光线效果。这位建造茗山寺大殿的不知名匠师，用最朴实乃至十分廉价的地方材料，建造了一座充分继承地方营造传统，又富于相当革新精神，更与山林环境完美融合，甚至处处充盈、流淌着古人画意的精彩作品，实在令人回味无穷……可惜殿中以及回廊上的数十尊当代造像，则与安岳其他地方所见当代造像一样，与古人作品有天壤之别，似乎本地雕刻匠师中尚未有大殿的建筑匠师这样的人才出现。

联想到整个安岳县城，乃至于四川、全中国，目之所及的当代建筑，似茗山寺山门者居多，只是有的更加“西方”、更加“现代”、更加光鲜亮丽、更加“与国际接轨”；而似茗山寺大殿这般素朴、低造价却能赓续传统及地方精神，又让人眼前一亮，还能产生与自然完美交融之画意（此亦中国建筑之优秀传统）者，真是少之又少，令人不禁慨叹万千。

比之山门那颇显怪诞的超现实主义风格，下文要重点讨论的茗山寺造像，则呈现出一种美妙绝伦的超现实之感。一个安岳石窟的探访者，即便已经领略了卧佛院的宏大壮伟、华严洞的典雅超逸、毗卢洞的目眩神迷、千佛寨和圆觉洞的品类参差、孔雀洞与玄妙观的清新自然，茗山寺的窟龛造像仍然能继续给予他足够的惊喜和赞叹，令其领略前所未有的鬼斧神工与造化之奇。

护法守门

从山门开始，沿顺时针方向（即右旋）环绕茗山寺摩崖龛像，首先经过的是第 12 号龛，此龛存有护法神王十一躯，有把守朝山入口之意味，尽管编号为最后一龛，实际上应是整个茗山寺龛像群的序幕。

此龛朝南（略偏西），龛前建有当代龛檐加以保护。环绕着一块凸出崖壁的天然巨石，共计刻十一身护法神，尽管风化极其严重，依然可辨诸护法凶神恶煞、威武狰狞之概（图 8-2）。各像大多身着甲胄，瞠目咧嘴，双目圆瞪若球状，一如毗卢洞“十炼图”两端的差吏及神将，由于风化侵蚀之故，更显丑怪可怖。诸像造型各

图 8 - 2
茗山寺第 12 号龛部分神将。

异，由右至左，第一身左手持一鸟高高举起；第二身右手高举执扇；第三身左手托一柄大刀；第四身左手高举一蛇；第五身右手执剑于胸前；第六身右手执长柄兵器；第七身右臂高举，双手皆残，看不出法器；第八身最为恐怖，口中咬着一柄刀，双手扯开自己腹部，露出一头；第九身高举右臂，法器难辨；第十身头发倒竖，高举左臂；第十一身最为高大威猛，帔帛绕两肩，头部左上方的一朵祥云之上坐化佛一尊。此龛造像与保存更好的大足宝顶山大佛湾第 2 号龛九护法神颇为相似，二者可以相互参看。

与这一干简直可算“丑怪”的护法神所构成的“序幕”形成鲜明对比，茗山寺其他各龛造像，尤其是大量菩萨造像，着实美轮美奂。运用如此大胆的对比手法，也是茗山寺雕刻匠师的一大巧思。

菩萨林立

茗山寺为安岳菩萨造像的集大成者：观音、大势至大像各有二躯，又有文殊大像一躯，且就艺术造诣而论，在安岳同类题材中皆属神品之列，尤以第 8 龛观音、大势至立像及第 5 龛文殊立像最

图 8-3
茗山寺第 2 号观音与大势至菩萨并坐龛全景。
王南 摄

为精绝。

第 2 号龛为平顶龛，观音、大势至二菩萨左右并坐，皆居于一点五米高的基座之上，结跏趺坐于莲台。观音双手捧经，大势至双手捧钵，二像均上身微前倾，略颔首（图 8-3）。二像通高（含莲座）四点二米。左侧观音净高三点一五米，头高（含冠）一点二米；右侧大势至净高三点四米，头高一点二米。从二像头身比例来看，头部所占比例明显高于华严洞诸菩萨，而更接近大足宝顶山圆觉洞诸菩萨，但不及后者头大，故其年代或介于安岳华严洞与大足宝顶山圆觉洞之间，为北宋晚期或者南宋之作。

二像皆戴有雕镂极为繁丽的头冠，着佛衣，戴项圈而上身无璎珞——与安岳其他菩萨身上饰华丽璎珞大相径庭。茗山寺诸菩萨之宝冠，多由左右各六至七组环形或螺旋形的卷草单元构成，每个单元内再以镂空技法雕出枝蔓、叶片、花朵等，在单元之间的缝隙中雕刻更细小的卷草纹或花朵。观音头冠中央为一莲座上的立佛。大势至头冠十分精彩，且保存亦较完好，中央刻一座七层楼阁式方塔，一层塔身有一圆龛，内刻一尊坐佛，十分独特；佛塔左右各雕一朵写实牡丹花，如塔坡、孔雀洞等处所见，更添华贵之气。

第 8 号龛亦称观音堂，龛平面略呈马蹄形，前部有当代搭建的

图 8-4
茗山寺第 8 号观音与大势至菩萨并立龛正壁全景。王南 摄

木构龛檐，许多明清时期碑刻及他处移来的小型造像在此集中存放，包括碑七通、摩崖题记三处，以及释迦、观音、童女及十二圆觉菩萨等一批高约一米的石造像。碑刻中较重要者为乾隆四十六年（1781 年）的“培植碑”。

龛正壁左右并立大势至与观音菩萨，二像立于一点一五米高的基座之上，像高皆五点一米，头高一点一米（图 8-4）。右侧观音，戴宝冠，中央有化佛，着佛衣，长袖双垂，胸前饰瓔珞，至腹部为裙所遮挡，小腹微鼓。左手执三片贝叶经，右手食中二指上指（与身体之间以云纹连接，一如毗卢洞“十炼图”之手法）。大势至菩萨，大体衣饰与观音略同，宝冠中央同样刻化佛（未如佛经所记刻宝瓶），化佛两侧各雕一朵写实牡丹，与第 2 号龛大势至同，冠两侧缯带保存完好。其衣饰与观音最大差别是裸露右臂大部，右

图 8-5
茗山寺第 3 号文殊龛全景。王南 摄

侧披云肩，右臂搭长帔帛并执于手中，右手姿态极美，左手捧一手巾托宝塔（今塔已无存）。此二像不唯姿态典雅、衣饰精丽，其面容雕刻尤其端庄妍美，胜过第 2 龛同题材造像，在安岳杰作辈出的菩萨造像群中，亦属极品（见图 8-11、图 8-12）。

第 3 号龛文殊菩萨立像，位居山之西壁向北壁转折处。由于地处要冲，无论从哪个方向行进，忽逢巨像，皆难免咨嗟惊叹（图 8-5）。该龛高五米，宽五点四米，深一点七米，平面略作扇形，龛额书“现师利法身”五个大字，字高约七十厘米，笔力雄浑劲健。

文殊像通高五米，头高一点一米，与第 8 号龛观音、大势至菩萨像尺度极接近。头上宝冠饰五佛，称五佛冠，[4] 在茗山寺诸像中最为隆重繁丽，五佛呈高低起伏、对称布置，或为五方佛。中央一佛手印类似抱拳，与华严洞、毗卢洞之毗卢遮那佛相同（图 8-6、图 8-7）。[5] 文殊服饰类似第 8 号龛大势至菩萨，着佛衣，但露右臂，右臂挂一条飘逸潇洒之长帔帛，直垂至地。左手执经箧，左臂长袖翩然落地——除了烘托文殊菩萨超逸的造型之外，更巧妙地起到支撑手及经书的作用（与第 8 号龛大势至托塔之左臂处理相同），

图 8 - 6
茗山寺第 3 号龛文殊菩萨像局部。

图 8-7
茗山寺第 3 号龛文殊菩萨像局部。

衣袖落地处，还特地雕作带卷云纹的基座，起到支撑衣袖的作用。整体看来，右臂处理为裸露外加长帔帛的造型亦颇为合理，否则若双臂皆长袖垂地，则显得整个画面过于沉重呆板，这样处理反而令构图更加轻快而均衡。此像头部略前倾，胸部微含，小腹微微凸起，右袖、左侧帔帛及衣裙下摆皆如行云流水，由侧面观之，身体姿态极其微妙生动，整体动态犹胜第 8 号龛二菩萨一筹。可惜右手残，托书之左手亦于 2014 年夏初一场暴雨中坠毁，现状为之后修补，差强人意。

文殊左侧壁面从上到下分三层刻五座圆形龛，最上层一大圆龛，中下两层各二小圆龛。笔者实测下层小圆龛直径七十三点三厘米，约合宋代二尺四寸；目测大圆龛直径约为小圆龛二倍。中、

图 8 - 8
茗山寺第 3 号龛左侧中层圆龛中卷发者坐像。

下层靠外侧圆龛皆随壁面塌毁。目前上、下二圆龛中皆刻一坐佛，中层圆龛中则刻一卷发人坐像，左臂抬起，手捧经书，右手置腿上，有学者推测其为赵智凤（图 8-8）。文殊右侧壁面同样由上到下刻一大四小五座圆龛，其内坐像全部风化无法辨识，但从轮廓可看出与左侧卷发像对称者，右臂抬起手捧经书（上层大圆龛中坐像亦同此造型），正与左像呈镜像对称。此十座圆龛令人立刻联想起与茗山寺相隔不远的毗卢洞。

第 5 号龛毗卢遮那佛，除了螺发以及不饰瓔珞等佛的特征之外，通体造型与菩萨十分接近。此龛平面略呈半圆形，立面为拱形龛（颇似云冈石窟昙曜五窟形制，只是无前壁，仍为一座浅龛），高六点一米，宽四米，龛顶上方石壁枝蔓茂盛，宛如一顶天然华盖（图 8-9）。毗卢遮那佛立像高六点一米（约合二丈），头高一点四米，为茗山寺造像之最巨者，独居山崖北面，左有文殊龛及观音、

图 8-9
茗山寺第 5 号毗卢遮那佛龛。

大势至并坐龛，右有观音、大势至并立龛，凸显出一众菩萨大像拱卫主尊毗卢佛的总体布局。

毗卢佛头戴与菩萨相同之精美宝冠，左右缯带双垂。宝冠中央明显为柳本尊坐像，居士装，左臂残，身躯两侧伸出两道毫光[6]蜿蜒升上龛顶。佛像面部丰润，低眉，微闭目，小嘴，面容略近于第 2 龛大势至菩萨。手印与华严洞、毗卢洞之毗卢佛均同，手指纤细，戴腕钏，双手与胸部之间以云纹石刻相连，为安岳匠师惯用手法。双袖低垂，衣纹流畅，双足踩二莲台，莲台下刻云纹，双腿间刻低垂之系带，飘洒下垂至莲台间。整尊造像身躯高挺秀拔，宝冠巍峨华丽，若不近观宝冠下露出的螺发，远观实难区分究竟是佛耶？是菩萨耶？

茗山寺另一尊毗卢遮那佛位于第 1 号龛右侧，与左侧一尊东岳大帝像并坐，形成一佛道合龛，二像皆位于一点六米高的基座之上（图 8-10）。毗卢佛形制略如第 5 号龛，但宝冠中央为坐佛，非柳本尊像。佛像莲座左侧刻一小鬼，反身抬起莲座。东岳大帝头戴纯阳巾，双手拱于胸前，垂足而坐，造型略呆板，据此龛道光二十二年（1842 年）题记中“塑作东岳神”字样可知，东岳大帝像为清代所刻。毗卢佛虽形制接近其余各龛，但气韵颇有不逮，或经后世修补，胡文和则推断其为明代所刻。[7]

图 8-10
茗山寺第 1 号毗卢遮那佛与东岳大帝并坐龛。
王南 摄

千年风雨

茗山寺诸菩萨与主尊毗卢佛固然雕凿精丽，为安岳宋代造像中之神品，但真正让茗山寺与众不同之处，却不仅仅是古代雕刻大匠的杰作，而是大自然不可思议的造化之功。

茗山寺最为得天独厚之处，是大自然以及千年岁月对这些本已登峰造极的雕刻杰作的风化侵蚀。与安岳其他窟龛、造像相同，茗山寺造像亦是由当地砂岩雕成，极易受到侵蚀；但与其他地方的造像被侵蚀后呈现为漫漶、酥碱、剥落、残损等诸般病况不同，茗山寺造像被千年风雨不断拂过表面之后，竟然形成一种美妙绝伦的肌理——每一尊造像，从头到脚，皆被罩上一层层水平方向的纹理，颜色深浅交替，细腻均匀，其实这正是砂岩层层水平沉积所形成的肌理——这些水平方向的纹理不仅覆盖雕像全身，而且在窟龛中延展，将窟龛壁面、圆形小龛及龛内小像等等，全部连成一气，仿佛把整座窟龛都罩上了一层薄纱一般（图 8-11）。最为妙不可言的，便是那一张张本已被宋代不知名的大匠雕凿得美轮美奂的菩萨面庞，在岁月与造化的神工之下，蒙上了这层若有若无的面纱之后，顿时产生出一种神秘莫测、无法言喻、不可思议的美妙境界……尤其是第 8 号龛的观音菩萨，闭目低眉，优美恬静，本身已是堪与华严洞辨音菩萨媲美之神品，而在千年风雨侵蚀之下，一道道深深浅浅的细纹，沿着其绝美的面庞轮廓，层层勾勒，形成百千道优美飘逸的弧线，产生如音乐般美妙的韵律（图 8-12、图 8-13）。静静凝望这尊菩萨之面庞，几乎可以感受到千年时光的流逝，耳畔仿佛听到风声划过。那千年来不曾止歇的风，将坚硬的石像表面，融化成佛经中所云恒河中亿万细沙，沿着菩萨面庞上万千道横纹轻轻拂过——这些纹理，正是时光流逝的痕迹，“逝者如斯夫，不舍昼夜”。时间本是看不见摸不着无法证实的存在，可却历历在目地留在茗山寺这些千年石像之上，给宋代无名大匠的杰作，更添无尽美感——假使昔日大匠重生，见到岁月与自然在其杰作上留下惊人的“再创作”，不知将作何感想？

华严洞的圆觉菩萨是何等幸运，由于洞窟空间、窟檐建筑的保护，加之幸免于人为的破坏，得以历经千年，几乎完好无损。而茗山寺造像则有着另一种幸运，尽管历经千年风雨的洗礼，不间断地受到“损伤”，然而岁月和自然带给它们的，却是连原创的巨匠都要叹服的一种摄人心魄的美。世间最杰出、最富有想象力的艺术家也无法想到，给这些雕像刻上这样一层神妙的面纱吧。

辛稼轩词云，“舞榭歌台，风流总被，雨打风吹去”，茗山寺的造像却是：千年石刻，雨打风吹更风流。

还有一些有趣的细节，颇值得玩味。茗山寺诸像，不论佛还是菩萨，除了较晚的第1号龛毗卢佛与东岳大帝之外，都有一个共同特征，即双耳耳垂处皆平平截去一段，有的还包括下巴（如8号龛观音，2号龛观音、大势至等），此手法未见于安岳其他石窟，是否也是风化所致？更有趣的是，同样在风雨侵袭之下，3号龛文殊左侧圆龛中造像受损极少，右侧圆龛及造像（朝向西北）则消逝得极其迅猛，如今仅具轮廓，风化后的这五龛，层层横纹清晰异常，酷似当代3D打印效果，如果放进美术馆里，俨然“当代艺术”杰作。与此最接近的例子是云冈石窟第18号窟，大佛左侧一众菩萨、弟子保存均佳，包括著名的微笑胡人，而右侧众弟子则风化严重之极，同样成为现代“抽象派”作品……即便同在茗山寺一区，各造像之风化程度，自然也与风向、方位等因素密切相关，是一种“自

图 8 - 11
茗山寺第 8 号龛大势至菩萨局部。

图 8 - 12
茗山寺第 8 号龛观音菩萨局部。

图 8 - 13
茗山寺第 8 号龛观音菩萨像。

图 8-14
毗卢洞“十炼图”前巨石上所刻日光(或月光)菩萨。王南 摄

然选择”的结果。

放眼整个安岳，各处石窟造像皆受不同程度自然、岁月之侵蚀，虽然如茗山寺这样的造化之功只此一处，但其他石窟中，值得驻足欣赏玩味的岁月留痕亦比比皆是。如千佛寨数十尊守门金刚，除了几尊保存完好的幸运儿，大多皆风化得仅余轮廓，且满身遍布苔痕，然而即便如此，盛唐力士的英武气概依旧深深印在残石之上，真可称是力透筋骨了。又如毗卢洞“十炼图”前的巨石之上，环石一周刻有不少坐佛、菩萨，亦有卷发柳本尊坐像等，其中有日光或月光菩萨坐像一尊，高坐山岩之上，左侧天空一轮圆日（或满月），雕凿颇精，最绝之处是菩萨周身及身后壁面皆为青苔覆盖，绿意氤氲，俨然成为一幅青苔版泼墨菩萨图，意境超绝，即便与“十炼图”、紫竹观音这样的神品毗邻，亦能别开生面，惹人流连，此亦属典型的造化之功（图 8-14）。再如卧佛院涅槃巨像下之“善财童子五十三参”浮雕，大多风化难辨，为学者考证其内容带来巨大困扰，然而其中一些最漫漶迷离者，却构成如梦幻泡影一般的特殊效果，也许比形象清晰、故事完整要更富于艺术感染力，更能引发对于佛理之哲思。除了上述这些隆重庄严的题材，哪怕是一些窟龛侧壁、基座处不起眼的供养人造像，或者如千佛寨“药师经变”龛中“九横死”“十二大愿”中那些高不盈寸的小人物，历经

图 8 - 15
茗山寺第 3 号龛局部。

风化剥蚀仅可依稀辨其轮廓者，照样有一股生气流淌于残存形骸之中，不乏动人韵味。

凡此种种，在安岳石窟中俯拾皆是，全是昔日工匠杰出技艺与大自然造化之功在千百年时光中融会的结果（图 8-15）。这不禁使人联想起梁思成、林徽音合作的《平郊建筑杂录》一文中一段关于石刻艺术的隽永文字："顽石会不会点头，我们不敢有所争辩，那问题怕要牵涉到物理学家，但经过大匠之手泽，年代之磋磨，有一些石头的确是会蕴含生气的。天然的材料经人的聪明建造，再受时间的洗礼，成美术与历史地理之和，使它不能不引起赏鉴者一种特殊的性灵的融会，神志的感触，这话或者可以算是说得通。"

安岳自古以"石秀"闻名，其天赋良材、取之不尽的巨石，经过唐宋以降一代代"大匠之手泽"，又受千百年来"年代之磋磨”“时间的洗礼”，终于以其所蕴含之勃勃生气，而“成美术与历史地理之和”。笔者写作此书的动机，便是希望广大石窟艺术乃至中国传统艺术、历史文化的爱好者、鉴赏者们，能够以此书为导引契机，身临其境，亲身到安岳的一处处山林秘境之中，品读这些超逸尘表、精美绝伦的“石头的史诗”，必能引发“一种特殊的性灵的融会，神志的感触”，就如同我们自己在一次次安岳石窟游走中所感受到的那样。

附录

注释

1. 此文发表于1932年《中国营造学社汇刊》第三卷第四期，当时林徽因尚未改名，署其原名林徽音。

引言　养在深闺人未识

1. 1923—1935年，谢阁兰等三人合著的调查报告《中华考古记》(三卷；原题为 Mission archéologiques en Chine 1914—1917)陆续在法国出版。1930年冯承钧曾将其摘译为《中国西部考古记》一书，由上海商务印书馆出版。另外，谢阁兰结合1914、1917年两次中国考古调查成果，撰写了《中国：伟大的雕塑艺术》(Chine: La grande statuaire)一书(1972年出版)，然而他对中国佛教艺术持有偏见。参见周洁《谢阁兰对长江上游摩崖造像的调查与研究》(2021)。
   在谢阁兰等人之前，菲利浦·贝特罗(P. Berthelot)曾于1905年发现嘉定府(今乐山)有大型石窟造像。参见别致《谢阁兰、瓦赞、拉尔蒂格1914年在华考古行动考述》(2022)。
2. 据说日本建筑史学者伊东忠太1929年曾到广元鹤鸣山调查，但将鹤鸣山的道教造像认作佛像。参见周洁《谢阁兰对长江上游摩崖造像的调查与研究》。
3. 照片现藏清华大学中国营造学社纪念馆。
4. 《西南建筑图说》一文于2001年被收入《梁思成全集》第三卷，此外另有单行本《西南建筑图说》出版。此文正式发表时被列入梁思成作品，从该次考察的实际情况以及所存原稿内容来看，应是梁思成、刘敦桢共同执笔。
5. 《中国艺术史·建筑篇》后来正式出版时更名《中国建筑史》，目前所能见到各种版本的梁思成《中国建筑史》皆为此书。
6. 考察成果包括由考察团史学、考古学、艺术史学者撰写的一批研究文章，后结集编入《大足石刻图征初编》(附载于《民国重修大足县志》卷首，1945)；另有杨家骆1947年在《中央日报·文物周刊》第20、21、22期上发表的《大足龙岗区石刻记略——世界学院中国学典馆大足石刻考察团考察记略一》《大足宝顶区石刻记略——世界学院中国学典馆大足石刻考察团考察记略二》《大足龙岗宝顶以外各区石刻记略——世界学院中国学典馆大足石刻考察团考察记略三》。
7. 参见刘学文《新发现的四川安岳卧佛初探》(1983)。
8. 胡文和的《试论安岳卧佛沟唐代涅槃变相图》(1984)、《安岳卧佛沟唐代石经》(1986)、《浅谈安岳圆觉洞摩崖造像》(1986)、《四川摩崖造像中的〈药师变〉和〈药师经变〉》(1988)；王家祐《安岳(县)毘卢洞造像》(1985)；唐承义《千佛寨摩崖造像》(1989)。
9. 吴觉非《试谈四川的道教石刻》(1984)；王家祐的《四川道教摩崖石刻造像》(1986)、《四川道教摩崖造像概况》(1987)等。
10. 比如刘长久、胡文和《大足与安岳石窟某些造像的比较》(1986)、赵树同《安岳石窟与大足石窟的雕刻艺术研究》(1986)、辛玉《大足安岳石刻初探》(1986)、陈明光《试述大足石刻与安岳石刻的关系》(1986)。
11. 可参见：王家祐《安岳石窟造像》(1989)；傅成金《安岳石刻造像的数量与始造年代》(1991)；傅成金、唐承义《四川安岳石刻普查简报》(1993)；胡文和《四川道教佛教石窟艺术》（1994）；刘长久的《安岳石窟艺术》（1997）与《中国西南石窟艺术》（1998）。

12. 不同论著之中对安岳石窟及造像的统计数字互有出入：据刘长久《中国西南石窟艺术》（1998）一书“四川石窟与摩崖造像分布一览表”，安岳共有石窟及摩崖造像 227 处；傅成金《安岳石刻造像的数量与始造年代》（1991）一文称，据 1987 年统计结果，安岳石刻共计编号 143 处、1203 个窟龛，造像 18548 尊；傅成金、唐承义《四川安岳石刻普查简报》（1993）一文又称安岳石刻共计 132 处；丁明夷《川密：四川石窟体系的发展轨迹》（2016）一文称，据不完全统计，四川摩崖窟龛达千处，遍布五十余县市，安岳有百余处，大足有六十余处，巴中有 58 处。
13. 卧佛院石刻涅槃佛在中国古代同类作品中规模第二，仅次于大足宝顶山涅槃佛，后者为南宋时期作品，身长 31.6 米，约合宋代十丈。
14. 巴蜀摩崖石窟的一大显著特点是沿着红砂岩地区的重要水陆交通要道分布。参见冯棣《巴蜀摩崖建筑文化环境研究》（2010）。
15. 红砂岩是一种十分适合雕刻的石材，不过其缺点是排水、渗水能力较差，且颇易于风化，这也是安岳石窟保护所面临的巨大挑战。
16. 有一些大型龛，尽管进深超过二米，但面宽远远大于进深的二倍，其所呈现的空间形态依然属于龛。
17. 相关内容可参见《塔窟东来》《梦回唐朝》。
18. 有学者认为卧佛院的刻经窟可能具有供僧人坐禅的功能。参见胡文和《四川安岳卧佛沟唐代石刻造像和佛经》（1992）。
19. 该题记内容为“惟开元十一年岁次癸亥，今有普州乐至县芙蓉乡普从里弟子杨义为自身平安敬造千佛百身供养”。
20. 有论者称安岳石窟造像始自南朝时期，其依据为《安岳县志·古迹附金石》所载“梁《招隐寺刹下铭》，萧纶书，普通二年，在普州”——然此条记载最多说明梁武帝普通二年（521 年）安岳（普州）已建有佛寺（即招隐寺），并不能作为石窟造像开凿的证据。又有论者以《安岳县志·寺观·古迹》所载“郡北小千佛院，开皇十三年建”，认为“小千佛院”即今之千佛寨，故主张安岳石窟造像始于隋。然而刘长久指出，今之千佛寨唐代称“栖岩寺”，清康熙年间改名千佛寺，故后来有千佛寨之名，非县志中所称小千佛院，并认为小千佛院应在今乐至县境内。参见刘长久《安岳石窟艺术》（1997），第 6 页。
21. 冯棣在《巴蜀摩崖建筑文化环境研究》中将巴蜀摩崖石窟分为四大集中分布区域：以眉山一带为辐射中心的西部摩崖圈；以广元、巴中为双辐射中心的北部摩崖石窟群；以大足、安岳为核心带的东部摩崖石窟群；以夹江、邛崃为核心的南部摩崖石窟分布带。
22. 《益州名画录》又记，赵德玄“入蜀时，将梁、隋、唐名画百本，至今相传”，这又是另一种影响方式。
23. 卧佛院第 51 号刻经窟内圆雕造像背面以及第 81 号刻经窟北宋碑文中，同样出现“慈海”之名。
24. 其余许多窟龛中还存有明清时期重修、重妆龛像题记，其中亦不乏住持僧之姓名，因其与安岳最杰出的唐、五代、两宋窟龛造像兴建无关，故不赘述。
25. 也有学者如胡文和认为文氏家族匠师有七代。
26. 以往学者多将文恺列为第五代，误以为其与文玠、文珠同为文仲璋之侄，然而题记中称其为文仲璋“侄男”，应是侄儿之子，故应为第六代。从第五代诸人名字皆有玉字旁亦可知文恺非此辈。
27. 参见《拱尖天堂》。
28. 《图画见闻志·论曹吴体法》为目前所知对“吴带当风，曹衣出水”最早的引述，至今仍是中国古代绘画、雕塑最经典的理论表述之一。

1. 卧佛沟是由西面、南面伍家桥河以及东面跑马滩河冲击形成的大型曲面冲沟。
2. 各种文献的统计数据皆不同：据1982年安岳文管所统计，卧佛院窟龛共编125号，造像共计1593躯；据彭家胜《四川安岳卧佛院调查》（1988）一文，卧佛院窟龛共编142号，造像共计1600多躯；据刘长久《安岳石窟艺术》（1997）一书，卧佛院现存窟龛139个，造像1613躯［胡文和《四川道教佛教石窟艺术》（1994）一书同此］。
3. 本章所列测绘数据，除第3号龛、第52号龛为笔者团队实测之外，均引自《安岳卧佛院调查简报》（2006）。
4. 据《大般涅槃经后分》载："尔时世尊，三反入诸禅定，三反示诲众已，于七宝床右胁而卧，头枕北方足指南方，面向西方后背东方，其七宝床微妙瓔珞以为庄严，娑罗树林四双八只，西方一双在如来前，东方一双在如来后，北方一双在佛之首，南方一双在佛之足，尔时世尊，娑罗林下寝卧宝床，于其中夜入第四禅，寂然无声，于是时顷便般涅槃。"
5. 参见胡文和《安岳卧佛沟唐代石刻造像和佛经》（1992）；王春《唐代涅槃图式中的独特表达》（2021）；熊莎《安岳卧佛院涅槃变试析》（2022）；刘长久《安岳石窟艺术》（1997）。
6. 从工程角度看，如果非要令佛像头朝西，且令位于西侧上部的说法图正对观众，则需将本已凸出的东部石块凿去很大进深，容易造成塌方。
7. 有时须跋陀罗身旁还雕刻一座三脚架，架上挂水囊，有学者认为这是释迦牟尼病后弟子们为镇热而准备。
8. 该窟"涅槃经变图"中，从观者视角看，佛床前从左到右依次是佛母摩诃摩耶、昏厥坠地的密迹金刚、先行入灭的须跋陀罗和礼拜佛足的迦叶。
9. 见胡文和《试论安岳卧佛沟唐代涅槃变相图》（1984）。
10. 有时这个群体还包括从各地赶来的国王、王子、贵族、庶民等。
11. 参见《木骨禅心》。
12. 从所处位置和造像风格来看，第18、19龛造像或为涅槃巨像龛雕成之后，其余供养人捐建的小型龛像（一如云冈石窟中附着于皇家大龛内外的小龛像）。
13. 数据引自任婧《安岳卧佛院窟龛组合初探》（2014）。此前学者依据不同统计口径，分别提出45、55等数目。
14. 所刻佛经分别为：1.《维摩诘所说经》；2.《大乘大集地藏十轮经》；3.《金刚般若波罗蜜经》；4.《般若波罗蜜多心经》；5.《佛说佛名经》；6.《佛说阿弥陀经》；7.《大般涅槃经》；8.《妙法莲华经》；9.《佛垂般涅槃略说教诫经》；10.《（合部）金光明经》；11.《禅秘要法经》；12.《贤愚经》；13.《佛顶尊胜陀罗尼经》；14.《六门陀罗尼经》；15.《大方便佛报恩经》；16.《佛说灌顶经》（第十一、十二卷）；17.《佛性海藏智慧解脱破心相经》；18.《佛说（报）父母恩重经》；19.《佛说修多罗般若波罗蜜经》；20.《众经目录》（即《大唐东京大敬爱寺一切经论目》）。
15. 其中第46号窟中壁所刻《佛性海藏智慧解脱破心相经》为国内现存孤本。参见胡文和《四川安岳卧佛沟唐代石刻造像和佛经》（1992）。
16. 实际情况则颇为复杂：第59、66号窟位置相邻，显然为统一规划，二窟依次刻第一至十一卷，经文内容相接且壁面安排合理；接下来的第十二卷经文刻于距离最远的第83号窟左壁前半部（未完成）；第46号窟内的《大般涅槃经·卷第十三：高贵德王菩萨品之二》虽卷次与第83号窟相接，但在《大正藏》中实为第二十二卷；第51号窟右壁刻第十四卷，刻写顺序为从右至左，与其他窟经文顺序相反。参见任婧《安岳卧佛院窟龛组合初探》（2014）。
17. 北京房山云居寺石经，历经隋、唐、辽、金、元、明六朝千余载，刻经1122部、3572卷，共刻石14278块，贮藏了两处，一处是石经山上的九个藏经洞内，另一处是压经塔（即云居寺南塔）下藏经穴内。其工程之浩大、刊刻之雄伟、刻造历史之久远，堪称“世界之最”。

18. 有学者指出此为后改，由平顶改为坡顶的痕迹明显。
19.《大唐东京大敬爱寺一切经论目》又称《众经目录》或《静泰录》，由静泰撰成于唐麟德年间（664—665 年）。
20. 左壁后部上方，后代磨出一壁面，用毛笔写领袖语录。
21. 窟口外上部左、右侧后代补刻二天王（编号左侧 60、右侧 60-1）。
22.《安岳卧佛院调查简报》（2006）认为这尊造像是十三面观音，但十三面观音实例罕见，待考。
23. 第 50 号龛千佛下方后期又刻三龛小像，编号为 50-1、50-2、50-3。
24. 碑文中 [] 里的内容残缺，依据上下文推测。
25. 参见胡文和《四川安岳卧佛沟唐代石刻造像和佛经》（1992）。
26. 参见张雪芬《安岳卧佛院北岩宋代善财童子五十三参浮雕图像辨识》（2014）。
27. 张雪芬又依据卧佛院五十三参浮雕内容与北宋元符二年至三年（1099—1100 年）成书的惟白《文殊指南图赞》之间颇高的关联性，推测卧佛院五十三参雕凿于北宋末至南宋初的十余年间。
28. [] 中文字已残，笔者据上下文推测为“颜”字。参见《安岳卧佛院调查简报》（2006）。

二　　菩萨庄严三教融

1. 据实测，华严洞方向为南偏东 30 度，大般若洞为南偏东 20 度。
2. 有学者对此持相反看法，详见后文。
3. 此外，安岳高升乡三仙洞亦有明天启元年（1621 年）道人李焕宗复凿的三教合一窟。
4. 即唵（ōng）嘛（mā）呢（nī）叭（bēi）咪（mēi）吽（hōng）。
5. 大多数学者皆持此看法。但胡文和认为中央主尊为释迦，故正壁三尊像为“释迦三圣”。鉴于此窟名为华严洞，且主尊造型与安岳其他毗卢遮那佛属同一类造型，本书认同大多数学者看法，即正壁三尊为华严三圣。
6. 参见齐庆媛《四川宋代石刻菩萨像宝冠造型分析》（2014）。
7. 柳本尊“十炼”中有一炼即自断左臂，详见第四章。
8. 据《圆觉经》，十二圆觉菩萨依次向佛问道，顺序如下：文殊师利菩萨、普贤菩萨、普眼菩萨、金刚藏菩萨、弥勒菩萨、清净慧菩萨、威德自在菩萨、辨音菩萨、净诸业障菩萨、普觉菩萨、圆觉菩萨、贤善首菩萨。
9. 值得注意的是茗山寺第 8 号龛托塔的大势至菩萨也采用了同样的服饰造型。
10. 华严洞圆觉菩萨倒是可与山西长治长子法兴寺著名的北宋泥塑十二圆觉菩萨相映成趣，但若就与室内空间构成的整体意境而论，华严洞无疑胜过法兴寺。
11. 据八十卷本《华严经》可知，善财童子依次参访的五十三位善知识分别是：1. 文殊师利菩萨，2. 德云比丘，3. 海云比丘，4. 善住比丘，5. 弥伽大士，6. 解脱长者，7. 海幢比丘，8. 休舍优婆夷，9. 毗目瞿沙仙人，10. 胜热婆罗门，11. 慈行童女，12. 善见比丘，13. 自在主童子，14. 具足优婆夷，15. 明智居士，16. 法宝髻长者，17. 普眼长者，18. 无厌足王，19. 大光王，20. 不动优婆夷，21. 遍行外道，22. 优钵罗华长者（鬻香长者），23. 婆施罗船师，24. 无上胜长者，25. 师子频申比丘尼，26. 婆须蜜多女，27. 鞞瑟胝罗居士，28. 观自在菩萨，29. 正趣菩萨，30. 大天神，31. 安住地神，32. 婆珊婆演底主夜神，33. 普德净光主夜神，34. 细目观察众生主夜神，35. 普救众生妙德主夜神，36. 寂静音海主夜神，37. 守护一切城主夜神，38. 开敷一切树华主夜神，39. 大愿精进力救护一切众生主夜神，40. 妙德圆满神，41. 瞿波释种女，42. 佛母摩耶圣后，43. 天主光天女，44. 遍友童子师，45. 善知众艺童子，46. 贤胜优婆夷，47. 坚固解脱长者，48. 妙月长者，49. 无胜军长者，50. 最寂静婆罗门，

51. 德生童子、有德童女，52. 弥勒菩萨，53. 普贤菩萨。参见张雪芬《安岳卧佛院北岩宋代善财童子五十三参浮雕图像辨识》(2014)。
12. 更加细腻写实的建筑刻画，将于下文写及玄妙观、木鱼山石窟时详加讨论。
13. 大足南宋多宝塔内第二层第5龛“参见弥勒”的榜题曰“弥勒弹指楼阁门开，善财得会三世因果”——此处弹指门开的描述与华严洞参见弥勒场景中大阁之门微启完美呼应。
14. 而参访弥勒的画面中，大足多宝塔的善财对弥勒顶礼膜拜，而华严洞的善财则是鞠躬合十行礼。
15. 大足多宝塔内第二层第17龛“初会文殊”的榜题亦云“文殊师利童子出善住楼阁指善财南行”。
16. 除卧佛院、华严洞之外，以雕刻方式展现了善财童子五十三参图像的还有大足北山多宝塔、宝顶山大佛湾圆觉洞及宝顶山毗卢道场、陈家岩圆觉洞等。而同时表现《圆觉经》和五十三参的，除安岳卧佛院、华严洞之外，还包括大足宝顶山大佛湾圆觉洞。
17. 参见陈明光、邓金之《试述大足石刻与安岳石刻的关系》(1986)；李官智《安岳华严洞石窟》(1994)；胡文和《四川石窟华严经系统变相的研究》(1997)及《大足、安岳宋代华严系统造像源流和宗教意义新探索——以大足宝顶毗卢道场和圆觉洞图像为例》(2009)。
18. 参见胡文和《大足、安岳宋代华严系统造像源流和宗教意义新探索——以大足宝顶毗卢道场和圆觉洞图像为例》。
19. 比丘所持经卷在“那略”之后有很长一段空白，略字之后便无其他字，可知“……那略”或为经名的缩写。
20. 据胡文和《四川石窟华严经系统变相的研究》(1997)一文称，“华严洞顶壁，1984年垮坍下一巨石，将下面重约1.5吨的石香炉砸坏。同年，四川省文物管理委员会拨巨款维修，先将华严洞顶壁上面厚约3米的泥土全部刨去，再将原约8米的石质顶壁层层揭掉，打下来的石块体积超过两千立方米，然后重新起拱，翻制钢筋混凝土顶壁。游人若不详察，定然不知”。从胡文和《四川道教佛教石窟艺术》(1994)一书插图可见当时揭顶之后的照片(参见该书佛教部分图版46—49)，将其与现状对照，再从现状华严洞正壁三圣头光以及左右侧壁五十三参浮雕与新修窟顶的关系判断，洞窟高度在维修前后应保持未变。
21. 参见王南、王卓男、郑虹玉《天地圆方 塔像合一——应县木塔室内空间与塑像群构图比例探析》(2021)。
22. 西方造型艺术中亦常以8∶5或者5∶3这类整数比取代黄金分割比(无理数)，以便于实际操作。
23. 值得注意的是，明代在窟口壁上补刻的两龛造像未能与此网格发生准确联系，反而可以证实原本诸造像与网格的高度契合实非偶然。
24. 卜向荣《居间的图像——圆觉变相中的长跪菩萨像与宋代佛画论》(2016)一文亦指出大足圆觉洞中这尊跪拜的菩萨成为全窟的视觉焦点。
25. 此前有少数学者已注意到这四句题刻，但是皆误认为此四句应依一般习惯，面对墙壁从右向左读，因此录文颠倒，以至未能查明题记实出自《华严经》。
26. 此外，《华严经》中还有十慧菩萨、十幢菩萨、十地菩萨等十菩萨之组合。
27. 汪毅《从安岳大般若洞三教合一造像论其思想性和文化意义》(2005)一文已指出此字为“化”字。

三　拈花微笑启圆觉

1. 此处所言圆龟洞应即圆觉洞。
2. 参见李崇峰《安岳圆觉洞窟群调查记》(2007)。
3. 编号从东北面山崖西端上山道路处开始，从西向东经造像区东端绕到山南面，再从东向西，至西端结束。

4. 据现场实测，第 10 号释迦龛朝向约为北偏东 40 度，释迦像朝向北偏东 60 度（面部约朝向正东）；第 7 号净瓶观音龛朝向北偏东 30 度，观音像朝向北偏东 60 度，即向释迦方向偏转 30 度；第 14 号莲花手观音龛朝向北偏东 40 度，观音像朝向北偏东 10 度，也向释迦方向偏转 30 度。可知三龛朝向接近，但二菩萨像均向释迦龛扭转 30 度。
5. 参见赵树同《安岳石窟与大足石窟的雕刻艺术研究》（1986）；王家祐《安岳石窟造像》（1989）；胡文和、陈昌其《浅谈安岳圆觉洞摩崖造像》（1986）等。
6. 邓之金《安岳圆觉洞"西方三圣"名称问题探讨》（1991）。
7. 本章所列第 7、10、14 号龛数据皆为实地测量。其余数据引自《四川安岳县圆觉洞摩崖石刻造像调查报告》（2013）。
8. 据此龛重妆题记"虔舍资财重妆真相寺傍岩石洞释迦佛"，可知主尊为释迦。
9. 据旧影，原本龛顶亦刻有天花，现状龛顶为新修补，天花与头光延伸至龛顶部分均无存。参见《安岳、大足圆觉洞石刻》（1991）。
10. 参见傅成金《再识安岳圆觉洞摩崖造像》（1991）。
11. 碑文据《四川安岳县圆觉洞摩崖石刻造像调查报告》（2013），与刘长久《中国西南石窟艺术》（1998）第 74 页所录碑文略有微差，但不影响年代判断。
12. 此年代为张划《大足宋代石刻镌匠考述》（1993）一文推测；而胡文和《四川道教佛教石窟艺术》（1994）一书（52 页）则推测此龛像为南宋绍兴时期作品，理由是文氏家族仲字辈在大足、安岳等地凿龛造像均在绍兴年间（1131—1162 年）——但是考虑到资中龛像是文仲宁、文仲渊兄弟在其父带领下雕凿，故应早于南宋绍兴时期，张划之推测更合理。
13. 参见李崇峰《安岳圆觉洞窟群调查记》（2007）。
14. 此处引文结合现场辨认，并参考刘长久《中国西南石窟艺术》（1998）第 69 页录文及王剑平《四川安岳圆觉洞造像的初步研究》（2013）录文。
15. 刘长久《中国西南石窟艺术》（1998）一书第 43 页此题记录文中有"开元廿年"；而李崇峰《安岳圆觉洞窟群调查记》一文［载于《2005 年重庆大足石刻国际学术研讨会论文集》（2007）第 565—577 页］称，经现场辨认，第一行题记所刻时间为"大唐开元廿四年岁次丙子□月十五日"——然而现状题记第一行字迹已遭严重破坏，虽经现场辨认并结合高清照片仔细观察，终无法辨认。
16.《四川安岳县圆觉洞摩崖石刻造像调查报告》（2013）推测圆觉洞开创时为道教场所。
17.《四川安岳县圆觉洞摩崖石刻造像调查报告》（2013）亦指出第 72 号龛打破第 71 号龛，因此年代晚于前者。
18. 此龛甬道两侧壁相对雕文殊、普贤二菩萨（？）。前廊两侧分别刻有力士、供养菩萨、飞天及供养人等，均风化难辨。
19. 圆觉洞五代龛像在北崖主要有第 11—13 号龛，其余均分布在南崖，主要有第 21—23、26、33—35、37、40、43、47、56、58—60、62、63、65、67、69 号等龛。
20. 王家祐《安岳石窟造像》（《敦煌研究》1989 年第 1 期）一文称，这种明王像又见于四川眉山广济水库大佛寺，根据造像题记可知其为明德四年（937 年）僧令瑄敬造的揭谛明王神。
21. 参见《四川安岳县圆觉洞摩崖石刻造像调查报告》（2013）。不过《安岳石窟艺术》（1997）一书中称天女像为吉祥天女，吉祥天女与婆薮仙亦为经典组合，常成对出现在观音像左右。
22. 第 39 号龛佛坛正面妆彩题记有"绍圣四年"字样，第 40 号龛佛坛妆彩题记内有"……圣四年"字样，应同为北宋绍圣四年（1097）进行了重新妆彩。
23. 第 22 号龛正壁刻三尊佛结跏趺坐于带茎莲台之上，侧壁各刻一弟子一菩萨。

四　十炼苦行创密宗

1. 参见：胡文和《安岳、大足"柳本尊十炼图"题刻和宋立〈唐柳居士传〉碑的研究》（1991）；

刘长久《也论安岳毗卢洞石窟——兼与曹丹、赵昤二君商榷》(1995)等。

2. 引自“十炼图”龛第六炼(即“炼心”)题记文。
3. 陈明光认为“毗卢洞”十炼图开凿于南宋,并且是大足宝顶山石窟群兴建者(即赵智凤)的追随者所开凿。参见陈明光《四川摩崖造像柳本尊化道“十炼图”由来及年代探索》(1996)。
4. 李静杰、黎方银《大足安岳宋代石窟柳本尊十炼图像解析》(2007)。
5. 本章“十炼图”龛及紫竹观音龛数据为实测。
6. 参见陈明光《重新校补宋刻〈唐柳本尊传〉碑》(2006)。
7. 此处题记作“天福”(为五代后晋年号),已有许多学者考证,其实应为“天复”。“十炼图”中多处“天福”均应是“天复”之误,详见下文。
8. 参见陈明光《重新校补宋刻〈唐柳本尊传〉碑》。
9. 参见李小强《深沙神与柳、赵教派》(2009)。
10. 王家祐则认为二者是净饭王与王后摩耶夫人;曹丹等则认为是救世医王和丘绍夫人(并认为炼阴柳本尊像右侧文官为丘绍)。本书认同此二者为丘绍夫妇,与十炼主题更加契合。
11. 此塔可与大足大佛湾第5号华严三圣龛佛塔比较。
12. 此处取1尺等于30厘米,与华严洞十分接近。
13. 此外,大足宝顶山小佛湾还刻有“十炼图”一组,位于第9号窟“毗卢庵”内,可谓迷你版“十炼图”。
14. 大足宝顶山涅槃经变巨龛中,一众弟子皆作半身像,向来为论者所称道,实与安岳“十炼图”下层诸像异曲同工。
15. 龛额四菩萨和下部十大明王的加入,使得大足“十炼图”具备更多密教曼荼罗的色彩。
16. 目前仅据照片比较,一定程度上会受到透视变形的影响,仅能进行粗略定性分析;如能取得大足相关造像的实测图,则能与安岳相关题材进行更精确的定量比较分析。
17. 胡文和认为安岳“十炼图”中的柳本尊要早于幽居洞中的柳本尊,二者又均早于大足十炼图中的柳本尊。
18. “十炼”题记中,除了第五炼之外,其余诸题记中皆补刻有清代重妆题记,大多书有“乾隆三十六年”字样,字迹颇拙劣,远不逮原文书法,但也不失为重要的文献记录。
19. 参见米德昉、刘玉琴《宝顶山佛籍铭文中的稀见字例释——兼论赵智凤造字问题》(2020)。
20. 此前不少论者皆误写作“咸丰五年”。
21. 《唐柳居士传》碑由南宋高僧释祖觉撰文,绍兴十年(1140年)右承奉郎、前主管台州崇道观赐绯鱼袋王直清立石,张岷跋,张岷之子张济书丹,右承奉郎、前知叙州宣化县王秉题额。
22. 由题记第九炼中出现天福五年“闰十二月”可知,实际应为天复六年(906年)——公元906年有闰十二月。天福五年为940年,与前后两个闰十二月的年份906、982年皆相去甚远。
23. 此外,清嘉庆十七年(1812年)《汉州志》(汉州即今广汉)载:“柳本尊,嘉定人,唐开成年间,嘉定城北有柳生瘿,瘿破出婴儿,郡人收养,以柳为氏。少长,祝发玉津镇天池坝,唐大中九年乙亥得道。”以上明言柳氏为嘉定(今乐山)人,唐开成年间(836—840年)出生,唐大中九年(855年)为其“得道”之时,可备一说。参见雷雨《柳本尊密法源头初探》。
24. 原刻于大足宝顶山小佛湾七佛壁,现已漫漶,清乾隆《大足县志》“隐逸仙释”条有录文。
25. 引自南宋嘉熙年间(1237—1240年)昌州军事判官席存著为赵智凤所作题铭。
26. 丁明夷认为柳本尊为惟上的传人(惟上乃惠果弟子,在成都弘传密宗),但未言依据何在。亦有学者指出,柳本尊密法自有其师承、来源,极有可能出自五台山密宗。参见丁明夷《川密:四川石窟体系的发展轨迹》(2016);雷雨《柳本尊密法源头初探》

（2009）。

27. 参见李静杰、黎方银《大足安岳宋代石窟柳本尊十炼图像解析》（2007）。
28. 参见阳露《安岳毗卢洞千佛洞的开凿年代与文化意蕴》（2023）。
29. 陕西富县石泓寺第二窟水月观音（金代）与紫竹观音造型极其接近，但不及后者飘逸。大足北山佛湾第113龛水月观音（北宋）亦与紫竹观音接近，保存情况及精丽程度略逊于安岳作品。此类型为现存实例最多的水月观音造型。此外，水月观音还有一些其他经典造型样式（如抱膝坐），可参见史忠平《雕塑类“水月观音图”初探》（2016）一文。另外，刘长久《安岳石窟艺术》（1997）图八八即五代“抱膝坐”水月观音之代表。
30. 王家祐据此龛明代碑文中“闻自唐代有西人柳本尊者，为诸众生开示觉悟梯航。勒大士像于毗卢山之右”的记载，推断紫竹观音龛开凿时期为唐末，主持者为柳本尊。但与安岳各处（如卧佛院、千佛寨等）典型唐代菩萨比较，毗卢洞紫竹观音还是更具宋风，应为宋代（早期？）作品。
31. 学者研究指出，曾于蜀地绘制水月观音的画家，据文献记载唐代有范琼、左全、张南本，后蜀有黄居寀。参见汪珂欣《跷脚观音——安岳毗卢洞19号水月观音研究》（2017）。
32. 此类坐席在榆林窟第2窟西壁北侧、东千佛洞第2窟与黑水城X.2436号西夏水月观音图中皆有所表现。
33. 自然界紫竹之干为紫色，但叶仍为绿色，此处所刻紫竹通体蓝紫，或意在强调月光下之竹，与水月观音之主旨相合。
34. 此段文字是关于毗卢洞及紫竹观音之重要史料，然而前人之引文鲜有准确者。我们通过现场辨认，再根据所摄大量高清照片，并依据前人不同引文，仔细校勘，得到上述结果。

五　金刚怒目护千佛

1. 据《舆地纪胜》可知，李洞为贾岛的学生，从贾岛学作诗。
2. 参见上一章毗卢洞“柳本尊十炼图”之相关论述。
3. 可与毗卢洞“十炼图”龛武将、差吏对照。
4. 木鱼山摩崖造像位于安岳县城西南约40公里的木鱼山上，现为省级重点文物保护单位。现存唐至宋初造像29龛。
5. 据《四川安岳木鱼山摩崖造像调查简报》称此种样式多见于川北地区初唐时期的造像，如广元皇泽寺初唐金刚。
6. 本节未作特别说明的实测数据皆引自该文。文中及现场说明牌中皆称此龛进深3.3米，但据实地观测，龛进深应不足2米。
7. 唐承义认为主尊为阿弥陀佛，左右二菩萨分别为观音及大势至。参见《千佛寨摩崖造像》（1989）。
8. 据刘长久《安岳石窟艺术》一书称，第56号龛右壁上方存有“前蜀永平五年”（即915年）妆修残记。
9. 与西方净土世界（或曰西方极乐世界）相对。
10. 参见胡文和《四川摩崖造像中的〈药师变〉和〈药师经变〉》（1988）；傅成金、唐承义《四川安岳石刻普查简报》（1993）；刘长久《中国西南石窟艺术》，第44页。本书引文系综合各文所录内容而得。
11. 引文据刘长久《中国西南石窟艺术》（1998）第84页录文结合现状高清照片辨认校勘而得。
12. 参见胡文和《四川摩崖造像中的〈药师变〉和〈药师经变〉》（1988）。
13. 可叹该题记中最珍贵的关于文氏匠师的内容已经严重风化，然而犹能辨认出文琈（又似王字旁一个季字）之名。
14. 参见王剑平、张建荣、雷玉华《中国内地舍卫城大神变造像遗存探索》（2010）。
15. 张亮、胡强在《佛说观药王药上二菩萨经变——中原造图系统影响下安岳千佛寨多佛造像的辨识》(2022)一文中推断此题材为“佛说观药王药上二菩萨经变”，但其立论之前提是，此龛两侧壁所立三大像皆为立佛，然而从现存三像之轮廓造型，尤其是其圆形头光来看，应为弟子(千佛寨乃至安岳各窟龛中，弟子皆为圆形头光，而佛皆为桃尖形头光)，故该说有待商榷。

16. 文物说明牌谓此龛为唐代，然而由菩萨着佛衣观之，应为宋代或之后作品。
17. 此龛带有清同治年间妆彩题记。

六　孔雀展翅载明王

1. 参见杨筱《大足与安岳宋代石刻孔雀明王图像分析》(2018)。
2. 参见王惠民《论〈孔雀明王经〉及其在敦煌、大足的流传》(1996)；杨筱《大足与安岳宋代石刻孔雀明王图像分析》(2018)。

七　佛道共享自然妙

1. 碑左下角风化较严重。此人之姓名，学者录文不一。王家祐开始录作“玄应”，后又认为可能是“释玄应或释玄则”[参见王家祐《四川道教摩崖石刻造像》(1986)]；吴觉非、胡文和、曾德仁、唐承义皆录作“玄迷”[参见吴觉非:《试谈四川的道教石刻》；胡文和、曾德仁:《四川道教石窟造像》(1992)；唐承义:《安岳玄妙观道教摩崖造像》(1992)]。《四川安岳玄妙观唐代摩崖造像调查报告》(2020)录作“李玄则”，本书结合现场观察，采用调查报告结论。
2. 如北京故宫外朝三大殿两侧，即左(东)为文华殿，右(西)为武英殿。
3. 参见陈云《唐代安岳玄妙观道教碑文与造像研究》(2018)。
4. 道教中的太乙救苦天尊，又名东极青华大帝、寻声救苦天尊、青玄九阳上帝等。
5. 据《四川安岳玄妙观唐代摩崖造像调查报告》(2020)，第 2 号龛高、宽皆为 2.2 米，第 4 号龛为外方、内拱形双层龛，外龛高 2.2 米，宽 2.27 米，可知二龛的立面均接近 2.2 米(合七尺五寸)见方的正方形。此外，第 3 号龛高 2.3 米，宽 2.5 米，约合高七尺五寸，宽八尺五寸。
6. 参见《营造天书》。

八　巨匠犹叹造化工

1.《舆地纪胜》“普州”卷记载：“茗山：在安居南七十里。”不知此处茗山是否为茗山寺所在之虎头山。
2. 玄妙观沿大石包一周大致依八卦方位的规划布局，是这一手法更精致的呈现；而千佛寨大约也有类似的布局手法，可惜至今未发表较准确的总平面图，只有期待更深入的测绘成果发表后再进行分析讨论。
3. 本章测绘数据，如未特别说明，皆引自《四川安岳县茗山寺石窟调查简报》(2015)。
4. 五佛冠又称五智冠、五智宝冠、五宝天冠等。
5. 安岳高升大佛寺第 1 龛右侧普贤像同样戴五佛冠，文殊则戴七佛冠。
6.《四川安岳县茗山寺石窟调查简报》(2015)将此毫光认作花冠的飘带，不妥。
7. 此外该龛还有咸丰三年(1853 年)修路碑一通。

参考文献

古籍与专著

1. [唐]张彦远 撰;许逸民 校笺,《历代名画记校笺》,北京:中华书局,2021
2. [北宋]郭若虚 撰;吴企明 校注,《图画见闻志校注》,上海:上海书画出版社,2020
3. [宋]王象之 撰,《舆地纪胜》,北京:中华书局,1992
4. [宋]黄休复 著;秦岭云 点校,《益州名画录》,北京:人民美术出版社,1964
5. [宋]邓椿 撰;李福顺 校,《画继》,太原:山西教育出版社,2017
6. [唐]柳宗元,《柳宗元集》,北京:中华书局,1979
7. [明]计成 原著;陈植 注释;杨伯超 校订;陈从周 校阅,《园冶注释》(第二版),北京:中国建筑工业出版社,1988
8. 徐正英、常佩雨 译注,《周礼》.北京:中华书局,2018
9. 程贞一、闻人军 译注,《周髀算经译注》,上海:上海古籍出版社,2012
10. [日]高楠顺次郎、渡边海旭 等监修,《大正新修大藏经》,北京:中国书店,2021
11. Ernst Boerschmann. Baukunst und Landschaft in China. Verlag von Ernst Wasmuth A. -G., Berlin,1923
12. [日]常盘大定、关野贞,《中国文化史迹》,上海:上海辞书出版社,2017
13. 梁思成,《梁思成全集》,北京:中国建筑工业出版社,2001
14. 梁思成 著;林洙 整理,《梁思成西南建筑图说(手稿本)》,北京:人民文学出版社,2014
15. 刘长久 主编,《安岳石窟艺术》,成都:四川人民出版社,1997
16. 刘长久,《中国西南石窟艺术》,成都:四川人民出版社,1998
17. 胡文和,《四川道教佛教石窟艺术》,成都:四川人民出版社,1994
18. 安岳县文物管理局 编,《安岳石刻导览》,北京:中国文史出版社,2008
19. 四川省文物局、德国慕尼黑工业大学、成都文物考古研究所 编著,《安岳石窟圆觉洞保护研究》,北京:科学出版社,2015
20. 四川省文物考古研究院、西北大学文化遗产学院、安岳县文物保护中心,《安岳圆觉洞:四川安岳圆觉洞石窟考古调查报告》,北京:文物出版社,2019
21. 宿白,《中国石窟寺研究》,北京:生活·读书·新知三联书店,2019
22. 常青,《中国石窟简史》,杭州:浙江古籍出版社,2021
23. [美]巫鸿,《空间的敦煌:走近莫高窟》,北京:生活·读书·新知三联书店,2022
24. 蒋维乔,《中国佛教史》,北京:商务印书馆,2015
25. 李先逵 等编著,《大足石刻与古建筑群》,重庆:重庆大学出版社,2015
26. 重庆大足石刻艺术博物馆 编,《2005年重庆大足石刻国际学术研讨会论文集》,北京:文物出版社,2007
27. 刘显成、杨小晋,《梵相遗珍——巴蜀天龙八部造(图)像研究》,上海:上海古籍出版社,2021
28. 王卫明,《大圣慈寺画史丛考——唐、五代、宋时期西蜀佛教美术发展探源》,北京:文化艺术出版社,2005
29. 王南,《塔窟东来》,北京:新星出版社,2018
30. 王达军 摄,《安岳石窟》,成都:四川美术出版社,2008
31. 陈吉吉,《人间的巴蜀石窟》,兰州:读者出版社,2022

学术论文

1. 梁思成、林徽音,《平郊建筑杂录》,《中国营造学社汇刊》第三卷第四期,1932
2. 别致,《谢阁兰、瓦赞、拉尔蒂格 1914 年在华考古行动考述》,《中山大学学报(社会科学版)》,2022 年第 6 期,135—146 页
3. 周洁,《谢阁兰对长江上游摩崖造像的调查与研究》,《艺术设计研究》,2021 年第 4 期,89—96 页
4. 赵成清、叶书亚,《法国汉学家谢阁兰的中国石刻研究》,《西泠艺丛》,2022 年第 7 期,35—43 页
5. 冯棣,《巴蜀摩崖建筑文化环境研究》,重庆大学博士学位论文,2010
6. 张圣奘,《大足安岳的石窟艺术》,《西南文艺》,1953 年第 7 期
7. 吴觉非,《四川安岳县的石刻》,《文物参考资料》,1956 年第 5 期,47—50 页
8. 刘学文,《新发现的四川安岳卧佛初探》,《法音》,1983 年第 4 期,41—42 页
9. 刘长久、胡文和,《大足与安岳石窟某些造像的比较》,《四川文物》,1986 年第 S1 期,66—69 页
10. 赵树同,《安岳石窟与大足石窟的雕刻艺术研究》,《四川文物》,1986 年第 S1 期,76—78+54 页
11. 辛玉,《大足安岳石刻初探》,《四川文物》,1986 年第 S1 期,89—90 页
12. 陈明光、邓金之,《试述大足石刻与安岳石刻的关系》,《四川文物》,1986 年第 S1 期,79—83 页
13. 王家祐,《安岳石窟造像》,《敦煌研究》,1989 年第 1 期,45—53+128—130 页
14. 傅成金,《安岳石刻造像的数量与始造年代》,《四川文物》,1991 年第 2 期,46—48 页
15. 傅成金,《安岳石刻之玄应考》,《四川文物》,1991 年第 3 期,48—50 页
16. 傅成金、唐承义,《四川安岳石刻普查简报》,《敦煌研究》,1993 年第 1 期,37—52+121—124 页
17. 曾德仁,《四川安岳石窟的年代与分期》,《四川文物》,2001 年第 2 期,53—59 页
18. 李良,《四川石窟、摩崖造像综述》,《四川文物》,2001 年第 4 期,49—55 页
19. 陈悦新,《安岳石窟佛像着衣类型》,《文物》,2016 年第 10 期,66—79 页
20. 汪毅,《安岳石刻艺术刍论》,《艺术长廊》,2020 年第 1 期,84—89 页
21. 邓之金,《简述镌造大足石窟的工匠师》,《文博》,1993 年第 3 期,31—35 页
22. 张划,《大足宋代石刻镌匠考述》,《四川文物》,1993 年第 3 期,41—46 页
23. 米德昉,《宋代文氏一系工匠与宝顶山石窟寺的营建》,《敦煌研究》,2020 年第 4 期,53—63 页
24. 董华锋、李菲,《川渝石窟唐宋摩崖题刻中的古代工匠资料辑考》,《敦煌研究》,2021 年第 3 期,86—94 页
25. 胡文和,《试论安岳卧佛沟唐代涅槃变相图》,《四川文物》,1984 年第 4 期,35—39 页
26. 胡文和、李官智,《安岳卧佛沟唐代石经》,《四川文物》,1986 年第 2 期,20—25 页
27. 彭家胜,《四川安岳卧佛院调查》,《文物》,1988 年第 8 期,1—13+30+98 页
28. 曹丹,《安岳卧佛院卧佛刻经与题记》,《四川文物》,1990 年第 2 期,49—53 页
29. 胡文和,《四川安岳卧佛沟唐代石刻造像和佛经》,《文博》,1992 年第 2 期,3—11+86+97—98+102 页
30. 邓之金,《安岳卧佛院摩崖造像上限年代探讨》,《四川文物》,1993 年第 2 期,36—40 页
31. 刘永增,《敦煌莫高窟隋代涅槃变相图与古代印度、中亚涅槃图像之比较研究》,《敦煌研究》,1995 年第 1 期,16—35 页
32. 李良、邓之金,《安岳卧佛院窟群总目》,《四川文物》,1997 年第 4 期,38+40—46 页
33. 成都文物考古研究所、北京大学中国考古学研究中心、安岳县文物局,《安岳卧佛院调查简报》,《成都考古发现》,2006,352—408+456—464+468 页
34. 张雪芬,《安岳卧佛院第 4 号龛题记与相关问题》,《四川文物》,2011 年第 6 期,51—56 页
35. 任婧,《安岳卧佛院窟龛组合初探》,《2014 年大足学国际学术研讨会论文集》,重庆:重庆出版社,2016,133—149 页
36. 张雪芬,《安岳卧佛院北岩宋代善财童子五十三参浮雕图像辨识》,《成都考古研究(三)》,北京:科学出版社,2017,289—323 页
37. 陈晶鑫,《试论安岳石窟刻经的发端》,《四川文物》,2020 年第 6 期,96—105 页
38. 王春,《唐代涅槃图式中的独特表达——安岳卧佛院涅槃变试析》,《长江文明》,2021 年第 1 辑,39—46 页
39. 熊莎,《安岳卧佛院涅槃变试析》,《文物鉴定与鉴赏》,2022 年第 5 期,28—30 页

40. 李官智，《安岳华严洞石窟》，《四川文物》，1994 年第 3 期，40—43 页
41. 赵辉志，《安岳华严洞大般若洞“丫人”字辨释》，《四川文物》，1996 年第 3 期，57—58 页
42. 胡文和，《四川石窟华严经系统变相的研究》，《敦煌研究》，1997 年第 1 期，92—97+189 页
43. 张划，《安岳大般若洞怪图辨析》，《四川文物》，1997 年第 2 期，44—48 页
44. 汪毅，《从安岳大般若洞三教合一造像论其思想性和文化意义》，《中华文化论坛》，2005 年第 1 期，104—106 页
45. 胡文和，《大足、安岳宋代华严系统造像源流和宗教意义新探索——以大足宝顶毗卢道场和圆觉洞图像为例》，《敦煌研究》，2009 年第 4 期，47—54+130—131 页
46. 袁恩培、张磊，《论安岳华严洞石窟造像艺术的美学特征及价值》，《东南大学学报（哲学社会科学版）》，2010 年第 2 期，68—72+127 页
47. 齐庆媛，《四川宋代石刻菩萨像宝冠造型分析》，《敦煌研究》，2014 年第 2 期，40—52 页
48. 卜向荣，《居间的图像——圆觉变相中的长跪菩萨像与宋代佛画论》，《大足学刊》第一辑，2016，101—116 页
49. 米德昉，《大足多宝塔南宋五十三参造像的重新调查》，《华夏考古》，2019 年第 1 期，114—123 页
50. 王南、王卓男、郑虹玉，《天地圆方 塔像合一——应县木塔室内空间与塑像群构图比例探析》，《建筑史学刊》，2021 年第 2 期，71—94+2 页
51. 胡文和、陈昌其，《浅谈安岳圆觉洞摩崖造像》，《四川文物》，1986 年第 1 期，22—25+81 页
52. 邓之金，《安岳圆觉洞“西方三圣”名称问题探讨》，《四川文物》，1986 年第 S1 期，34—36 页
53. 傅成金，《再识安岳圆觉洞摩崖造像》，《四川文物》，1991 年第 6 期，36—41 页
54. 李崇峰，《安岳圆觉洞窟群调查记》，《2005 年重庆大足石刻国际学术研讨会论文集》，北京：文物出版社，2007 年，565—577 页
55. 成都文物考古研究所、北京大学中国考古学研究中心、安岳县文物局，《四川安岳县圆觉洞摩崖石刻造像调查报告》，《南方民族考古》，2013 年第九辑，370—460+485—504 页
56. 王剑平、雷玉华、傅成金，《四川安岳圆觉洞造像的初步研究》，《成都考古研究》，2013，324—360 页
57. 王玲娟、邓新航，《试论大足宝顶石窟圆觉洞的设计意匠》，《创意与设计》，2014 年第 3 期，75—78 页
58. 肖伊绯，《菩萨骑牛为哪般？“解冤结”信仰初考》，《大众考古》，2021 年第 2 期，54—58 页
59. 谈北平，《解冤释结：川渝地区解冤结菩萨造像研究》，《敦煌研究》，2021 年第 6 期，49—58 页
60. 王家祐，《安岳（县）毘卢洞造像》，《宗教学研究》，1985 年 S1 期，44—50 页
61. 王熙祥、黎方银，《安岳、大足石窟中〈柳本尊十炼图〉比较》，《四川文物》，1986 年 S1 期，84—88 页
62. 陈明光，《试论宝顶山造像的上限年代》，《四川文物》，1986 年 S1 期，46—48 页
63. 白中培，《安岳毗卢洞》，《四川文物》，1987 年第 3 期，34—35 页
64. 胡文和，《安岳、大足“柳本尊十炼图”题刻和宋立〈唐柳居士传〉碑的研究》，《四川文物》，1991 年第 3 期，42—47 页
65. 曹丹、赵昤，《安岳毗卢洞石窟调查研究》，《四川文物》，1994 年第 3 期，34—39 页
66. 刘长久，《也论安岳毗卢洞石窟——兼与曹丹、赵昤二君商榷》，《四川文物》，1995 年第 5 期，37—43 页
67. 陈明光、胡良学，《四川摩岩造像“唐瑜伽部主总持王”柳本尊化道“十炼图”调查报告及探疑》，《佛学研究》，1995，250—264 页
68. 陈明光，《四川摩崖造像柳本尊化道“十炼图”由来及年代探索》，《四川文物》，1996 年第 1 期，33—39 页
69. 傅成金，《安岳石刻〈柳居士十炼窟〉内容初探》，《四川文物》，1996 年第 4 期，44—47 页
70. 王家祐，《柳本尊与密教》，《宗教学研究》，2001 年第 2 期，59—65+83 页
71. 陈明光，《〈宋刻〈唐柳本尊传碑〉校补〉文中“天福”纪年的考察与辨正——兼大足、安岳石刻柳本尊“十炼图”题记“天福”年号的由来探疑》，《世界宗教研究》，2004 年第 4 期，22—28 页
72. 陈明光，《重新校补宋刻〈唐柳本尊传〉碑》，《敦煌研究》，2006 年第 3 期，17—22 页
73. 李静杰、黎方银，《大足安岳宋代石窟柳本尊十炼图像解析》，《2005 年重庆大足石刻国际学术研讨会论文集》，北京：文物出版社，2007，190—223 页
74. 雷雨，《柳本尊密法源头初探》，《碑林集刊》，2008，274—278 页
75. 杨雄，《赵智凤生平再考》，《敦煌研究》，2008 年第 4 期，33—35 页
76. 王天祥、李琦，《建构、转述与重释——赵智凤形象考释》，《西南民族大学学报（人文社科版）》，2008 年

第 9 期，111—118 页
77. 李小强，《深沙神与柳、赵教派》，《宗教学研究》，2009 年第 4 期，77—83 页
78. 于晓磊，《论大足石窟“柳本尊十炼图”图像的演变过程》，《数位时尚（新视觉艺术）》，2010 年第 3 期，64—65+78 页
79. 唐长寿，《瑜伽本尊教主柳居士嘉峨行迹述略》，《长江文明》，2013 年第 3 期，57—60 页
80. 蒋世强、王志琼，《佛教密宗石刻造像“柳本尊十炼图”的宗教文化意义探析》，《中南民族大学学报（人文社会科学版）》，2014 年第 34 卷第 2 期，51—54 页
81. 黄夏，《四川省安岳县毗卢洞之千佛洞研究——以“千佛式”人物像为中心》，《2014 年大足学国际学术研讨会论文集》，重庆：重庆出版社，2016，130—151 页
82. 丁明夷，《川密：四川石窟体系的发展轨迹》，《大足学刊》第一辑，2016，162—166 页
83. 史忠平，《雕塑类“水月观音图”初探》，《雕塑》，2016 年第 1 期，62—63 页
84. 汪珂欣，《跷脚观音——安岳毗卢洞 19 号水月观音研究》，《艺术品》，2017 年第 1 期，64—71 页
85. 齐庆媛，《安岳毗卢洞石窟浮雕观音救难图像分析》，《美术大观》，2023 年第 9 期，110—115 页
86. 彭冰，《安岳毗卢洞女性供养人研究》，《中国美术》，2017 年第 6 期，54—63 页
87. 彭冰，《柳本尊十炼图中的官员形象研究》，《长江文明》，2018 年第 3 期，23—31 页
88. 米德昉、刘玉琴，《宝顶山佛籍铭文中的稀见字例释——兼论赵智凤造字问题》，《大足学刊》第三辑，2019，168—190 页
89. 米德昉，《南宋川东社会中的柳本尊信仰及其影响》，《佛学研究》，2021 年第 2 期，219—237 页
90. 阳露，《安岳毗卢洞千佛洞的开凿年代与文化意蕴》，《美学研究》，2023 年第 1 期，75—89 页
91. 胡文和，《四川摩崖造像中的〈药师变〉和〈药师经变〉》，《文博》，1988 年第 2 期，51—56+100 页
92. 唐承义，《千佛寨摩崖造像》，《四川文物》，1989 年第 2 期，35—38+2 页
93. 王剑平、张建荣、雷玉华，《中国内地舍卫城大神变造像遗存探索》，《石窟寺研究》第一辑，2010，152—160 页
94. 符永利，《川渝地区唐宋药师佛龛像的初步考察》，《石窟寺研究》第六辑，2015，48—65 页
95. 李小强、廖顺勇，《大足、安岳石刻数珠手观音造像考察》，《四川文物》，2018 年第 1 期，45—54 页
96. 四川大学考古文博学院、西华师范大学历史文化学院、安岳县文物保护中心，《四川安岳木鱼山摩崖造像调查简报》，《文物》，2021 年第 8 期，81—97 页
97. 张亮、胡强，《佛说观药王药上二菩萨经变——中原造图系统影响下安岳千佛寨多佛造像的辨识》，《西南民族大学学报》，2022 年第 12 期，70—73 页
98. 王惠民，《论〈孔雀明王经〉及其在敦煌、大足的流传》，《敦煌研究》，1996 年第 4 期，42—52 页
99. 杨筱，《大足与安岳宋代石刻孔雀明王图像分析》，《大足学刊》第二辑，2018，195—231 页
100. 赵献超，《四川安岳石窟孔雀洞经目塔与法宝崇拜》，《四川文物》，2020 年第 6 期，106—118 页
101. 吴觉非，《试谈四川的道教石刻》，《四川文物》，1984 年第 2 期，25—28 页
102. 王家祐、丁祖春，《四川道教摩崖石刻造像》，《四川文物》，1986 年第 S1 期，55—60+88 页
103. 王家祐，《四川道教摩崖造像概况》，《中国道教》，1987 年第 1 期，49—51+55 页
104. 王家祐，《四川道教摩崖造像述议》，《敦煌研究》，1987 年第 2 期，96—103+108—109 页
105. 胡文和，《关于四川道教摩崖造像中的一些问题——与王家祐先生商榷》，《敦煌研究》，1991 年第 1 期，39—47+116—117 页
106. 胡文和、曾德仁，《四川道教石窟造像》，《四川文物》，1992 年第 1 期，31—39+81 页
107. 胡文和、曾德仁，《四川道教石窟造像（续）》，《四川文物》，1992 年第 2 期，39—47 页
108. 唐承义，《安岳玄妙观道教摩崖造像》，《四川文物》，1992 年第 6 期，63—64 页
109. 曾德仁，《四川安岳县玄妙观道教摩崖造像》，《四川文物》，2014 年第 4 期，83—90+98—99 页
110. 陈云，《唐代安岳玄妙观道教碑文与造像研究》，《宗教学研究》，2018 年第 4 期，17—25 页
111. 四川大学历史文化学院考古学系、成都文物考古研究院、安岳县文物管理局，《四川安岳玄妙观唐代摩崖造像调查报告》，《考古学报》，2020 年第 4 期，579—627+649—672 页
112. 西南民族大学石窟艺术研究所，《四川安岳县茗山寺石窟调查简报》，《四川文物》，2015 年第 3 期，23—31+100—101 页
113. 袁恩培、扶紫祎，《安岳石窟菩萨造像中的冠饰》，《西南民族大学学报（人文社会科学版）》，2014 年第 9 期，64—68 页

114. 齐庆媛,《四川宋代石刻菩萨像造型分析——以服装、装身具与躯体形态为中心》,《石窟寺研究》第五辑，2014，305—361 页
115. 四川大学考古文博学院、成都文物考古研究院、安岳县文物保护中心,《四川安岳净慧岩摩崖造像调查简报》,《文物》，2022 年第 2 期，82—96 页
116. 王丽君、余靖,《四川安岳木鱼山新发现的药师经变龛像》,《敦煌研究》，2022 年第 3 期，39—50 页
成都文物考古研究所、安岳县文物局,《四川安岳县庵堂寺摩崖造像调查简报》,《成都考古发现》第九辑，2007，608—617+635—645 页
117. 刘健,《四川省安岳县庵堂寺摩崖造像调查简报》,《四川文物》，2008 年第 6 期，26—27+97—100 页

后记

一个宏大的计划往往源于一瞬微小的发愿。

腾讯基金会项目负责人马尧向我描述数年前置身四川安岳华严洞的情景：四周寂静，唯有冬天的风从洞外掠过，面前那些精美绝伦的佛像无声地俯视着他，此时他心有所感。

在我看来，这是“石窟史诗”的发愿，也是这套书的缘起，读库与腾讯基金会的合作自此开始。

“石窟史诗”有其野心：汇集国内建筑、雕塑、宗教、文物、艺术乃至摄影、测绘、设计等各个领域的专家学者，通过实地田野考察，制作一套有别于学术研究、也有别于旅行导览的图文桥梁书。时代向前，观念在进步，科技在进步，“石窟史诗”应当容纳并体现这些进步。

这意味着超越常规出版模式，大投入小产出。腾讯基金会的支持，使这一显然不合商业逻辑的计划得以实现。

“石窟史诗”初始设定为三十卷，《安岳》是第一卷。我们用两年半时间完成了这一卷。整部史诗原计划用十年完成，按此进度，有生之年都将奉献于此。

2023年冬，我作为这套书的摄影师，开始为石窟拍摄。我爬上梯子，靠近并平视那些佛像。他们在我面前醒来，透过岁月的尘埃，我看见他们的肌理，感到他们的气息。我与他们相互凝视。

于是我们从安岳开始，然后继续。

“石窟史诗”主编　朱朝晖

2024年10月21日

IX. 圆觉洞第 4 号龛佛塔一层造像。

图书在版编目（C I P）数据

安岳 / 王南，袁进钊著；朱朝晖摄；冯棣等测绘．-- 成都：四川美术出版社，2024.12（石窟史诗）
ISBN 978-7-5740-1037-6
Ⅰ．①安… Ⅱ．①王… ②袁… ③朱… ④冯… Ⅲ．①石窟—介绍—安岳县 Ⅳ．① K879.29

中国国家版本馆 CIP 数据核字 (2024) 第 038775 号

安岳
ANYUE

王南 袁进钊 著　朱朝晖 摄　冯棣 冷婕 等测绘

选题策划　王　南　　专家审稿　王敏庆　朱秋丽
出版统筹　朱朝晖　　特约审校　杨　澍
责任编辑　蒋咏宁　秦朝霞　　图片编辑　黎　亮
责任校对　袁一帆　樊超群　　美术编辑　朱倩倩
特约编辑　徐浩洋　　责任印制　罗　希　黎　亮
出版发行　四川美术出版社
（成都市锦江区工业园区三色路 238 号 1 栋 1 单元 22 层　邮编：610023）
开　本　625mm×800mm　1/16
印　张　23.5
字　数　250 千
图　幅　205
印　刷　北京雅昌艺术印刷有限公司
版　次　2024 年 12 月第 1 版
印　次　2024 年 12 月第 1 次印刷
书　号　978-7-5740-1037-6
定　价　128.00 元